The Alphabet and The Algorithm　*Mario Carpo*

アルファベット そして アルゴリズム

表記法による建築―
ルネサンスからデジタル革命へ

マリオ・カルポ 著

美濃部 幸郎 訳

鹿島出版会

Japanese translation published by arrangement with
The MIT Press through The English Agency (Japan) Ltd.
Published 2014 in Japan by Kajima Institute Publishing Co., Ltd.

序

そう遠くない昔、1990年代、「デジタル革命」が進展中であることに、誰も疑いはなかった——それは生活、科学、そして芸術のあらゆる様相と同様、建築においてもである。今日（2010年初頭）、「デジタル革命」という表現そのものは、人気がないとは言えないまでも使われなくはなっている。それは時代遅れで古風に聞こえ、せいぜい過ぎ去った時代を思い出させるものでしかない。しかし、今やデジタル・テクノロジーはあらゆるところに存在し、建築がデザインされ作られる方法を著しく変えてしまった。デジタル・テクノロジーは建築を学校で教える方法、建築の実務や管理、そして建築を規制する方法さえ変えつつある。革命という言葉は、政治的な意味だけでなく語源的に、何かがひっくり返される、あるいはひっくり返されてしまった、という意味を含んでいる。デジタルなものが建築において革命であると言うのは早すぎるかもしれない。しかし、もし革命であるならば、何がひっくり返されえるのか、と問うのは早すぎることではない。もしもデジタルなものが「パラダイム・シフト」であるならば、どのパラダイムがシフトしているのだろうか？　もしも建築が「デジタル・ターン」*1に出会ったのであれば、どのような進路が転向したのだろうか？

この本は、西洋建築の歴史を特徴づけてきた現代性の諸側面の興隆をたどる。それらは全て、現代性に含まれている、あるキーとなる慣習に関係している。すなわち、自然、芸術、物、そしてあらゆる種類のメディアにおける物の、同一のコピーを作ることである。初期近代の始まりからごく最近に至るまで、同一のコピーに対する文化による需要と技術による供給は、同調して増大した。同一のコピーは新たな視覚文化を引き起こし、オリジナルな物やその所有者あるいは創作者の保護を目的とした、新たな社会的また法的な実務を生み出した。それと同時に、新たな文化的なテクノロジーやマシンが生まれ、印刷によるイメージや活版によるテキストから、生産業の組立てライン、透視図から写真やゼロックスに至るまで、同一的な複製を大量生産するまでに発展した。

建築の現代性が形成されるにあたって、同一のコピーを作ることにおける2つの事例が極めて重大であった。その最初のものは、レオン・バティスタ・アルベルティ Leon Battista Albertiによる建築デザインの発明であった。アルベルティの理論において、建物とは建築家によるデザインと全く同一なコピーであった。すなわちアルベルティが、デザインと作ることを原理的に分離したことによって、人文主義＝ヒューマニズム的な意味における、原作者としての建築家、という現代的な定義が生まれたのである。アルベルティによる文化革命の後、建築に同一のコピーを作る第二波が、産業革命と共に到来した。そして機械的なマスター・モデル、母型、刻印、型による同一的なコピーの大量生産が続いた。産業における規格化というものは、ある系列に含まれる全てのアイテムが同じ物である限り、規模の経済を生みだすのである。

このような同一性に基づいた近代的な力は、デジタル・テクノロジーの興隆と共に終わりを向かえた。全てのデジタルな物は可変性をもち、デジタルの可変性は、これまでの5世紀にわたる西洋の文化的テクノロジーの歴史における本質であった、同一性に基づくあらゆる仮説を無効にしてしまうのである。このことは建築においては、その表記法〔ノーテーション〕における制限がなくなり、産業における規格化が終わり、そしてより総体的にはアルベルティ的な、原作者がデザインによって建物を作るという方法が終わったことを意味している。

この本では同一性のパラダイムの興隆と衰退を詳説する。そして、デジタルによるものと前機械的な手仕事によるものにおける可変性が多くの共通点をもつことを示す。また、脱工業化時代におけるデジタル・クラフツマンシップという新たな様態が興りつつあることを、それらの手仕事との関係、あるいは人文主義と近代の機械生産によって同一のコピーを作ることが興隆する前には存在していた、可変性に基づいた文化やテクノロジーとの関係を示すことによって検討する。まず本の最初の部分で、議論のあらましを述べ、次に同一のコピーを作ることの、機械時代における興隆とデジタル時代における衰退に焦点をあてる。少しばかりの繰り返しがあることは避けられないが、議論はシンプルである――ある意味、シンメトリカルである。始まりがあり、クライマックス、そして終わりがある。

このクロニクルでは今日の建築におけるコンピュテーショナル・ツールを、何世紀にもわたる紆余曲折の伝統の中に位置づける。その中でデジタルは最新のものを代表している。テクノロジー、特に「新しい」テクノロジーは急速に変化する。近年の歴史に基づいて、新たな文化的テクノロジーの展開を予想することや、解釈を与えることでさえ、危険なことである。なぜなら短すぎるカーブから未知の部分を推定したり、まだ時間のふるいにかけられていない証拠に基づかねばならないからである。もっと遠い視点から見れば必然的にディテールを失ってしまうことにはなるが、より総体的な傾向のアウトラインを明らかにすることはできるだろう。私は努めてこうした傾向のいくつかに焦点をあて、そこからいくつかの結論を示すつもりである――それらは、昔話に含まれるような、ひとつの教訓と言っても良い。

本の中で言及した、多くの友人、同僚、そして出版社に加えて、次の方々に特別の謝意を表す。メーガン・スプリッグスMegan Spriggsにはほとんどの章の初期の下書きを編修して頂いた。シンシア・デヴィッドソンCynthia Davidsonには、それらの章をひとつの本にまとめて頂いた。そして、ピーター・アイゼンマンPeter Eisenmanにはその本のためにひとつのタイトルを見つけて頂いた。

＊1　「デジタル・ターンthe “digital turn”」は、デジタル技術による変化、デジタル技術による展開あるいは進化、またはデジタル技術による革命〔それぞれ順に、the digital change、the new digital developments、the digital revolution〕とも言い換えられる、デジタル・テクノロジーによる建築の変化を総称するカルポ独自の表現である。本書が先に進むにつれて、その具体的内容は明らかになるが、それは、デジタル・テクノロジーによって建築は、ルネサンス期以前の時代、特にゴシック期へと転回しつつある、ということを含意している（以上の説明は、表現に曖昧さのないように、訳者がカルポに確認をとったものである）。

凡例
・傍点：原著でのイタリック体の言葉や文章を示す
・「 」：原著での引用符を示す
・『 』：原著での作品名（書物や建築物など）を示す
・〈 〉：原著での大文字を示す
・〔 〕：訳者が補った言葉や文章を示す
・1～：原註の番号を示す
・＊1～：訳註の番号を示す

日本語版へのまえがき、あるいは、あとがき

『The Alphabet and the Algorithm』は2011年3月に出版され、そのほとんどの部分が、2008年から2009年、そして2010年の初期にかけて研究され書かれたものである。そのためこの本そのものは、2000年代の中期から後期におけるデジタル・デザインの文化とテクノロジーを反映している。それはもう10年前のことで、10年は現代のテクノロジーとデザインの年表の中では長いスパンである。要するに私の言葉で言う、建築のデジタル・ターンは、1990年代の半ばに始まったのだから、デジタル技術によるインテリジェント・アーキテクチャーの歴史は今では（これを書いている2014年の時点で）、私がこの本を書き始めた頃のほぼ2倍の長さがあることになる。しかし幸せにも私は、この本が今までのところ時の試練に耐えているようだと言える。すなわち、この本が論じていることのほとんど——実際にはおそらくはその全て——が、今日でも意味をなしており、デジタル環境における原作者性に起因する諸課題に焦点を当てたその結論は、それ以後に生じてきたことの多くを予期したものになっている。

この本の最初の部分、すなわちルネサンスにおける「アルベルティ・パラダイム」の興隆に関する部分が、現代的なデザイン・トレンドの流れる砂紋のような流動性にさらされるようなことは、もちろんほとんどない——なぜならそれは、ずっと昔に起こったことに言及したもので、既に何世期にもわたる学習と学識によって精査されたものだからである。しかしながらこの部分は実際には、ルネサンスのデザイン理論がなした革命的な斬新性に対して、ある新しい解釈を提示している。そしてその解釈は、現代的な関心事と共振するものである。この本の出版とほ

ぼ同時に、その当時は私は気づいていなかったのだが、私と類似した主張が——異なるコンテクストの中で、現代のデジタル・デザインの理論への参照など全くなしに——著名なルネサンスの歴史家である、マーヴィン・トラクテンバーグによってなされたのである[1]。1990年代初期以来のデジタル技術によるインテリジェント・アーキテクチャーの歴史に関する私の叙述の方は、もっと最近に出版したもうひとつの本によって今では補われていると言える。その本は、ここで私が論じている原典のいくつかをアンソロジーとして選り抜き、それらに解説を加えたものである[2]。また、1980年代の後期と1990年代の初期における、デジタル・ターンのまさしく最初のステップに関する新たなデータやドキュメントも、グレッグ・リンの監修によって出版されてきている。彼はその主唱者のひとりであったが、今や進んで歴史家に転じている——それは彼のなした多種多様なデザインの果敢な試みを損なうものではない[3]。

さらに、デジタル・デザイン理論における近年の展開は、この本の中で明らかにされている解説のパターンを確証し有効なものにしているようである。この本の最後の章で論じた通り、デジタルであるものは全て、その定義からして、原作者性が多重な層をなしていることを含意している——なぜなら、様々なアクター〔行為者あるいは参加者〕たちのうち、まず誰かがあるパラメトリック・システムをデザインするかもしれないが、次の段階ではそれをまた別の誰かがカスタマイズすることができるからである。この本の中では、私はこれらの行為者のうち2番目の階層にいる者を、「原作者」ではなく、「インタラクター」と呼ぶことを提案した（それはヴィデオゲームの文化に由来するアナロジーによっている）。インタラクティヴィティや参加性はしたがって、デジタル技術によるあらゆるオブジェクトに含まれる技術的なロジックに生来的なものなのである——それは物理的な物でもメディア上のオブジェクトでも同様である。この本を出版した後、デジタル技術によるインタラクティヴィティの技術や文化に対する広範な影響や、その知的源泉やそれが含意することについて、私は一連の論説において論じ、2011年夏季号の『Log』誌の中でより簡潔にまとめている。そこで私はまた、なぜデジタル・デザインの文化がこのトレンドに対して、あからさまに、あるいはより多くは暗黙のうちに、抵抗あるいは反対し続けているのか、その理由に光を当てて論じた（そのトレンドは逆に、建設産業には熱狂的なまでに受け入れられてきている）[4]。

他人と協同でデザインするよりむしろ、すなわち言い換えれば、ある類的＝総称的なオブジェクトを参加型の方式で作る際に、原作者が決定する諸権限のいくつかのレヴェルあるいは断片的な部分を、他の人間または社会的エージェントに気ままに委任するあるいは移譲するよりはむしろ、今日のデジタル・アヴァンギャルドの多くは、他の種類のデザイン上の不確定性を好む。その場合は決定の諸権限が、多数のほぼ非人間的なアクタント〔行為媒体〕の間で断片化され分裂され拡散されるのである。このことが理由で、ある規定にしたがったシステムがもつ生成的あるいは自己組織的な能力に光を当てその開発に取り組んだり、あるいはいくつかの構造システムやマテリアル・システムの組織化における、自然発生的な「創発性」を称賛するデザイナーたちを見かけることになっているのである。そしてそのような思潮が——もっと最近になると——デザインの諸決定を何らかの動物のコロニーの自己組織化に外注することさえ生じさせてもいる（〔たとえば〕ネリ・オックスマン[*1]による著名な作品における、カイコ）。これらの事例の多くでは、デジタル・テクノロジーは、それ自体が自己組織化するものと見なされている——それはそのテクノロジーが、本質的にそうである場合であっても、何らかの技術的あるいは自然のシステムに適用されたツールとしてであっても、同じである。私は、不確定性や非線形性に関するポストモダンの諸科学が、こうして新たにデジタル技術によって化身として現れていることについて、2012年の『Log』誌に寄稿したもうひとつのエッセイの中で論じている[5]。

こうした思潮やトレンドの多くが、ある新たなパラダイム的な表題の下に組み込まれつつあるように今は思える。私は最近、そのパラダイムを「ビッグ・データ・スタイル」と呼んではどうかと述べた[6]。ビッグ・データは、近代的な科学に対して根本的にひとつの異議を唱えるものとして、ますます見なされるようになりつつある――それはおそらく、いまだかつてない最もラディカルな異議である。なぜならビッグ・データによるコンピュテーションは既に、非常に効果的でありながら非科学的である多くの予測方法を考慮に入れているからである――そうした方法はごく最近に至るまで、科学のコミュニティにおいては呪われ嫌悪すべき対象として見なされていたのだ。デジタル・アヴァンギャルドたちはこのことに既に気づいていて、今日の新しいデジタル・スタイルは既に、このポスト・サイエンティフィックでポスト・ヒューマニスティックな環境を、ひとつのメタファーとして、あるいはある態度または感受性の表現として描き出している――また別の言い方をすれば、実際に表現されているそのスタイルのしるしは、今日のデジタル・デザイナーたちの多くが、ナチュラリスティックで、オーガニックで、ズーモルフィックで、乱雑あるいは複雑で、入り組んでいて、崩壊あるいは断片化していて、擬集的で、あるいは時には著しく不可解であることもあるモチーフやコンポジションを、執拗なまでに偏愛することに明らかに現れている。しかしビッグ・データによる新たなスタイルはまた、今日のコンピュテーショナル・ツールのインデックスを刻印した痕跡でもある。そのスタイルでは、初期のスプライン〔曲線〕の作成に含まれていた、シンプルな数学の微分学をベースにしたロジックが、乱雑に分散したヴォクセル・ベースの新たなデジタル環境によって置き換えられているのである。言うまでもなく、この技術的かつコンピュテーションにおけるロジックはまた、今日のファブリケーション・ツールとして選り抜かれたもの、すなわち3Dプリンターに完全にマッチするものである。なぜならそれは、より初期のCNCミリング・マシンが「サブトラクティブ法により」〔マテリアルを削って減らしていくことで〕スプライン曲線を製作していた技術に取って代わった、「アディティブ法による」〔マテリアルを加えて増やしていく〕テクノロジーをベースにしているからである。しかしここでまた〔あるデザインによってある特定の物を製作する場合を考えれば〕、ヴォクセル化されたひとつのキューブを3Dプリントすることが、ほぼ無限に至る数のヴォクセルを個別に表記することを必然的に伴うことになったとき、誰が一体それらの全てを表記しようとするだろうか？——全てが異なる場合は、そのひとつずつを表記していくのだろうか？人の命はそうするには短すぎる——そこで、エージェンシーが、あるいは原作者性が、そしてその移譲に関する政治経済学が、主要な論点として上がり、再び問題の核心になるのである。

私は自分の著書のひとつが、ここで翻訳されること——初めて私が全く理解していない言語で、訳書の中に自分自身の名前すら認識できそうもないのだが——を喜んで支持するのだが、ここでひとつの免責事項として、ある重要な注意書を加えておかなければならない。デジタル・ターンを、様々な意味において「アルベルティ・パラダイム」の反転として読み解くことによって、すなわち、近代性の夜明けの時期に、建築デザインという概念を、原作者による、代著的な、表記法による芸術のひとつとして発明したパラダイムの反転と読むことによって、私はデジタル技術によるインテリジェント・アーキテクチャーの文化とテクノロジーを、長きにわたって持続する西洋の古典的伝統の中に位置づけている。デザインにおける人文主義〔ヒューマニズム〕*2 的な原作者性を意図的に否定することでさえも、古典的な人文主義のひとつのかたちである。そのようなかたちは、いくぶん正道から外れたものではある。けれどもそれは、人文主義的な概念が、一般に理解され、現在の時流であるデジタルという強敵をものともせず、事実として今でも広く行き渡り遍在しているようなコンテクストを抜きにしては、仮定されえないことであろう。西洋の人文主義が今破壊しつつあるものとは、西洋の人文主義が築いたものなのである。しかしデジタル技術によるインテリジェント・アーキテクチャーは、今やグローバルな現象のひとつであり、それを押し進めている諸々のテクノロジーが、西洋の人文主義が決して多くは通用しないことが分かった諸地域も含めて、世界中で使われているのである。このことは確かに日本にとっては事実ではない。日本は西洋の古典主義に精通しており、その古典的伝統のあらゆるかたちに、長い間親しんできているからである。しかし、ルネサンスの人文主義に親しんだこともない世界の広範囲の人々にとっては、事実なのである。そしてそのような人々も今や、ここで論じるように西洋の人文主義が——その最新の、あるいはおそらくは最期の遺産として——終に大量に産み出した、CADソフトウェアの全てに対して、完全に通じ始めているのである。スプラインやヴォクセルは、決して単なる専門技術のためのガジェットの類ではない。それらは、ある時代に固有の諸々の文化的テクノロジーが、外側に目に見える形態として顕れたものなのだ。そして、それらのテクノロジーの意味は、それらが属する歴史によって、それらが代表する諸概念によって決められるのである。しかしこれらの諸形態、そしてそれらを駆動する諸々の技術が、先に述べた歴史と諸概念が実質的には知られていない世界の諸地域で、熱狂的なまでに受容されつつあるのだ。これは私には説明を提示できないパラドックスのひとつである。しかし今現実に、とてつもないスケールで起きていることなのである。良い日には、私はその現象に魅了される。そして悪い日には、懸念を感じる。

マリオ・カルポ

ワシントンD.C., 3月, 2014年

1 Marvin Trachtenberg, *Building in Time: From Giotto to Alberti and Modern Oblivion* (New Haven, CT: Yale University Press, 2010).

2 *The Digital Turn in Architecture, 1992–2012. An AD Reader* (Chicester, UK: Wiley, 2012).

3 Greg Lynn (ed.), *Archeology of the Digital* (Berlin: Sternberg Press, 2013).

4 "Digital Style," *Log* 23 (2011): 41–52.

5 "Digital Darwinism, " *Log* 26 (2012): 97–105.

6 "Breaking the Curve. Big Data and Digital Design," *Artforum* 52, 6 (2014): 168–173.

＊1 Neri Oxman。建築家、デザイナー。MIT Media LabのProfessorとして、Mediated Matterリサーチ・デザイン・グループを率いる。ここで参照されているプロジェクトは、2013年にMIT内に設営された「シルク パヴィリオン」のこと。フラー・ドーム状のフレームに、独自のアルゴリズムで位置を計算しCNCマシンで張り渡した生糸をガイドとして、6,500匹の「カイコ」がさらに生糸を廻らせ生成した、デジタルとバイオロジカル・ファブリケーションの混成によるドーム。詳細は下記のサイトを参照のこと（昆虫が苦手な方は閲覧注意）。
〈http://matter.media.mit.edu/environments/details/silk-pavillion〉（2014年7月20日アクセス確認）

＊2 本書の中で「ヒューマニズムHumanism」は特別な断りのない限り、ルネサンス期の「人文主義」を意味している。

目　次

1

可変性、同一性、微分的差異

1971年8月15日の日曜日の夜、アメリカ合衆国大統領リチャード・ニクソンはテレビ演説[1]の中で、ドルと金の固定相場制の停止を含む、一連のドラスティックな経済方策を発表した。1944年にブレトン・ウッズ協定により復活していたこの金本位制の終わりは、諸々の重大な経済的影響をもたらした[2]。そしてその文化的副産物も同様に、新時代を開くものとなった。ほんの数年の後に、ポストモダニズムの創始者が、ポストモダン的状況の兆候のひとつを、「強い参照項の死に至る激痛」[3]の中に見たのだ。そして、ニクソンがドルと金の一定した交換を廃止したことは、それに引き続く多くのポストモダン的な「大きな物語の断片化」[4]の最も顕著な前兆のひとつとして、きっと位置づけられるべきものなのである。ニクソンについて知られていることから察して、彼（1994年死去）は、ドゥルーズGilles DeleuzeとガタリPierre-Félix Guattariによる不定性に関するリゾーム論[5]を霊感的に理解していたことには、おそらく十分には気づいていなかっただろう。しかしイメージを扱う歴史家の視点からすれば、金ドル本位制の終わりはまた、イメージが西洋の歴史の中で常に保ってきた、最も途方もなく奇跡的な力に、弔いの鐘を鳴らすものとしても書き留められるべきものである――その力を美術史家はこれまで、しばしば無視してきたのだ。

英国の銀行の歴史は、ドルの歴史よりも長い期間にわたる紙幣と貴金属の関係を、例として示してくれるだろう。1704年、すなわちイングランド銀行券がイングランドとウェールズで流通可能になったときから、小さな中断を伴いながら、1931年、すなわちイングランド銀行が実質的に債務不履行になったときまで、イングランド銀行が発行したいかなる銀行券も、金または純銀〔スターリング・シルバー〕に固定レートで両替することができた。すなわち、紙が金属の代わりをし、一方を他方にいかなるときにも同じレートで交換することができたのである。ブレトン・ウッズ協定以降、英国のポンドはアメリカのドルに、ドルは金にくぎ付けにされた。この話を英国の歴史書（そしてイアン・フレミングIan Flemingの『ゴールドフィンガー』[6]）で読めば、それはポンドがもう一度金本位制の基準になったことを意味し、アメリカの本で読めば英国のポンドがドルにくぎ付けにされたことを意味する。いずれにせよ、英国の銀行券に小さな字体で今でも見られる一文――「私はこの紙幣の持参人に要求に応じて合計」たとえば10ポンド「支払うことを約束する」――は、1971年以前では、その持参人は要求次第で10ポンドの純銀〔スターリング・シルバー〕に慣習的に等価な金属を支払われるだろうことを意味した。そして1971年現在から今日に至るまで、同じフレーズが、いささかトートロジーではあるが、イングランド銀行は要求すればその銀行券をもうひとつの銀行券と交換してくれることを意味しているのである[7]。

紙を金に変化させることができるという、ほとんど魔法的な変質の力は、1971年のあの波瀾の夏の終わりの晩に、表面的には永久に、取り消されることとなった。ニクソンが介入するまでの何世紀もの間、法定通貨のその錬金術的な性質は発行機関の支払い能力によって保証されていたのだが、それは印刷という行為によって紙に授けられたものであった。と言うのも、イメージの奇跡的な力は、単にどんな図像にも付属するというわけではなく、非常に特殊な図像に属していた。すなわち同一的に複製され、視覚的にそれとして認識される図像にである。同一性とそれを瞬間的に視覚によって認識することが、紙を金へと変えていたのである。そして同一性は、法定通貨を以前の通りに今も機能させている。ある銀行券が、大量生産された同じ系列〔series〕[*1]に属する他の全ての銀行券と視覚的に同一でなければ（ただし唯一無二のシリアル・ナンバーは例外として)、それは偽造品であるか価値がないものと言える。そして私たちは大量の同一の銀行券を見るにつれて、ある銀行券が違っていたり、おかしく見えたときに、一目でそれを見分けはねのけることができることを、ごく最近まで求められていた。銀行券の時代の前は、視覚によって同一性を鑑定するという同じパターンが、コインや封印にも適用されていた。それらの価値や同一性の鑑定は、機械によって刻印されたインデックスによる指標作用と、合法な全てのコピーは同一のものとして複製されうるし、またされるだろうという、文化的かつ技術的な仮定に依存していたのである。

これらの例に見る、「インデックス」が同じであること――それは、機械による時代と、機械による複製自体の本質であるのだが――は、機械によるコピーの時代の前後双方における視覚についてのパラダイムと、全くの対照をなしている。金融の事例を続けると、職人的な手仕事における可変性が、個人用小切手においては今日まで生き残っている。そこでは、銀行が承認していることは、小切手に印刷された該当箇所によって立証されるが、その小切手は支払人の手書きのサインによってのみ効力を発揮するのだ。あらゆる手作りの物と同様、サインは視覚的に変わりやすいしるしである。それゆえ、同じ人が書いたサインは、多かれ少なかれ違っている。しかしながら、それらは多かれ少なかれ類似していなければならない。そうでなければ、同一のものと鑑定されることができない。この場合における認識パターンは、同じであることではなく、類似性に基づいているのである。しかし、類似や相似は、複雑な認識概念である。その複雑さは、古典の伝統における模倣の歴史によって証明されている。視覚芸術においても言説の芸術においても、今日の最先端の光学スキャナーですら、いまだに個人のサインを同定することも本物であると証明することもできないのだ。そしてもっともなことではあるが、個人用小切手は、支払い手段として、普遍的なものでも標準的なものでもない(その所持者が他の手段で同定されえるか、本人が知られていて信用される場合はそうでもないのだが)。

機械によって作られた環境に先行する、手作りによる世界では、模造や視覚的な類似が規範であり、複製や視覚的な同一性は例外であった。そして、現在急速に機械による世界を追い越しつつあるデジタルの世界では、視覚的な同一性は急速に的外れなものになりつつある。クレジットカードが黄金比をなす長方形であるのも（あるいはそれにかなり近似した形：これが偶然起こったことであるのか、デザインされたのかは知られていない)、ロゴやトレードマーク、そしてもう廃れてしまったが機械で読み取り可能なレリーフ文字が、いまだにあるのも無理はない――それらはクレジットカードが発明された'50年代後期のひとつの思い出である。しかし今日、クレジットカードの効力は、そのフォーマットや色、また作られた材料には関係せず、カードを同定する唯一無二の16桁の数字の列に、ほとんど完全なほどまでに依存しているのだ[8]。それどころかオンライン取引では、カードの物理的存在は必要もないしそれを確かめることもできない。クレジットカードの有効性を確認するために最初にやることは、ルーン・フォーミュラとして知られるシンプルなアルゴリズムを使って、16桁の数字の列をチェックすることである。その検査はほとんどの場合（統計的には10回中9回)、不規則な状態を検出するだけで十分である。誰もクレジットカードの信用性を、カードを見ることで判断しようとはしないであろう。それでは銀行券をじっと見つめるか、その透かしを検査しようとするのと同じである。視覚による同一性の鑑定は、今やゲームから外されてしまった。この例ではまさしく、伝送可能であるが目には見えないアルゴリズムが、本物であるということに属していた、あらゆる視覚的かつ物理的な痕跡に、既に取って代わってしまっているのである。

逸話的ではあるものの、これらの金融の事例は、視覚的に同一性を鑑定する3つのパラダイムを例示している。そしてそれらは本質的には事物を作る3つの異なる方法に関連している。それはサイン、銀行券、そしてクレジットカードに代表されている。サインのように物が手製の場合、その生産過程における可変性は、コピーされた物の間に差異と類似を生みだし、同一性の鑑定は視覚的に相似であることに基づく。銀行券のように物が機械製の場合、大量生産により正確に反復可能な機械による刻印は、規格化された製品を生みだし、同一性の鑑定は視覚的に同一であることに基づく。機械によって読み取り可能な最新型であるか、マイクロチップをベースとしたクレジットカードのように、物がデジタル式の場合、同一性の鑑定は隠れたパターンの認識、コンピュータによるアルゴリズム、あるいはその他の非視覚的な特徴に基づく。この視覚性の消失は、最新世代のクレジットカードの使用モードに固有なものではあるが、それは順々に、物質的な物そのものが最終的には消滅していく前兆である可能性がある。なぜならクレジットカードは既に多くの場合で時代遅れのものになっており、その多くの機能が、たとえば携帯電話にまもなく取って代わられるかもしれないからである。

デジタル・テクノロジーによって次第に廃れていった日常的に使う物のリストは、既に長いものとなっている。なぜならデジタル式の商用機器は、単一の、しばしば包括的な技術上のプラットフォームに、様々な機能をまとめる傾向にあるからである。それらの機能は最近までは、それぞれに異なるマニュアル式や機械式、さらにはエレクトロニクスのデバイスからなる盛大な操作で動かしていたのである（アドレス帳からアラーム時計やヴィデオ・プレーヤーに至るまで）。工業デザイナーや批評家たちは、物（あるいは少なくともいくつかの物）の消失について、現在も続く論争から明らかなように、当然の注意を払ってきている[9]。しかしながら、製品が廃れていくこと――あるいはおそらくより適切には、製品が消失していくこと――というこの見たところ避けられない波と、並走しながらもそれとは無関係に、技術によって生まれる諸々の物のますます増え続ける種類を、デザインし生産することにおいてもまた、デジタル・ツールがキーとなるのである。それは物が古いものでも新しいものでも同じである——大理石の彫刻からシリコン・チップに至るまで。そしてデジタル技術によるデザインと生産の技術的論理は、いくつかのキーとなる諸側面において、製造や機械制大工業のもつ伝統的な様態とは異なっているのである。

機械によって動くマシン（たとえばプレス機）は物を作る。デジタル技術によるマシン（たとえばコンピュータ）はまず第一に、数字のシークエンス——デジタル・ファイル——を作る。このファイルは後のある時点で、物（あるいはメディア上のオブジェクト）に変換されなければならない。そしてその変換は別のマシン、アプリケーション、あるいはインターフェイスによってなされ、これらもまたデジタル技術によって制御することができる。しかしそれらの制御は、誰か他の人の手でなされても良い。すると、その具体化のプロセス（デジタル・スクリプトの物質的な物への変換）は、オリジナルのファイルを作ることやその作り手から、空間的・時間的に切り離されていても良いことになる。その結果、オリジナルのスクリプトの原作者は、その最終的な製品の唯一の原作者ではないかもしれないし、その最終的な特徴を全ては決めることができない可能性があることになるのである。

ここでイメージ論に戻るために、ある比較が論点を明確にする助けになると思われる。ひとつの絵を同じ版で印刷した場合、それらの1枚1枚のプリントは同じものに見える。ひとつの系列として大量生産されるあらゆるものは、偶然によるマイナーな変異は含むものの、概ね、（たとえば、1,000部印刷された）同じポストカードの購買者たちは全て、同じ絵を買うことになる。これとは逆に、デジタル・ポストカードが、あるコンピュータから1,000人の受取人を含む電子メール・リストにe-mailされると、それは数字のシークエンスとして送られ、受け取られたときにだけ——すなわちその絵が、1,000個の違ったコンピュータ・スクリーン上に現れるか、同じくらい多くの違ったプリンターでプリントアウトされたときにだけ——再び絵になるだろう。デジタル・ファイルとは全ての人にとって同じものである。しかしそのファイルが生起させるそれぞれの結果（この例では、ファイルの絵への変換）は、おそらく相互に異なるだろう。そのような相異は偶然（受取人の中には違うマシンやアプリケーションをもっている人がいるかもしれない）によるか、デザイン（受取人によっては、自分のマシンをカスタマイズしている、あるいは見るためか印刷するために意図的に送られた絵に手を加えるかもしれない）によって生じる。このようにカスタマイズが可能な可変性は、古き良き時代のラジオやテレビにもいくらかは存在したし、機械によって録音された音楽にさえあったものである。しかしデジタル信号の伝送や操作に固有な可変性（と、実際には双方向性）の度合いは、比較できないほどに高い。私たちは自分の友達の全員に同じデジタル・ポストカードを送ることができるのかもしれない。しかしながら、友達のそれぞれが自分のコンピュータのスクリーンあるいは携帯電話で、実際に何を見るのかを予測する方法はないのである（そして友達がその絵を紙に、あるいはさらに詳しく言えば、友達が自分の好みで他の素材に印刷することにした場合は、何をその友達が見るのかはさらに予測できないものになる）。

クレジットカードの例ではとても顕著である、この視覚の重要性の低下は、あらゆるデジタル環境の特徴である視覚的な可変性——あるいは、視覚以外の他の感覚も含めるならば、感覚される可変性——を包括する制度が単に末期段階にあるということであるのかもしれない。可変性はあらゆるハンドメイドの物を区別するしるしでもあるのだが、手仕事とデジタルによる可変性は、もうひとつの本質的な特徴においては異なっているのである。ハンドメイドの物は注文があり次第、要求に合わせて作ることができる。このためハンドメイドの物は、同等の大量生産による規格品よりも高価にはなるが、割増費用を代償としてカスタムメイドの物は概して、個々のユーザーによりフィットしたものになる。しかし別の場合には、手仕事による可変性は解決法であるよりもむしろ、問題となることがある。手作りの作業は、同一のコピーを産み出すには周知の通り全く向いていないので、同一のコピーが必要な場合は常にこのことが先述した問題の事例となってくる。明白な例をひとつ挙げよう。印刷の発明以前には、テキストとイメージの伝送は、コピーを行う個々の人の意思や気まぐれの思うがままで、コピーを行う人がコピーのプロセスのあらゆる段階でミスも予想できない変更もする可能性があった。手作業で複製された、あらゆるテキストやイメージに生じる避け難いランダムな変動は、あらゆる種類の文化的な人工物——詩や音楽から科学やテクノロジーまで——の記録と伝送に対して、何世紀もの間、重大な障害であったのである。

ある程度のランダムさは、あらゆるデジタル・プロセスにも同等に、本来的に備わっている。ほとんどの場合、私たちは自分が作っているデジタル・ファイルをどのマシンが読むことになるのか知らない。また、いつ、あるいはどのような技術上の制約や個人に特有な表現方法が、自分の製作物を、機械によって読み取り可能なドキュメントから、何かしら人間に読み取り可能なもの（あるいは別の方法で知覚できるもの）へと変換することを、最終的に決定するのかも分からない。しかし、手仕事によるテクノロジーの時代——すなわちあらゆるケースがそのそれぞれの利点に基づいて応じられ、個々のヴァリエーションが注文に応じて話し合われ、交渉され、カスタムメイドされていた時代——に考えられていたよりも遥かに大きな程度にまで、差異を生成するこのまさに同じプロセスが、今では〔コンピュータのアルゴリズムとして〕スクリプト化されてプログラムになり、ある程度まではデザインされうるものとなっているのである。可変性は今や、自動化され一連となったデザインと製作に含まれる、一部分になることができるのである。事実、まさにこれが、デジタル・テクノロジーの最も敏感なユーザー——企業家や資本家だけでなくアーティストやテクノロジストに至るまで——が、最近の15年ほどの間に行ってきたことなのである。

手工業や手書きの文化における手仕事による変動と、現代のコンピュータ・ベースの環境におけるデジタルによる変動という考えについては、本書の中心をなす章において、十分に論じるつもりである。しかし、デジタル技術による「微分的差異性digital differentiality」*2（デジタル時代における、系列をなすヴァリエーションによる新たな諸形態を描写するために、グレッグ・リンGreg Lynnが導入した用語）[10]に含まれる、比較的シンプルなひとつの事例が、ここでの主旨を明確にするかもしれない。周知の通り、多くのウェブ・ページのもつ特徴的な様々な機能は、そのページの作り手がページの個々のユーザーについて知ったことに基づいて、今や自動的にカスタマイズされている。このために、最も人気のあるウェブ・サイトに現れる広告（そして次第に、コンテンツまでも）は、私たちがそれらのページにアクセスするために使うコンピュータ、ブラウザーやネットワーク、あるいはプロトコルに基づいて違ったものになり、1日の中での時間、ユーザーの地理的ロケーション、そして多くの他の秘密の要因、すなわち十分に保護された商売上の秘密にしたがって変化するのである。これが、その根底において、Googleに百万の富を与えている金科玉条の方式である[11]。可変性は、伝統的な機械による環境において、同一のコピーが追求され、要求され、そして本質的な価値をもつ場合には、障害となりえた。その可変性が今や、新たなデジタル環境の中で資産へと変えられてきているのである――事実、デジタル環境において最大の利益を生む資産のひとつへと。今のところ、コンテンツのカスタマイゼーションが、デジタル・コンテンツに元をとらせるほぼ唯一の方法であるようなので、ウェブ・ユーザーはその副作用に対処することを学びつつあるところである。同じ新聞の同じオンライン・エディションの読者たちはしばしば、同じ時間に同じ場所で、永続して自動的に変化する様々なテキストやイメージ（音も自由に加えられる）の寄せ集めを読む羽目になる。これと同じ論理にしたがって、パブリックな場所にある従来型の印刷によるビルボードを、電子制御のものに置き換える実験が進行中であると、報じられている。その電子式のものは、ビルボードの前に立ってそれを見る人のある特徴を（物理的あるいは電子式のマーカーを通して）検出し、ビルボードのコンテンツをそれにしたがって適応させることができるのだ[12]。

日刊新聞がひとつ以上の地域版を発行する時代があった（そして少数の新聞はいまだにそうしている）。しかし個々の読者が、個々に特有な人物像に応じて独自にカスタマイズされた新聞（あるいはウェブのポータル・サイトや鉄道駅での広告）を見つけることができるなどという考えは、技術による可変性、あるいはデジタル技術による微分的な差異性など遥かに越えて、多くの人が不快に感じる、文化的に不安定なある心情を引き起こすこととなる。過去5世紀にわたって「活字人間 typographical man」*3は、書面としての情報の保存と再生を容易にするために、視覚による予測可能性にますます高度に依存してきていた。テキストやイメージがもつ、レイアウトにおける視覚的かつ図式的な安定性は、印刷技術と共に現れ、その後、機械によって大量生産されたあらゆるツールや器具に広がった（そしてさらにまた、そのレイアウトが同じ母型や活字鋳型で印刷されていった）。グラフィックを認識することにおいて、これらと同じパターンが、今でも多くの文化的社会的慣習の基盤にあり、私たちの日常生活における通常の行為の中で重要な役割を果たしている。私たちは、あるコラム（またはインデックスや価格）を、同じ新聞の同じページの同じ場所に探す習慣があった。同様に、ダイアルやゲージの付いたアナログ機器のように、ある電子機器のインターフェイスは、特定のデータ・ソースを、一定かつ明確で、視覚的に記憶できる場所に割り当てることが慣例であった（それはたとえば、同じ作りであれば全ての車において、ある既定の警告シグナルが、ダッシュボードの同じ場所で同じ形式で同じ色で点灯するということである）。

このような慣例のうち、デジタル・インターフェイスに適用されるものは何もない。デジタル・インターフェイスでは、アルファベットのテキストにおけるフォントやサイズさえまでも、いつでも、そしてしばしば警告もなしに、変わるかもしれないのだ。そして同じひとつの情報が、静かなLEDディスプレイの等方性の表面、あるいはインタラクティヴなコントロールパネル上のどこにでも、ポップアップする可能性がある。これが様々な感覚に訴えるありとあらゆる種類のもので飛び出してくるのだ（サウンド、ピクトグラム、ドローイング、ダイアグラム、様々に異なる言語によるアルファベットの警告、完璧に不可解な数字のエラーコードなど）。実際、次のことはある程度まで妥当だ。すなわち、デジタル・イメージの可変性に最も寄与した会社（Photoshopのメーカーであるこの Adobeシステムズ）は、特にこのデジタル環境における変動に対抗するために――イメージをフリーズさせ、ユーザーたちが視覚的に全く同一のグラフィックのレイアウトを、強制的に見るようにするために――新しいソフトウェアも同時に創るべきであった。AdobeのPDFすなわちポータブル・ドキュメント・フォーマットは、本質的には電子的なフォトコピーを伝送するために、ウェブ・テクノロジーを使うということだ――すなわち、インターネットを介してファックスを送るということである。この対処はうまくいかなかったわけではない。そこで明らかなことは、多くの場合私たちの社会はまだ、鉄のように固くフレキシビリティのない――機械のもつ最も秀れた属性――印刷の体裁をとったページなしには済ますことができないのだ。納税の記入書式は全てにわたって（ウェブ・サイトからダウンロードされたり、より最近では、オンラインで記入されるときでさえも）同一でなければならない。なぜならあらゆる納税申告書において、A-14の33行目は7ページに必ず現れなければならないからだ。このことが明快に示すのは、所得税の申告は印刷の時代以前には存在しなかったということである。エレクトロニクスの時代にあってさえ、ほとんどの国の国税部局は、サーヴィスをオンライン化するとき、最新鋭で最高のテクノロジーを使って、心霊現象で発生する物質〔ectoplasm〕のようなデジタル・イメージのヴァリエーションを、活字による文書のもつ機械的な不動性にまで落ち着かせることを強いられる。納税を扱う様々な庁や国の部局のウェブ・サイトは、真の電子芸術作品であり、マーシャル・マクルーハンMarshall Mcluhanは、グーテンベルクの機械をデジタル技術が模倣することを喜んだことだろう。それは現代国家の官僚主義によって最近になって完全なものとなったのだ。活字人間は現代の国家に不可欠な要素であるので、現代国家は電子テクノロジーを採用した後でさえ、活字によった世界を永続的に模倣することを強いられるのである[13]。

ここで要約すると、長い歴史的時間の持続の中では、大量生産され規格化され機械によった同一的なコピーがなした時代は、あるひとつの合間のエピソードとして、かつ、比較的簡潔であったものとして――先行した、手作りによる時代と、今置き換わりつつあるデジタルによる時代の間にはさまれたものとして――見られるべきであるように思われる。手仕事による製造はヴァリエーションを生みだすが、それはデジタル技術による製造でも同じである。しかし､系列をなすヴァリエーション(あるいは微分的差異性）をデザインし大量に生産する能力は、現代のデジタル環境に固有のものである。ところが、視覚における無際限な可変性は、視覚による関連づけを損なう可能性がある。すなわち、頻繁に、あるいはあまりにランダムに変わる記号は意味が薄れ、個別的な事象として捉えられ、結局は全ての意味を失ってしまうかもしれないのだ[14]。これこそが古き時代のハンドメイドによるヴァリエーションにおいて既に起きていたことであり、認識可能なイメージの欠乏のために、ヴィジュアル・コミュニケーションの経済は機能不全に陥ったのだ。そしてそれは、デジタル技術による微分的差異性のなす新時代においても再び起きていることであり､そこでは可変なイメージの供給が過剰なために､ヴィジュアル・コミュニケーションの経済が機能不全になるのである。

これら３つの技術の時代（手による製造、機械による製造、デジタル技術による製造）のなす一続きの年代配列は、様々なかたちの解釈に委ねられている[15]。物によってはすっかり機械による時代になっても、まだハンドメイドであった。そしてデジタルによる時代にすっかり変わってからも、物によってはやはりハンドメイドによって、あるいは機械によって製造されていることだろう。しかし総体としては、この年代順における2番目の変換点、すなわち機械によって製造される同一的なコピーから、デジタル技術によって生成される微分的差異のなすヴァリエーションへの変遷が、今起きていることである。最初の変換点、すなわち手仕事による可変性から機械による同一性への推移は、過去の様々な時点で起きていた——それがいつ起きたのかは、考慮に入れる物やテクノロジーが属する部類による。手仕事による製造から機械による製造（あるいは機械制大工業）への決定的な移行は産業革命によって生じた。しかしながら、機械製造による慣習的な意味での物（線路、ミシンや自動車）の隣に、さらにメディアにおける物〔＝オブジェクト〕（テキスト、イメージ、サウンド、それらの記録や伝送のモード）をもし見るならば、私たちはいくらか少し異なる年代配列に出くわすことになるだろう。

メディアの現代的な理論家[16]は、可変なコピーから同一的なコピーへの移行を、19世紀または20世紀に位置づける傾向にある。なぜならその理論家たちは、同一性の発祥を、写真や映画に特有な性質として見られることが多い、インデックスを刻印するようなリアリズムと関連づけるからだ。芸術家によるドローイングとは違って、写真によるイメージとは、機械による光の感光フィルムへの準自動的な刻印である。この製法により、写真は現実に起きたことを端的に記録することができる。メディアの伝統的な学者[17]は、同一的に複製された、機械によるイメージの発祥を、ルネサンス期における印刷の発明、そして——ほぼ同時に——幾何学による透視図の発明に関係づける。よく知られている通り、近代の写真技術のずっと以前に、アルベルティ Leon Battista Alberti は、遠近法によるイメージを、ある面上における光線の軌跡として初めて定義したのだ。

建築史の特色とは、異なるテクノロジーの歴史年表を合成することである。建設は材料（レンガ、釘、鉄製の梁など）の生産に依存している。それゆえ、建設の近代史は伝統的な産業革命の年代配列に結びつけられる。一方、建築のデザインは、純粋に情報を操作することであり、その諸々のプロセスは特定の範囲にある、文化とメディアにおけるテクノロジーによって定義される。何世紀もの間、古典の伝承は、建築の模範〔モデル〕の記録、伝達、そして模倣に基づいていた。そして、この伝承あるいは伝達の方は、そうした模範をトレースし時空を越えて伝達するために、今も昔もその時点において使えるメディア・テクノロジーに依存しているのである。記録できないものを伝達することはできないし、記録も伝達もできないものを模倣することはできない。それに加えて、建築の規則や模範が公表され普及し受容されることとは無関係に、建設は、デザインの特定の指示を表記するために必要とされる文化的テクノロジーにも依存しているのだと言える。なぜなら、そのデザインの指示とは、誰かによって考えられ、それとは別の人によって、時には元のデザイナーがその場にいない場合でさえ、実行されるためのものだからである。建築デザインにおける現代的な表記法notation理論の主要な論点のひとつである、建物や建設のデータをポイント・トゥ・ポイントでやり取りをするテクノロジーもまた再び、記録と伝達の問題——すなわちメディアの問題——なのである。

1.1　建築と同一的なコピー：そのタイムライン

機械時代の建築史はよく知られている通りである。それは20世紀のモダニズムの好戦的な歴史家たちによって、そしてそのフォロワーたちによって書かれ、また何度となく書き直されてきた通り、それは罪と贖罪の物語である。建築は産業革命と折り合いをつけるのに暇を要した。19世紀の間はずっと、建築家は工業的な大量生産の新しいテクノロジーを、無視するかそれに反発していた。そして、近代建築のパイオニアたち、彼らのモーニング・コールがやってきた。20世紀初頭、ル・コルビュジエや他の建築家たちが主張し始めた通り、機械化が世界を変えつつあり、建築はその難問に立ち向かう必要があった。建築家は、機械による大量生産の新しいツールのためにあつらえた、新たな建築形態を発明するべきである。同様に都市計画家は、機械による大量輸送の新しいツールのためにあつらえた、新たな都市形態を発明するべきである。20世紀の残りの間に建築家とアーバニストの多くは、実際にそれを実行した。奇妙なことに、多くの建築家とアーバニストは今現在もそれをやり続けている。現在の機械は、ル・コルビュジエや彼の友人たちが約1世紀も前に称賛し理想化したものではもはやないことを、彼らは無視するか拒絶しているのだ。

しかし産業革命のかなり前に、もうひとつの機械革命が建築史を既に変えてしまっていた。印刷による本とは、典型的な工業生産物のひとつである。それらは大量生産される。大量生産は規模の経済を生みだし、印刷本を手書きによるコピーより安価なものにする。印刷本は規格化されている——その1冊1冊は、同じ母型を、機械によって紙の上に刻印したものなのだ。初期近代の印刷本は、同時代の手製の本に比べて安価で上質であったために、あらゆる市場ですぐに印刷本が手製本に取って代わり、印刷による新たな建築の本（手引、論文、柄見本など）が建築の針路を変えてしまった。その理由は何よりもまず、本に含まれた、印刷されたイメージのためである。印刷が発明される前は、手描きによる図面のコピーが信用の置けるものではないことは周知の事実であり、その結果、正確なコピーが必要な場合は常に、イメージはほとんど使われないか完全に避けられていた。そのような場合は、非視覚的なメディア（アルファベットや文字、数字）がより安全であると考えられていた。何世紀もの間、古典的な慣習の中では（古代から中世、そして初期ルネサンスに至るまで）、建築の描出は言葉によるものであり、視覚を通したものではなかったのである。

印刷の到来がこうしたテキストとイメージの関係を逆転させた。同じ版による印刷ならば、あらゆる印刷されたイメージは、概念上、あらゆる人にとってあらゆる場所において同じものなのだ[18]。イメージの作り手も使い手も、印刷のおかげで、技術的な情報を新たな視覚的フォーマットで記録し、安全に伝達しうることにすぐに気づいた。そして、ひとつの新たな建築理論が、この新たな技術的状況に即して、まもなく展開した。技術文化における典型的なフィードバック・ループの中で、機械によって作られた同一的なコピーが、同一的な複製がなしうる可能性についての、ある文化的な意識を目覚めさせたのだ。すなわち、有名な建物を、古いものも新しいものも同じようにして、視覚的な模範として図解するだけでなく、構造と装飾の双方を含む、建築の構成要素の新たな図解カタログを普及するという任務が、印刷イメージに課せられたのである。これらの新たな模範は、同一のコピーが印刷されることを意図してデザインされたものだが、ある場合には、建築の図面やデザインあるいは実際の建物にも、再利用され複製されることが意図されていた。このメディア革命において最も成功した副産物は、ルネサンス建築のオーダーによる新たな「メソッド」――世界の建築史において、最初のインターナショナル・スタイル――であったのである。

私の別著において十分に詳述している通り、これこそが印刷時代の、そして印刷時代のための新しい建築であった[19]。初期近代が「活版印刷による建築家typographical architect」を作り出したことは、建築に消すことができない痕を残した。建築はこれ以降、絶えず、厳密に反復しうる可能性というパラダイムに直面していくことになったからだ。デザイン・プロセスの中で、ルネサンス期に実際に機械によって同一的に複製された唯一の部分は、本に印刷されたイメージだけであった。建築家のデザインや施工図面は手描きで、建物自体も同様に手で造られていたのである。しかし同一性のなすパラダイムが、本から社会全般の視覚性へとあふれ出し、同一のコピーからなる文化を誘発したのだ。そしてこの文化が、産業革命や機械による大量生産が実際に起きるずっと以前の西洋に浸透していったのである。規格化されたイメージが、工業用の組立てラインに先行したのであり、規格化された建築によるひとつの文化が、もはや十分なまでに確立されてしまったために、視覚的に規格化されたあらゆる建築部品（モールディング、柱、柱頭から窓や煙突などに至るまで）は、互いに同一に見えるように、手で注意深く作られねばならなかった[20]。この過程で、規格化されたイメージは、職人の身振りを規格化した。すなわち、職人たちの自由な手つきは、同一の動きを繰り返すことを強いられたのである。それは、当時は誰にも想像も予感もしえなかった機械に似た動きであった。しかしその機械がいずれは到来し、どんな職人ができるであろうよりも良質で安価である同一のコピーを濫造することになるのである。ここここそが、近代のテイラーリズム〔あるいはテイラー・システム〕と機械化が取って代わり、ル・コルビュジエが足を踏み入れ、2番目の、物語のよく知られた部分が始まったところなのである。

1.2　代著と表記法

印刷されたイメージが、建築の模範の伝送に革命を起こしていたまさにそのとき、偶然にもメディアにおけるもうひとつの革命が、建築家の仕事のやり方を決定的に変えつつあった。過去や現在の優れた建物のイメージや、印刷による初期近代の建築書籍の特徴と言える、新たな既製の視覚見本のセットと並んで、また別の種類の建築図面や模型が急速に顕になりつつあった。それは計画図面である。ルネサンス期の建築家が描く計画図面はますます増加しつつあり、それらの図面はますます遠方になりつつある建設現場へと送付されるようになっていた――そしてこの物理的な遠さが、建築家と施工者の間に増大しつつあった、知的かつ社会的な離反と密接に関係していた。新たな複製技術は、計画図面には何の影響も与えなかった。なぜなら、施工者に渡る技術的なドキュメントは大量生産を意図したものではなく、各図面は現場に送付される前に、コピーに伴う精度の低下や他のリスクがないように、必要とされるだけの正確さで手描きされていたからである。ルネサンスの計画図面における唯一の技術革新は、まさにその図面の発明――あるいは図面を利用する様態――を発明したことにあったと言えるだろう。

ネルソン・グッドマンNelson Goodmanによれば、あらゆる芸術は、自著によるもの〔autographic〕として生まれた――すなわち、その原作者自身の手によって作られた。続いて、いくつかの芸術が代著によるもの〔allographic〕になった。すなわち、物質的には他の人によって実行されるように、原作者によって筋書きが書かれるようになった[21]。建築は一体いつ、それが本来もっていた、ある手工芸（手工職人によって考え出され、作られるもの）のような自著的な状態から、ある芸術（ある人によってデザインされ、別の人によって作られるもの）のような近代的な代著的定義へと、発展したのだろうか？　それに対する伝統的な見方、すなわち近代的な建築家とその新たな職業的な役割の発明を、初期近代の人文主義に帰着させる見方は、いくつかの有名な説話に基づいている。すなわち、ブルネレスキFilippo Brunelleschiによる、主要な建設計画の唯一の考案者であり熟練者であるという、自分の役割を承認させるための、伝説的な苦闘。そして、アルベルティによる、建築家は施工者ではなくデザイナーであるべきだとするラディカルな主張と、この目的に不可欠となる、平面図や立面図の縮尺付きの建築図面からなる、近代的な表記システムの定義。

これらの紋切り型の話に反論して、デザインと建設（そしてデザイナーと職人）の間の隔たりは、程度の問題だと指摘することは簡単である。建築のある種の表記法というものは、ほとんど常に存在していたのだ。有史の初期には、エジプトの建築家はかなり精密な建築の施工図面を既に用いていたようである[22]。しかし古代のデザイン・プロセスの歴史は、厄介な論争を呼ぶ話題である。なぜならその問題についての考古学的学識が、根拠に乏しい証拠を土台にしなければならないからだ。実際、証拠が時折とても薄いために、考古学者の中には古典時代のギリシアの建築家は縮尺図面を全く使用しなかったと結論づけている者もいる。なぜなら他に分かっている表記システムは、文字による指示、3次元の模型、テンプレート、あるいは現場で石か壁に刻むかスケッチされた実寸の概略図のようなものであり、これら全てがデザイナーが建設現場に何らかのかたちで現にいることを、含意しているか必要としているからである。縮尺のある計画図面は、より進んだ表記システムの導入が示唆するように、デザイナーと職人の間にますます隔たりが生じたことに伴って、ヘレニズム期になりようやく使われ始めたのだろう[23]。この論争は、現存する最重要なソースであるヴィトルヴィウスMarcus Vitruvius Pollioの論文が、この問題に関して曖昧であることによってこじれてしまっている。ヴィトルヴィウスの第1書にある3種類の建築図面（平面図ichnographia、立面図orthographia、透視図あるいは断面図scaenographia）の名高いおぼろげな定義からは、建築図面をいくらか実践に使うことを所与のものと考えているようには見える。しかしながら彼自身のデザインの方法は、どんな種類の縮尺図面も参照していないし、必要ともしていなかったのである[24]。

考古学者や古典学者とは別に、中世史学者もまたこの問題に影響を与えている。比率を用いて描かれた平面図や立面図に類似したものは、13世紀に、そしてより説得力をもつ推定では14、5世紀にあったと言える（プラハのピーター・パーラーPeter Parlerの工房による有名な図面は、ブルネレスキによるフィレンツェのドームの仕事と同時期のものである）。これらの図面と他の文書から次のように示唆する学者もいる。すなわち、「遠隔操作による建設」はゴシック期のマスター・ビルダーには一般的なことであり、イタリアの人文主義者による新しい建築理論よりもずっと以前に、そしてそれらとは無関係に、表記法の十全なツールと社会的な慣行が、そうしたデザインの方法を支えるために既に存在していた。

この見解は、傑出した学者であるウルフガング・ロッツWolfgang Lotzには異例の大きな誤りにより証拠づけられている。彼はルネサンスの建築図面に関する1956年の独創的なエッセイの中で、アルベルティの『建築論De re aedificatoria』の極めて重要な一節を読み誤り、アルベルティは建築家たちに透視図で図面を描くことを奨励しており、アルベルティの論文よりむしろ、ラファエロRaffaello（あるいはRaphael）Sanzio da Urbinoの「Letter to Leo X」（1519）にこそ、「直角投影図」の近代的な定義の功績を帰するべきだ、という誤った結論を出してしまった[25]。ロッツは最終的に自分の誤りを訂正したにも関わらず、そのエッセイは、持続するある慣例を生む源のひとつとなってしまった。その慣例によれば、絵画的志向の南部イタリアの建築家は、透視図的で幻影的で非技術的な図への強い好みのために、「直角投影」による表記法のフォーマットを開発したどころか、実際にはその発祥に遅れをとってしまったことになるのだ[26]。

近年の学術的成果によれば、ラファエロの建築図面に関する説は、その問題におけるアルベルティの理論を拡充したものに過ぎないと指摘されている[27]。しかし、「直角投影図」はゴシックの建設技術者によって発明されていたのかもしれない、あるいはルネサンスの建築家によってさえ発明されていた可能性がある、といった考えは、また別の争点において問題を孕んでいる。直角あるいは平行投影は、ガスパール・モンジュGaspard Mongeの『画法幾何学』（1799）によって定義された通り、投影の中心を無限遠点（光線、射線、あるいはベクトルの唯一可能な原点で、全ての線はこの点に到達したときに、互いに平行でなければならない）に措定する。今日の投影幾何学では、中心投影〔透視投影〕と平行投影が異なるのは、単に投影の中心が、前者ではまさしく点であり、後者ではそれが変則的な点（すなわち無限遠にある点）であることによる。「直角投影」によって地上階の平面図を描くには、いかなる種類の投影も必要はないかもしれない。なぜなら建物の地上階の平面図は単に、実際の敷地上への建物の刻印あるいは形跡と見なしえるからだ（必要であれば、縮小して描き直せばよい）。しかし「直角投影」による正面図あるいは立面図は、それよりはトリッキーな問題となる。

中世後期の光学、そしてアルベルティ独自の幾何学的透視図にしたがえば、「直角投影」による正面図では、観測者の目は物理的に無限遠に——あるルネサンスの数学者が見事に評したように、それは現実には「どこでもない」——押し戻される必要があった[28]。中世後期および初期近代の幾何学はアリストテレスの枠組みに拠っていたため、無限をそのように根拠もなしに適用することは許さなかったし、無限遠からの平行投影が必要とするような、空間の均質性と連続性も満足させることはできなかった。ピエロ・デラ・フランチェスカ Piero della Francesca は平面図の中に——実際には２枚の平面図と１枚の立面図、そして１枚の側面図の中に——少なくともひとつの、有名な頭を描き、全ての図を平行投影線によって結びつけた[29]。これはモンジュの『画法幾何学』の３世紀以上も前のことである。同様に、中世後期と初期ルネサンスの建築家は、より簡単な「直角投影」による平面図、立面図、そして側面図（後には断面図）をセットで用い、それらに信頼を置いていた。しかしながらこれらの図法は、当時の数学者には幾何学における無限についての実際に使える概念が欠けていたために、定義することも形式化することも不可能であっただろう。平行投影は何世紀もの間、理論なき実践だったのだ[30]。

しかしアルベルティはこの問題についても、大きな発見を勝ち取った。アルベルティは、無限遠を定義せずに（消失点として）表現するような、中心投影を体系づけることができ、実際にそれを実現したのである。しかし彼には平行投影を体系づけることはできなかった。なぜならそれは、物質的な目（透視図における視点）を非物質的な場所（無限遠）に措定してしまうからである。しかし、彼が既に絵画に関する論文の中で中心投影を定義していたという、まさにそのことを理由として、その数年後に建築に関する論文を書いたときには、アルベルティは歴史上初めて、建築家は何をすべきではないかを、正確に並べ立てることができたのだ。曰く、建築家は透視図を避けるべきである、なぜなら（ラファエロによる少し後の言い回しによれば）〔奥行きを出すための〕短縮法によって実物より短くなった線のために、正確に寸法を採ることができないからである、と。アルベルティが『建築論』の第２書におけるある主要な節の中で要求しているように、建築家の図面は、画家の透視図とは異なり、「一定である線」「正確な角度」、そして「縮尺に応じて描かれる現実の寸法」が必要なのである[31]。

建築家に透視図を使わないように言うためには、透視図が既に発明されていることが必要である。アルベルティは幾何学による透視図を発明した副産物として、比例と直角投影による、近代的な平面図と立面図に（否定的にではあるが）最初の幾何学的定義を与えることができた――幾何学がいかなる平行投影の定義も許容しなかったときにである。これは幾何学においては微妙な問題に思えるかもしれない（そして、それは実際そうである。なぜならそれは平行投影を、それに対応する投影の中心を無限遠に措定せずに、「非中心」投影として定義しているのも同然だからだ）。しかしより実践的なレヴェルでは、アルベルティの戦略はまた、なぜ縮尺で描く立面図は奥行きを生みだす短縮線を含むべきでないかを説明することを基本的に必要としていたという点で、首尾一貫していたのだ（なぜなら、その類の図面がアルベルティの以前の時代にはしばしば描かれていたし、彼の後にも描かれ続けていたからである）。

アルベルティによる、建設とデザイン（lineamenta〔特徴となるアウトラインを定義すること〕）の区別は、『建築書』の第1、2、そして第9書において、互いに異なってはいるが、曖昧さのない語句によって明確に述べられている。そしてそれこそが、彼の一貫した建築理論の基本原理のひとつである[32]。彼の建築計画図面（と模型）の新たな幾何学的定義は、その新たな代著的な建設法に適った、首尾一貫した表記ツールの一式をもたらしたのだ。前述したように、デザイナーと建設現場の距離は歴史における変数のひとつであり、アルベルティの理論のクライマックスより以前の（そして以後の）何世紀もの間、それは干いたり満ちたりしていた。このような干満と共に、信頼できる表記ツールへの必要性と、その利用可能性は繰り返し変動したし、アルベルティより前にも表記法を用いたいくつかの建設方法が存在し様々に実行されたという証拠は、無視されるべきではない。しかし、アルベルティ的な方法は、その概念的な声明の先鋭さに加えて、もうひとつの本質的なアスペクトにおいて、あらゆる前例と異なっているのだ——それが、今日までずっと続いているのである。

1.3　原作者性

アルベルティが論文の中で繰り返し強調しているように、建築家はデザイン・プロセスの全てにわたって、図面と3次元の模型を用いて制作を行わなければならない。なぜならプロジェクトの様々な側面は、それらが視覚化されなければ確かめることができないからだ[33]。図面（明らかにこの場合は模型ではない）[34]はまた、計画がまとまり、施工図面が施工業者に送られるときには、表記ツールとしても使われることになる。けれども、その2つの機能、すなわち視覚化と表記という機能は依然明白である。デザイナーは、建物のアイデアを探求し、育て、発展させるために、まず図面と模型を必要とするのである。建物のアイデアは、アルベルティが論文の最初に述べているように、「心によって考え出され、諸々の線と角度からなり、博学な知性と想像力によって完成される」[35]。アルベルティは模型もまた、専門家に相談し彼らの助言を求めるために用いられるべきだと述べている。改訂し修正し新しいヴァージョンが積み重なるにつれて、デザインは何度となく変わっていく。そして計画の全体は、吟味の上にも、また吟味されなければならない。「2回ではなく、3回、4回、7回、10回と、中断をはさみながら」[36]。最終の決定ヴァージョンは各々の部分が完全に吟味され、「さらに何を足しても、引いても、変えても、悪いものにしかなりえない」[37]ときに初めて獲得される。このとき、全ての修正が止み、最終的な（最近までそう表現していたように、字義通りの意味でも、比喩的な意味でも）青焼き図面〔ブループリント〕が施工者に手渡される。ここからはもう変更は起こらない。デザイナーはもう心を変えることは許されないし、施工者はデザイン上の問題に意見があることなど期待もされない。彼らは建物をその通りに建てなければならないのだ——デザインされ表記された通りに。

アルベルティは様々な機会に、色々な文脈で、帰還不能〔ノー・リターン〕のこの理想的な地点について力説している。すなわち、デザイン上のあらゆる改訂が止み、建設が即時にためらいなく（さらに彼が付言するには、誰が現場の担当者であるかに関わらず、建設が進む間いかなる変異や変更もなく）開始する地点についてである[38]。周知の通り、アルベルティは建築家に実際の建設を指揮しないように忠告している。彼の見方では、建設は職人と彼らの監督に任せられるべきなのだ[39]。彼は「自分の心に抱いていたものを他人の手で実行させることは、つらい仕事である」[40]と認めている。実際、リミニRiminiのマラテスティアーノ聖堂（サン・フランチェスコ教会）Tempio Malatestianoの建設史の文書[41]は、代著による産みの苦しみが、ひとりの建築家としてのアルベルティのキャリアに、犠牲を払わせなかった訳ではないことを証明している。現場の作業員や職人、そしてマスター・ビルダーたちに、その場にいないデザイナーから送られた図面や模型にしたがって作業するように納得させるのは、簡単なことではなかったかもしれない。デザインによって建設することは、当時の職人にとって全く目新しいことではなかった可能性が高い。誰か他の人のデザインによって建設することはあまり一般的ではなかったかもしれないが、決定的に重要なことは、アルベルティの新しい建設方法は、施工者に逃げる余地を残さなかったことである。15世紀中頃のリミニの職人たちは、アルベルティの不平不満は、学者が気まぐれに建設の問題に口を出しているようなものだとして、憤慨していたかもしれない。実際は〔それどころか〕、もっとずっと多くのことがかかっていた。

『建築論』第9書の最後にアルベルティは、大きな建設計画の寿命は、建築家の寿命よりも長いかもしれない、そして多くの出来事が建設の間に起こり、オリジナルのデザインを変更する、あるいはねじ曲げようとするのかもしれない、と静かに述べている。しかしながら、アルベルティは結論づける。「原作者によるオリジナルの意図」は常に保持されるべきである、と[42]。この所見は目立つことなく、一見すると不注意に、第9書の最後にそっと入れられている（学者の中には、この最後の箇所を、論文あるいは少なくとも体系だった理論的パートの真の結論であると考える者もいる）。建築家に、このような前例のない「原作者」のステータスを授けることによって、アルベルティは建築家の仕事に対する彼の新たなヴィジョンがもつ視野と野心を強調しているのである――しかし彼はまた、建築の最終生産物の「原作者性」に関して、新しい問題を提議してもいるのである。

オリジナルで、自著による作品（たとえば、芸術家の手により作られサインされた作品）は、その原作者が何も媒介させずに作るものである。しかしアルベルティ的な、代著による建設の方法において、原作者によって本当になされる唯一の仕事は、建物のデザインである――それは建物そのものではない。それは定義からして他人によって作られるのだ。アルベルティにとって、原作者であることが、言わば図面から建物まで延長するのだと主張するための唯一の方法は、建物とそのデザインが完全に同一であると見なされなければならない、と要求することであった。しかしこの要求は、強要することが難しくならざるをえず、技術的にも問題のあるものであった。ごく最近まで、縮尺模型は表記のためには使われなかった。それは模型の寸法を測ることが困難だからだ（そしてアルベルティ自身、おそらく同じ理由から、模型は使われるべきではないと示唆している)。アルベルティが明らかに模型よりむしろ図面を主要な表記ツールとして好んだことは、中世後期の伝統からの意義深い離脱を明らかにするものではあった[43]。しかし図面は、建物や模型と違って2次元であり、ほとんどの場合、建物自体よりも、比例してはいても小さい[44]。結果として建物とそのデザインは、表記法の上でのみ同一でありうるに過ぎない。それらの同一性は、一方を他方に変換する仕方を決めている、表記システムに依存するのである。この表記法の上での同一性という条件が満たされるとき、図面の原作者が建物の原作者になる。そして建築家は、ある建物に対する、何らかのかたちでの所有権を主張することができるのだ。その建物を、ほとんどの場合、建築家は実際には所有していないし、確かに建ててもいない——実際、触れたことさえ一度もなかったかもしれない。ブルネレスキによる手工職人的な原作者性(「この建物は私のものである、なぜなら私が作ったからだ」)から、アルベルティによる知識人的な原作者性(「この建物は私のものである、なぜなら私がデザインしたからだ」)への移行については、2.6節において詳細に論じる。建築家による、知識人的な作品の「所有権」という考えは、アルベルティによってはそんなに多くの語句を用いて綴られていない。しかしそれは、アルベルティが人文主義者の言説による諸芸術から借用し、歴史上初めて建設による芸術に応用した、原作者性という概念に生まれながらに備わっているものなのである。

このような刷新によって、建築は、原作者性、代著、そして表記法がなす、ある完全な状態を理想的には獲得するのだ。建物とそのデザインが表記法の上で同一であると考えられる限り、建築作品を建物のデザインと同一であると見ることもできるし、建物そのものとも同定することができる(それは、ネルソン・グッドマンが1968年になってさえも、進むことをためらった一歩である)[45]。1450年頃では、アルベルティが建築において原作者性(と共に、表記法によった彼の新しい建設法)を要求したことは、異様に見えたか、技術的な意味だけではなく文化的にも以前より悪いものに思われたに違いない。しかしながら、アルベルティの原作者としての野心と関心は、彼の同時代の作家、修辞家、そして学者たちには共有されていたのである。

人文主義者としてのアルベルティは、あらゆるテキストやイメージが、それらの原作者の手から離れた後には、筆写による予期せぬ変動に見舞われてしまうという、避け難い運命を痛感していた。カトゥルスGaius Valerius Catullusは、彼の詩をしたためた真新しいパピルス巻本を、彼にとって最初の、おそらくは虚構の献呈先に送る前に、「乾いた軽石で滑らかに」していたのかもしれない。しかし、それがオリジナルであることを示す仕上げの一手は、壊れやすいただの封蝋以外にはなく、15世紀の人文主義者は、現存するほとんどの古典のテキストが、引用と書込みと付加と削除と単純な写し誤りからなるモザイクであることが分かっていた。近代的な文献学は、原作者によるオリジナルのテキスト――原作者がその原稿が完成したと考えたその日に、「乾いた軽石で滑らかに」したであろう、そのもの――を、可能な限り再構築するために、まさしく発展してきたのである。現代の文献学者や言語学者はまた次のことを示唆している。それによれば中世の後期には、筆写によるコピーに含まれる技術的に生じてしまう可変性（mouvance、あるいは変動）に気づいたために、テキストのインタラクションという新しいモード、すなわち〔テキストの〕変異が許容されるだけでなく、実際にそれが期待され、推奨され、ときには開拓までされるような様態が生じた[46]。「オリジナル」という概念そのものが、こうしたコンテクストにはほとんど適さないであろう。なぜならオリジナルと呼ぶことができるものが、あまりにも多くあり過ぎて、どれも他より重要性が高いとは言えないからである。

さらなる証拠によれば、初期の人文主義者の中には（とりわけポッジョ・ブラッチョリーニGian Poggio Bracciolini）、この潜在的にインタラクティヴな形式を利用して、原稿を回覧させ、感想やコメント、追加の文章を求める者もいた[47]。アルベルティ自身、これを実践に移していたかもしれない――実際、ポッジョやアルベルティを筆写時代の後期に活動したウィキペディスト wikipedist として見ることは魅惑的であろう[48]。このように、文学におけるテキストの草稿において、それを多重に改訂し、可能であればインタラクティヴなフィードバックをそれに反映するという、この継時的なプロセスは、建築のデザインにおいてデザインを進展させる、「ヴァージョンを重ねている〔versioning〕」段階時の、流動的な状態に相当している[49]。このことについて、アルベルティはとても強調して述べている。しかしアルベルティはまた明らかに、改訂が止むときには、それはこれを最後に――そして永久に――止まらなければならないとも考えていた。アルベルティは筆写による誤りを相当に気にかけていて、原稿をコピーする者が、道に迷う危険性がより高いと思われるところで、通り道を旗を掲げて案内するという普通ではない措置をとり、さらに危険性を限定し起こりうる被害を封じ込めるために、いくつかの策を講じたのだ（いくつかの本格的で奇怪な装置とともに）。

あまたの証拠が証明していることだが、アルベルティはあるテキストの最終ヴァージョンが完成すると、それができるだけ忠実に、そして外的な干渉がその時点で考えられうる限り最小に、コピーされ再現されるように努めた。この目的に最良な技術的方法は、アルベルティが自身のテキストと図版を印刷させることであったであろう――しかし、たとえ彼の人生の最期の頃には、その選択肢を考えていたかもしれないとしても、年代からほぼ判断して、彼には無理であったし、実行しようともしなかったであろう。事実、アルベルティによる同一的なコピーの追求は、印刷技術の開発と同時代のことであり、この並列する時系列は、きっと偶然の一致ではない。アルベルティの主張、すなわち、原作者が停止点――すべての改訂が止み、同一性の複製が開始する地点――を、理想的ではあるがドラスティックに打ち切ることを力説したことは、不思議なほどにある慣習を予期しているのである。それは結果的に印刷産業に共有され、今日まで bon à tirer（最終校正〔good to print〕）という技術用語に生き残る慣習である[50]。元々は原作者が最終の校正刷りに書いた「bon à tirer」（通常は日付入りのサイン）が、原作者のテキストの最終ヴァージョンを確証し、それと同一の複製が印刷されることを「認可し authorize」たのだ。そこから先、読者は、各版は原作者のオリジナルと全く同じ語句からなると考えることができた。原作者が個々の本を印刷した訳でも、それらにサインした訳でもないのにである。機械による複製のなす文化的・技術的な論理のおかげで、原作者が誰であるのかということが、原作者によるオリジナルから、それと同一のあらゆるコピーにまで延長されたのだ。

ある知的見地と思想的傾向から、アルベルティは、原作者による作品とそれの機械による複製との間に、このような分離が生じることを予期した。そうした見地や傾向は、人文主義者が近代的な意味での原作者性というものを発明したというコンテクストにおいて、そしておそらくより広い意味では、近代的な自我や個人の責任という概念の形成に、人文主義者が寄与したというコンテクストにおいて、理解されるべきものである。しかしアルベルティは、この原作者性のパラダイムを、手作業による生産網の領野に課そうとしたのだ。そこには同一のコピーを産出する機械はないであろうし、筆写は当然の結果として、まさにその正反対のものを生産することが予期されうる――ランダムに変化し続け、それぞれに異なる諸々のヴァリエーション。さらに、建築史にとって決定的に重大なこととして、アルベルティは自身によるまだ早熟の bon à tirer のパラダイムを、文学から建築の原作者性という概念にまで、〔文学と〕同じ条件と同じ帰結が充てはまるはずであると断言し、拡張したのである。実際には多くの場合、建築家によるデザインはただひとつの建物しか生まない（印刷機や中世後期の修道院における写本室のように、ひとつの系列をなす複数のコピーを生むことはない）という事実は、このコンテクストでは重要ではない[51]。問題はオリジナルとその複製の関係である。アルベルティの建築理論全体は、デザインと建物が表記法の上で同じであることに基づいているのだ。それは、図面が3次元の物に同一的に変換されうることと、また変換されなければならないことを意味している。アルベルティの理論の中では、建物のデザインがオリジナルであり、建物はそのコピーである。

1.4　初期近代における同一的な複製の追求

中世の終わりから近代の始まりまでの間に、ほとんど同時に起きた2つのメディア革命が、ヨーロッパ建築の進路を変えた。一方では、印刷が、建築の情報を空間と時間の中で伝送する様態を変容させた。西洋においては初めて、テキストとイメージを、筆写による伝送によって絶え間なく生じる変動から保護し、印刷物として凍結することができた——機械により複製された、同一のコピーとして。他方では、それからすぐに、新たな表記法のフォーマットによって、デザイナーから施工者への建築のデータの伝送が、新たに形作られ始めた。すなわち、建設における代著という新たな形式の発生と、広がり始めていた、考える人と作る人の間の隔たりに関連した展開である。

建築の表記法におけるこのような諸々の変化は、どんな印刷技術の発展とも関係していなかった。なぜなら表記することには印刷技術は必要なかったからである[52]。しかし建築家による建物のデザインを同一的に物質化することを目指したアルベルティ的なデザイン・プロセスの精神は、その始まりから既に、ある意味で機械的であった。現代的な用語で言うならば、アルベルティによる原作者が表記法を介して建設するという方法は、理想的には、インデックスによる指標作用と同様に解釈できる。つまり、建築家のデザインは、それの3次元における最終結果——建物そのもの——に刻印される、ある母型のように働いているという訳なのだ。このメタファーは強引に見えるかもしれないが、現代の3次元のデジタル・ファブリケーション・ツールに通じた方には、親しみ深いであろう[53]。

アルベルティ的なデザイン・プロセスに含まれる、インデックスを刻印するという性向はまた、20世紀後期において最も傑出した建築の思想家、ピーター・アイゼンマンPeter Eisenmanのデザイン理論とも共鳴している。アイゼンマンのデザインにおけるインデックスによる指標作用に関する論は、アルベルティのそれと同じ前提から発しているのだ。両者共に、原作者のしるしはプロジェクトの中に刻まれていて、建設された物におけるそのしるしの発現は、その最終生産物が概念上の母型と同一の形跡（あるいはインデックス）である限りにおいてのみ、問題になる——すなわち、あらゆる変動は関連がないか、誤りとなる。さらに双方とも、アイゼンマンの場合はいくらかより意図的なのだが、建築作品が、代著による原作者性がもっている諸限界を、探査あるいは批評するものと見なしえるのである。1990年代のデジタル・ターンにおける彼のピボット的な役割を考えると、アイゼンマンの活動内容は、現代のデザインの理論と実践に対し、アルベルティ・パラダイムが持続的に関連していることを評価するための理想的な試金石である[54]。このことは後に論じるが、もしもアルベルティ・パラダイムが、デジタル・ターンによって今まさに反転されつつあるとすれば、なおのこと正しい。あるパラダイムは反転させられる前に断言されていなければならないのだ。

アルベルティによる表記法による建設という新しい方法は、彼が取り組んだ多様な領域の全ての中においても、その作品や理論の核にある、同一的な複製を探究するというコンテクストにおいて考えられるべきである。そしてその同一性という概念は、ルネサンスの建築術の進路を横断し変容させた、あらゆる新たな文化的テクノロジーに共通する特徴なのだ。書籍の場合、印刷による同一的なコピーは、機械による母型から得られた。同様に建物の場合は、同一の建造物は、表記法による母型から得られた。前者のプロセスは、新しい機械によるテクノロジー、つまり印刷によって引き起こされた。後者は、機械的なスピリットは同様であるが、完全に文化的な慣習に依存していたのだ。つまり、刷新された社会的な慣例（原作者性）と新しい文化的テクノロジー（建築の計画図面のために信頼できる表記法のフォーマット、あるいは規約）である。

1.5　幾何学、アルゴリズム、そして表記法の障害

アルベルティのデザイン・プロセスは、表記法のあるシステムに依存している。そこでは、ある建物のあらゆる様相がひとりの原作者によって描き出され、それらはあらゆる建設職人に、曖昧さの余地などなく理解されなければならない[55]。その主要な表記手段は、『建築論』の第2書で定義された、縮尺と寸法の入った、平面図、立面図、そして側面図にある。既に述べたように、アルベルティは図面を非遠近画法として定義することによって、ほとんど実践的な目的のためであったとは言え、現代の直角ないしは平行投影の理論に先鞭をつける用法により図面を描くようになった。

この新しい表記法のフォーマットの発展は、建築家がもっている数学的なツールの性質と機能に、あるドラスティックな変容を伴った。ヴィトルヴィウスのデザイン・メソッドは、比例によるモデュラー・システムに基づいていた。そのシステムでは、各モデュール単位はその建物を構成するひとつの単位であり、そうした単位はその建物自体が建設されている間にも、容易に識別でき測定できるように適切に選ばれていた[56]。ほとんどの他の部分の寸法はその後で、このようなモデュールのうちのひとつの倍数もしくは分数として定義されたのである。しかし、最もあからさまな場合（たとえば「8モデュール」あるいは「1/2モデュール」）以外では、こうした割合は数字としては示されなかった。その代わり、ヴィトルヴィウスは言わば「ライブで」――現場で、フル・スケールで、定規とコンパスを用いて――実行することが可能な幾何学による作図のシークエンスを、口頭で述べたのだ。このような機械的な操作によって、建物の関連しあったあらゆる部分の現実の大きさを、それらの寸法を測

る必要もなく、さらに重要なことに、縮尺や寸法の入った施工図面にしたがう必要もなく、定義することができたのである（第1番目のもの、すなわちモデュールそのもの以外は）。

ヴィトルヴィウスのデザイン・メソッドは、彼が著述に入っていた頃には既に時代遅れのものであった可能性がある（そしておそらくは彼自身の理論の他の部分とも整合していなかった）[57]。それにも関わらず、これこそが、ヴィトルヴィウスがそのほとんど異議のない権威と共に、ルネサンスと初期近代の理論家たちに遺贈した、定量化の方法なのである。もっともルネサンスの建築家は、ヴィトルヴィウスによる、テキスト・ベースで叙述的で定式に依存した幾何学が、奇妙で当時では既に実用的ではないことにすぐに気づいた。ヴィトルヴィウスのモデュラー・システムは、物を（現場で〔on site〕）作るには速い方法であったかもしれないが、物を（現場から離れて〔off site〕）デザインするには煩わしい方法であったのだ。デザインによる建設という近代的な方法の人気が上昇し、また西洋においてアラビア数字で計算する能力（当時は「アラビア式算術algorism」と呼ばれた）がそれに付随して上昇したことによって、ルネサンスの建築家たちは、自著による、ある意味で職人芸的なヴィトルヴィウスの建設プロセスを、縮尺と寸法による、計画図面の新たなフォーマットに次第に適合させていった。ヴィトルヴィウスの幾何学による構築法から近代的な計算法computationへの変換は、時間のかかる困難なものではあったが、そのうちに数値ベースの操作が、定規とコンパスによる手動の職人芸的な実務を段階的に排除していき、即興で作図し、現寸を現場でトレースし、そのまま石を切るといったことで建築の寸法が幾何的に決められることが、次第になくなっていった[58]。その代わり、あらゆる寸法は事前に計算され、建築家による施工図面に明快に書き留められるべきだと考えることが、ますます普通なこととなっていったのである。そうして、これらの図面はそれらを実施する職人たちに必要なあらゆる寸法を完備して、建設現場へと運ばれることになる。それが、少なくとも、理念であったのだ。

仮に、古風でヴィトルヴィウス的な幾何学による方法が、ものに区分をつける〔divisive〕もので、ほとんど線分を分割するために幾何学的な作図を用いた（コンパスがまた英語では「ディヴァイダーdivider」として周知であるのは偶然ではない）とするならば、次に建築家が手にした新しい幾何学は、ある意味で、縮図器的pantographic[59]と呼ぶことができるものであった（実際の縮図器は17世紀初めになって発明されるにしても）。なぜなら、計画図面の一式が作成され、計算され、注意深く縮尺に合わせて描かれた後は、もうひとつの幾何学的操作が、建物の実際の大きさにまで図面を相似のまま拡大するために、理論上は必要になるからである。実践においては、コンピュータ援用設計computer-aided design以前では、この理論上の拡大は機械によっては行われず（建築家は機械式の縮図器が発明されたずいぶん後になっても、めったにそれを使わなかった）、幾何学による投影法も使われなかった[60]。縮尺図面から実際の建物の寸法を導出することは、ほとんどの場合、それよりもずっと遥かに粗雑な仕事であった。

施工図面には一般的に、図面に記入された数字というかたちで、事前に計算された寸法が含まれている。しかし、数値として与えられていない寸法は全て、所与の縮尺で描かれた諸々の線分の長さによって、ただ類推的に示されている。このようなことから、実際の寸法は必要ならば算術で計算されなければならない。線分は図面中で測ることができ、その実際の長さは縮尺比（たとえば1:50）との乗算から分かる。あるいは、その線分そのものの長さをスケール・バーの目盛りにあてがい、実際の長さを概算で読むこともできる（あるいは同様にして、非10進法の国々では今も使われている、しばしばマルチ・スケールの直定規によっても読むことができる）。しかしそのような操作は、線分が図面中のどの投象平面にも平行でない場合は、ずっとトリッキーなものになる。なぜならその場合、平行ではない線分を測るためのスケール・バーがないからだ。建築家たちは、縮尺図面から建設をするこの新たな方法には、ある罠があることにすぐに気づいた。もしも図面の中のものを測ることができなければ、そのときは誰もそれを建てることができないのだ。

仮に、建設されるあらゆるものが、表記されたものにしたがって建設されるのであれば、あるいは、図面（または模型）が、ある物がそのデザインと同一的に建設されるために必要なあらゆるデータを含んでいなければならないとすれば、多くの場合、建設されえるものは、必然的に図面に描きえるもので、測りえるものだということになる。さらに建築のデザインに含まれるデータを符号化し伝達する表記システムは、主として幾何学によっているため、必然的にまた、いくつかの幾何学ツールの潜在的な能力が、かたちの世界全体を、それらのかたちが所与の時点で建設可能か不可能であるかも含めて（コストや幾何操作の複雑さによって、いくらかの微妙な違いはあるものの）決定するということになる。

このような表記法による障害は、まさしくその始まりから、あらゆる代著による建築に避け難く付随するものであった。描くことも測ることも困難なかたちは、表記法によって建てることが難しいか不可能であったのだ。ロビン・エヴァンスRobin Evansは、幾人かの有名な建築家たちが、いかにこの問題を巧みにかわしてきたか紹介している。たとえばル・コルビュジエによるロンシャンの礼拝堂の諸部分は、可塑的で彫刻的でイレギュラーなヴォリュームに見えることが意図されていた——すなわち、それらの由来であるスケッチや3次元模型のように、手で形作られたようにである。しかしその舞台裏では、ル・コルビュジエのエンジニアたちは、建物の最も彫刻的な部分が、直角投影法で正しく描かれ測りうるものになるように、ごまかしを編み出さなければならなかったのだ。特にその屋根は、正則〔滑らか〕で洗練されたものではあったが、線織面ruled surfaceとして再度デザインし直された。こうしたハイテクで幾何学的な作図法が、ル・コルビュジエのおそらくは直観的で即興的な手の動きを可能な限り近似するために、精確にそして苦労して案出されたのだ。エヴァンスはまた、ル・コルビュジエがこの策を知りながら共謀していたことも示唆している[61]。

最も極端な場合、形が難しすぎて幾何学では表記できないとき、デザイナーに残された最後の手段は、近代的なデザイン・プロセスを完全に捨てて、伝統的、前−アルベルティ的な、自著による建設方法に戻ることであろう。心の中にあるものを他の人に作ってもらうために、それを描くことができないとしても、まだそれを自分で作る努力はできるのだ。これがたとえば、アントニオ・ガウディ Antoni Gaudíが、最も有名なものとしてはサグラダ・ファミリア教会でまさしくしたことである。偶然ではなく、そこではゴシックのカテドラルを思い起こさせる建築形態と共に、中世後期の建設現場におけるいくつかのテクノロジーと社会組織を復活させている[62]。ガウディはサグラダ・ファミリアのいくつかの部分を、ブルネレスキがフィレンツェのドームを建設したのとほぼ同じ方法で建てた。つまり、施工図面を用いず、その代わりに隅々まで全てを直接に現場で、職人かつ建築家として、自分の心の中にあるものを口頭で説明するか、自分の手で形作ったのである。ガウディが現代のデジタル・デザイナーの間で有名なケース・スタディとなっているのは、偶然なことではない。なぜなら、今一度、新たなデジタル・ツールと、前−代著的で手工職人的なファブリケーションのプロセスが、類似した思想的基盤の上にあることに、無意識的であることもあるものの、気づいているからである[63]。

この手仕事とデジタル・テクノロジーの間の明らかな類縁性は、両者のより深遠で広大な結びつきの、さらなる証拠である。このことについては本書の2番目の部分〔第3章〕でさらに論じるつもりである。しかしこの歴史物語は、前置き的ではあるものの、必然的に避けては通れないもうひとつの所見を伴う。近代の代著による建設方法が確立されて以来、表記法という媒介者は、建築家のアイデアと建物におけるその表出との間に立ってきた。何世紀もの間、この媒介者は本質的に幾何学によってきた。そのため、建築家は、3次元の物のかたちを書き下すために2次元の図面を使わなければならなかった。建築家は慣例に沿って、ある幾何学の言語の制限の下で図面を描いたが、そこでの言語はあらゆる言語と同様に、決して普遍的あるいは中立的ではなかったのである。そうして、CADが登場した。

CADの歴史の初期に（現実の時系列は特定のソフトウェアのファミリーにより変わるが）、建築家たちは、コンピュータのスクリーンは2次元であるが、それを通して視覚化される3次元のあらゆるかたちは、コンピュータ上の3次元空間にまさに最初から存在することができることに気づき始めた。かたちを描き出すために選択されたインターフェイスや約束事に関わらず、近年の3DCADやアニメーション・ソフトウェアでコントロールされる幾何学上のあらゆる点は、基本的には3次元空間に点を位置づける、ひと組みの3つの座標値である。その結果、コンピュータ・スクリーン上でデザインされたひとまとまりのオブジェクトは、自動的に寸法を測定され、情報として建設されていることになる——そしてコンピュータは現実に、必要であれば、それと同じオブジェクトを適切な3Dプリンターを経由して、最終的に製造することができる。

実際、3Dプリンティング、3Dスキャニング、そしてリバース・モデリングによって既に、ひとつの連続したデザインと生産のプロセスを心に描くことが可能になっている。そのプロセスでは、ひとりあるいは複数のデザイナーが、同じオブジェクトを様々に2次元で視覚化したものや、3次元で表現したもの（あるいはプリントアウトしたもの）に対して、シームレスに手を加えることができる。そして全ての作業あるいは修正を、そのプロジェクトの同じマスター・ファイルへとまとめることができる。こうした仕事の方法は、オリジナルで、自著的で、手工職人の手作りがもっている、ある理想化された状態をどこかしら想起させる。ひとつ異なるのは、デジタル化された生産系では、デザインの主要な対象が、今や情報上のモデルということである。その結果を出力する可能域は、2D、3D、あらゆるスケール、あらゆるフォーマットにわたり、それらがオブジェクトそのもの自体の製造をも含んでしまっているのだ。

デザインと生産の間に広がるギャップをつなぐことによって、こうしたデジタル技術による製作モードはまた、画法投影法やそれ以前の幾何学による表記法の下では降りかかっていた諸々の限界を減じてもいる。そしてこのことは、初期近代と近代の歴史のほとんどの間にわたって、建築デザインに対して招かれざる客であった「表記法による障害」の終わりを意味すると言って良いのかもしれない。以前の幾何学の支配の下では、図面の中で測りえないものは、建てることができなかった。それが今や、デジタル技術によってデザインされたものは、定義上、その始まりから既に測られている。それゆえ幾何学により定義されているのだから、建てることができるということになる[64]。しかし、ここである注意書きがあるのが適切であろう。

ほとんど限界のないその万能性にも関わらず、コンピュータはそれでもひとつのツール——この場合は、デザイナーとデザインの対象の間に挿入された、技術的な媒介者——である。あらゆるツールは、それらのユーザーの行為に対して反応を返す。デジタル・ツールもその例外ではない。また、あらゆるデザイン・ソフトウェアは、他の方法が不利益の原因になっていることに対して、それとは別の何らかの解決法を考え出すことを好む傾向がある。その結果として、デジタル技術でデザインされた、あるいは製造されたほとんどの物は、技能のある観察者に対しては、容易にそのソフトウェアの血統を明かしてしまうことになる。しかしたとえそうであったとしても、このような新たな制約の中でこそ可能になっていることは、何世紀にもわたり動揺し続けてきた、古い制約に照らして考えられるべきなのである。

その始まりから、幾何学による表記体制は、直線、直角、正方形や円、そして同様に初歩的なユークリッドのテーマに基づいた、味気ないいくつかのヴァリエーション、これらからなる厳しいダイエット食を建築家に課してきた。建築史にしるしを遺している少数の意義深い例外は、そのほとんどが、非－代著的に（すなわち部分的あるいは全体として、縮尺のある施工図面を介さずに）実現されたものであったのだ。1925年、ル・コルビュジエは小学校の幾何学の実際の一覧を出版し（「フランスの小学校向けに発行されている練習帳の裏」にあるような、直線や正則曲面や初歩的な立体からなる表）、堂々とこう述べた。「これが幾何学である」と[65]。今日では、建築家の利用できるかたちのレパートリーは、限界がないように思えるほど広大になり、非－幾何学的形態（「フリー・フォーム」とも呼ばれることもある）をも含み、それらが今やデジタル技術でスキャンされ、測定され、建てられることが可能なのである。ここで明白なことは、以前の表記法による障害は、消失してしまったわけではないことだ。しかし、ほとんどの実践的な目的にとっては、デジタル・テクノロジーは既にその障害を、ほとんど気づくことができないほどに、しばしば無関係なものにしてしまったのである。事実、多くの場合で、今日のデジタル・デザイナーは、もはや物を表記する作業をしているのではなく、その物自体のインタラクティヴな化身〔アヴァター〕(あるいは情報モデル)の上で仕事をしているのである。デザインやファブリケーションのためのデジタル・テクノロジーは、そうした場合には、まだ道具的な媒介者とも見なしえるが、機能的にはそれらは青焼きや施工図面のように従来の表記法にしたがった数学のベクトルが集まったものと言うよりも、ハンマーやのみのような、物質的な道具に類似している。CAD-CAMのアプリケーションは、デザインすることと製作することの双方に応じるツールであり、それはある最終結果への筋書を表記する記録ツールではなく、デザインによって物理的に物を製作する命令の集合体なのである。

1.6　同一性の衰退

ニコラス・ネグロポンティNicholas Negroponteは、1970年に出版された彼の処女作の中で、ある「建築機械Architecture Machine」を予言した。それはサイバネティクスによって万能なデザイン・アシスタントとして機能し、デジタル技術で媒介されたコラボレーションによって、バーナード・ルドフスキーBernard Rudofskyの「建築家なしの建築」のハイテク・ヴァージョンを可能にする機械である[66]。注目すべきことに、2009年、デジタル・デザインの最新トレンドのいくつかは、ネグロポンティの最初期の予想に立ち戻っているように見えている。純粋に技術的な側面においては、分散あるいは「クラウド」コンピューティングは、ネグロポンティが1960年代と70年代には親しんでいたであろう、大型コンピュータを中心とした環境の様相を思い起こさせるものなのである。そして最近の情報ベースのモデリング・ソフトウェアの発達は、コラボレーションによった、情報ベースで意思決定を行うデザイン・プロセスの諸側面に新たな重要性を与えつつある。そうした側面は、より建設技術志向にあった90年代のCAD-CAMテクノロジーには捨て去られていたものなのである[67]。復活したのか、生き残っていたのか、いずれの理由にせよ、ヴィンテージものの70年代のサイバネティクス的な「建築学architecturology」*4がカムバックを果たしたらしい——これは、つい最近まで全てを誤解していたと見なされていた、一世代にわたる予言者たちを、妙なかたちで擁護するようなものである。と言うのも、デジタル革命が終に80年代に（建築には90年代に）到来したとき、その革命は初期の唱道者たちが誰も予期しなかった方向へ向かったのだ。

1982年1月、Time誌がIBMのPCを「Man of the Year」と発表した。10年後、1992年の秋学期に、コロンビア大学の建築系大学院G.S.A.P.P.が独創的な「ペーパーレス・スタジオ」を正式に開始した。しかしこうした事実に基づく時系列が文化的に重要であるかどうかには、議論の余地がある。新しくそして潜在的には破壊的なテクノロジーには、しばしばまず初めに、自分より前に存在するテクノロジーを模擬することが課せられるのは、技術社会的な変化の歴史には見慣れたパターンである[68]。事実、90年代初期には多くの人たち（一部の傑出したテクノロジストたちも含めて）が、CADソフトウェアがまず第一に役立つのは、レンダリングや計画図面をより安くより速く作成する——編集や保存、再生もより容易になる——ことであると思い込まされていたのだ。

この新たなデジタル・デザイン・ツールがまた、何か他のもの——他の方法では不可能な何ものか——を作ることに使えるという考えが生じたのは、建築家たちが、建築のデザイン史に根深く浸み込んだ幾何学や表記法によって生じる諸限界の多くを、CADによって排除することができることに気づき始めた頃であったと言って良い。ほとんど一夜にして、新たなかたちの全き世界がデジタル・デザイナーに開かれた。デジタル・テクノロジーが導入される前は、幾何学によって再現することが度を越して難しく、手で作るしかなかったような物が、今やコンピュータを使うことで容易にデザインでき、機械に製作させることができるのだ。簡単すぎる、と主張する人もおそらくいることだろう。

こうしたテクノロジーの大変動の副次的な結果として、複雑な、あるいはイレギュラーな諸形状が、突然それまでとは正反対の意味を獲得することになった。なぜなら、そのような幾何形態は、20世紀のほとんどを通じて、建築家の側のテクノロジーに対するある種の嫌悪感をしばしば代表していたからだ（なぜなら、そうした複雑なかたちは幾何学によって表記もできず、機械によって製造もできず、苦労して手で作られねばならなかったからである）。入り組み、もつれて、歪んだかたちが、新しいデジタル・ツールのトレード・マークになり、テクノロジーの変化に興奮するニュー・ウェーブを表すしるしとなった。1990年代とは（20年代と同様に）テクノロジーに対する楽観主義の10年であったのだ。一部の批評家はこのことに気づき損ねたため、結果として、あふれんばかりにイレギュラーな90年代のデジタル製の諸形態の多くが、「表現主義」と評されることになってしまった——無気味さ、あるいは不安を誘うものとして[69]。

90年代に最も称賛されたデジタル・デザイナーのうちのひとりが、このような批評上の誤解に意図せず貢献をしてしまった。他の誰よりも、フランク・ゲーリーFrank Gehryの当時の建物（特にグッゲンハイム・ビルバオGuggenheim Bilbao）は、デジタル・ターンを建築の最前線へともたらすものであった。なぜなら一般社会がそれに唖然とし、しばしば感嘆しながら、デジタル・テクノロジーは実際に建築の革命を誘発していると結論づけたからだ。このことは真実であったかもしれないが、ゲーリーのケースではその外観が誤った印象を与えてしまっていた。周知の通り、当時のゲーリーのデザイン・プロセスは手作りの彫刻的な模型から始まっていた。こうした模型は次にある技術チームに手渡され、古き良き時代の表記法のパラダイムにしたがって、幾何学による図面へと変換されたのだ[70]。既に述べたように、50年代初期（1952-54）のル・コルビュジエの事務所は類似した状況で結局行き詰ってしまい、ル・コルビュジエのエンジニアたちは、ロンシャンのオリジナル・モデルを幾何学によって測定可能なものになるように変更しなければならなかった。しかし、90年代初期（1991-94、グッゲンハイム・ビルバオは1997年に開館した）までには、デジタル・テクノロジーのおかげで、イレギュラーな（あるいは「フリー・フォーム」）3次元オブジェクトを幾何学によって再現することは、比較的簡単な仕事になっていたのである。

当時、いくつかのツール（その一部は医療用器具から見出された）が既に、あらゆる種類の物を、それらに明快なかたちがあるかないかに関わらず、スキャンしデジタル化するために利用可能であった。そこでまず必要なことは、物理的な模型を、その表面上の十分な数のポイントをスキャンすることによって、デジタルの分身へと変換することだ。次いで、デジタル・プロセスによるデザインと製造が後を引き継ぐ。さらに多くの手間（デジタル・モデル上での作業と共に、そこから派生する、その他の新たな図面や模型、試作モデルでの作業）の後に、このプロセスは、そのデジタル・モデルを理想と同じかたちで――現実の建物を、現実のスケールで――「プリントアウト」することで、クライマックスを迎える。実務的には最後の建設作業は、デジタル技術で製作された大量の部品を3次元的に組み立てる作業を含むために、ずっと困難なものであった。しかし理論的にはこの事例におけるデジタル・テクノロジーは、まさしく仮想的な3次元の縮図器としての働きをしたことになる。デジタル・テクノロジーは、3次元の試作モデルを測定し、それをまた別の――通常は拡大した――スケールで、同一的に複製するために用いられたのだ。このクリストフ・シャイナーChristoph Scheinerの縮図器への参照は、メタファーではない。彼の非常に有名な平面用の縮図器と共に、シャイナーは空間用のものも考案していたのだ。しかし、彼は3次元の物を相似拡大することに応用するまでには至らなかった。建築の目的のために使われた、立体画法の縮図器は、これまでに存在しなかったようなのだ――すなわち、フランク・ゲーリーまでは[71]。

ゲーリーの事務所ではデジタル・テクノロジーは、従来から続いてきた建築家による同一性の複製の追求を、超越するためではなく、さらにそれを促進するために使われたのである。何世紀もの間、計画図面は、それと表記法の上で同一的な建設物へと苦心して翻訳されなければならなかった。ゲーリーのエンジニアたちは、これを先人たちよりも速くうまくやることができた。つまり今まで見てきた通り、彼らは計画物の寸法を、3次元の模型から直接データ化し（これが先例のない芸当である）、測定の後に直ぐ、幾何学によらない曲面を製作することができた。この複雑さを全て考慮しても、これはまさしく、アルベルティが称賛はせずとも理解はできたであろう、ひとつの代著的な方策であったのだ。ゲーリーによる縮図器的なプロセスは、表記法によるパラダイムに終止符を打ったのではなく、その絶頂に達したのである――つまり、このパラダイムは、デジタル・ツールによって、ずっと単純な幾何学の古き世界から、「フリー・フォーム」と前例のない形態的な複雑さからなる新たな宇宙へと繰り越されたのである。

デジタル・テクノロジーを、同一的（あるいは相似的）なコピーを作るために使うことを妨げるものは何もない。事実、誰でもコンピュータをスキャナーとプリンターと組み合わせ、フォトコピー機を模擬するように使うことができる。しかしこれは、コンピュータを使う最も賢明な方法でも費用効果の高いものでもない。グッゲンハイム・ビルバオの建設と同時に、まさにそういった主張をする新たな諸理論が出現してきた——すなわち、デジタル・テクノロジーは3次元のコピーを作るよりむしろ、デジタル上で可変なオブジェクトをデザインし建設することの方に活用できる。さらにデジタル・デザインは、最初からデジタルなものになりえる（つまりデザインは、物理的な模型をスキャンし拡大縮小するよりむしろ、アルゴリズムから始められる）、といった主張である。偶然にも、建築におけるデジタルによる可変性に関する言説が、80年代末期から90年代初期に、ある思想家たちとその諸思想の到底ありそうもない融合によってスパークした。17世紀の哲学者で数学者である、ゴットフリート・ヴィルヘルム・ライプニッツGottfried Wilhelm Leibniz。ジル・ドゥルーズの著書『襞—ライプニッツとバロックThe Fold: Leibniz and the Baroque』（1988年原著出版、1993年英訳出版、1998年和訳出版）。ベルナール・カッシュBernard Cacheの同著への寄与と、後のその解釈。そして、ピーター・アイゼンマンとグレッグ・リンの各々による、ドゥルーズによる「襞fold」の、アメリカのポスト・ディコンストラクティヴィストの建築理論への創造的応用。これらの本質的に異なった源が、どういうわけか集合し混ざり合って、Architectural Design誌の特集「Folding in Architecture」（1993年出版）に融合した。

ライプニッツの連続性に関する数学が、90年代のデジタル・デザイナーたちの興味を引くことになったのには多くの理由があった。当時のデザイン・ソフトウェアは簡単に連続関数を扱うことができたために、建築家たちの数学的スキルに関わらず、その手の届く範囲にライプニッツの微分学を用意した。さらに数値制御による初期の工作機器は、膨大な範囲の連続的な曲線を、大変容易に少ないコストで、切削、彫る、さもなければプリントアウトすることができた。それに加えて、ドゥルーズによる「襞」についての、大抵は靄のかかったような定義（元は、ある連続関数における変曲点）と、ドゥルーズとカッシュによる「オブジェクティル objectile」の描写（元は、ある媒介変数による〔parametric〕関数を表記したもの）が、それらの由来である数学的定則よりも魅惑的であったのだ。ドゥルーズによるタイムリーな媒介がなければ、高校の微積分学がこんなにも強いインスピレーションを与えるものと気づいた建築家はほとんどいなかったであろう。それでも、ドゥルーズとカッシュによるオブジェクティルは、今日に至るまで、デジタル・エイジの新たなテクノロジーによるオブジェクトに対して、最も適切な定義のひとつに位置づけられるものである。それによれば、オブジェクティルとは、ひとつのオブジェクトではなくアルゴリズムである――つまり、オブジェクトの無限のヴァリエーションを定義することができる、パラメトリックな関数である。そのヴァリエーションでは、全てが異なる（ひとつひとつに、それぞれ異なるパラメーターの組が対応する）が、全てが類似している（なぜなら、その基礎になる関数は全てにとって同じものである）。

微分学は、連続する線や変曲点を、切れ目や角ばったものよりも容易に処理する。リンやカッシュの90年代半ばの著作は、数学、微積分学、そして連続関数の、新たなデザイン・ツールとしての役割を強調していた[72]。そしてリンによる1996年の「ブロブ Blobs」（ぼんやりしたかたち）に関するエッセイがすぐさま時代の精神をつかんだ[73]。ブロブ自体がすぐに20世紀の最期を彩る視覚的かつ概念的な修辞になったのだ。1999年までには、カー・デザインからウェブ・デザイン、セックス・アピールからファッション・マガジンまで、艶めく曲線美が至るところに現れた[74]。そしてグッゲンハイム・ビルバオから始まった曲線的構成が、デジタル・デザインを他と区別するしるしとして、よく選ばれるようになったのである。新たな有機体説や形態発生の諸理論[75] [*5]がその頃に数学における同種の諸理論に出会ったのだが、それらはゆくゆくはデジタル・デザインの理論の主たる要素になっていくものであろう。技術的な諸要因によれば、この1000年紀の最期におけるデジタル・デザインを特徴づけた、曲線への傾倒は明らかなことだ。しかし、当時にかたちをなし始めていた、デジタル・デザインによる新たな文化的精神の意味を最良に説明するのは、デジタル・テクノロジーと、より一般的な90年代のポスト・モダン的でポスト・ヒストリー的なアウラの間にあった、曲線に対するよりも、深い共感であった。

その当時の初期のデジタル批評家たちには、その問題を探求する暇がなかった。当時「ニュー・エコノミー」と呼ばれたものが突然消えてしまったからである。2000-02年のドットコム不況はデジタル・デザイナーたちに直接的にも間接的にも影響を与えた[76]。そして2001年以降に広がったより冷静な環境の中で、初期のかたちの艶めかしさを損ないながらも、デジタル・デザインの理論はより抑制的なプロセス志向のアプローチへと大抵は向かった。デジタル技術によるデザインと製作ツールの間の連続性は、まず初めに、独創的でときには巨匠風の形態的な難解さをもった展示品を生産するために開発されてきたのだとすると、今やアクセントは、デザインと生産網の十全な統合から生じる、技術的かつ文化的な意味を示唆することへとシフトしたのだ。

非同一的なアイテムの系列を大量生産できる可能性が、一連の新たな理論的かつ実践的な諸問題を先導した。ノンスタンダードな系列性という考え――この生産モードはしばしばこのように呼ばれる[77]――は、オブジェクティルの元々の定義に備わっていたものであるが、ノンスタンダードの経済的な意味は示唆されてはいなかった。その最も単純化した形式では、ノンスタンダードな系列性は、理論的には規模の経済がデジタル・プロダクションのプロセスには関係しないことを前提にしている。なぜなら、デジタル技術によって生産されたある系列に含まれる全てのアイテムは、その各々が1回限りの生産one-offなのである。産業化された大量生産は、機械的な母型、鋳造や塑造の型に依存していて、その先払いのコストが、型を可能な限り何回も再利用することで償却される必要があった。しかしその機械的な母型を排除することによって、デジタル・ファブリケーション・ツールは余分なコストをかけずに、ヴァリエーションを生産することができるのである。その一方で、製品の規格化は、多くの場合、値段に関して申し分のない合理性がある。それはいまだにひとつの選択肢であり、多くの理由から高い需要がある。しかしながら、その経済的な主たる理論的根拠は既に失われているのである。デジタル・プロダクション・プロセスでは、規格化はもはやマネーを節約する方法ではない。同様にカスタマイゼーションはもはやマネーを浪費する方法ではない。

一方、ノンスタンダードな系列性は既に、原作者性に対して潜在的に異なったアプローチの種を宿している。デジタル・ファブリケーション・プロセスでは、エンドレスなデザイン上のヴァリエーションを（所与の技術的な限界内で）喜んで受け入れ、余分なコストをかけずにそれらを生産することが約束されているために、そこで必然的に生じる問題は、それでは一体、誰がそれらの全てをデザインすることになるのか、ということである。パラメトリック・デザインのプロセスでは、いくつかのパラメーターが定義上、可変である。この可変性は、それを自動化し機械にコントロールさせることも可能である。たとえばあるプログラムに指示を与えて、ランダムに、あるいは何らかの外的要因からなる関数として、どのような個数のヴァリエーションをも生成させることができる。また別の選択肢として、デザイナーがプロセスのまさに最初の時点で、全てのアイテムを個々に決定する全てのパラメーターを選び、その値を定数にすることもできる。そうすることで、所与の個数のアイテムだけを「原作者として認定する」のである――つまり、全てが同じ原作者によってデザインされた、互いに異なるオブジェクトからなる、あるひとつの閉じた系列が生まれることになる。しかし、ある3番目の可能性が除外できない。すなわち、あるいくつかのパラメーターが、あるいくつかの時点で、「オリジナルの」原作者とは別のある誰かによって、おそらくは原作者の同意もなしに、選択されるという可能性である。オープン・エンドであることやインタラクテヴィティは、デジタル環境における可変性という考えの中に生来的に備わっているものである。しかし、デジタル・デザインへのこのような参加型のアプローチは、最近になって初めてより広く認知されてきたものである。こうした評価が生じてきたのは、いわゆるWeb2.0[78]と呼ばれる新たな技術文化的な環境において、また新しいメディアをコラボレーションや「ソーシャル」な目的に利用するあらゆる様態への、現在の熱狂的な状況をコンテクストにしてなのである。

インタラクティヴ・デザインのフォーマットに関する、初期の前-Web2.0の実験のいくつかは、近年になって、デザイン・コラボレーションを目的とした重厚で完全なまでに完成された（そして多量の宣伝を伴った）ソフトウェアのプラットフォームに道を譲ってしまった。その種のツールのほとんどは、同じプロジェクトで働いているデザイナーたちのチームの中で、技術的情報が流れやすくなるように発展してきている。しかし、参加型のアプローチのもつ潜在的な重要性は、より広大でより深く、より想像力に富んだ使用様態を含意している[79]。エンジニアたちは既に、デジタル技術によってサポートされたコラボレーションによるデザイン・メソッドが必然的に、様々な責任を希薄化させる可能性があることにいらだちを覚えている[*6]。しかし仮にこの同じツールが、この一連の生産の反対側、たとえばパトロンあるいはオーナーたちまで巻き込んで使われたとすれば、さらにそれと同時に、クライアントやエンド・ユーザー、消費者あるいは市民まで巻き込むとしたら、一体どうなるであろうか？　デザイン・プロセスそのものの一部を、インタラクティヴでパブリックなものにすることができれば、一体どうなるであろうか？

デジタル・テクノロジーは必然的に、インデックスによって一連となったチェーン、すなわち機械時代において、母型とそれによって刻印を押された物たちをリンクしていたチェーンを切断する。デジタル写真は、もはやインデックスのように、光をある表面に刻印するものではない。同様に、デジタル技術によって製造された物は、もはやインデックスのように、メタル・プレートにプレスされた型の刻印ではない。つまり、それらと同様な論理で言えば、デジタル技術による可変性が、原作者に関する古いパラダイムの下で、デザインを表記することとその表記がある物に物質化された結果をつないでいたインデックスによるリンクを、切ってしまうのだと言える。デジタル化されたデザインと生産のプロセスの中では、構想することと建設することを分けていたアルベルティ的な切断線は、既に技術的に時代遅れなのだ。しかし仮に、アルベルティによる代著モデルが次第に廃止されていくのであれば、デザイナーによるデザイン対象に対する伝統的なコントロール（最終生産物に対する、原作者としての知的所有権だけでなく）もまた、危険にさらされているのだと言える。もしヴァリエーションが、デザインや生産プロセスのいついかなるときにも生じ得るのであれば、そしてさらに、プロセスのところどころでオープン・エンドに、インタラクティヴに、コラボレーションによって変動が生じていくことが許容されるのであれば、誰が何を最終的に「原作者として認定する」のであろうか？　インタラクティヴィティや参加とは、何らかの点で、ほとんど集合的な意思決定と言えるようなかたちを含意しているのである。しかし、多による知は、大抵はアノニマスなのだ。つまり匿名性は原作者性とは逆の方向に進むのだ。そして、アルベルティ・モデルの発端以来ずっと、その原作者性が、建築家の仕事にとっての前提条件であったのである。

そうは言っても、新たなデジタル・メディアが、それまでに確立されていた原作者性の慣例を急速になきものにしつつある事例を、豊富に数え上げることができるのだ。それらは数年前までは――知的かつ経済的な観点から――必要不可欠のものだと思われていたのにである。誰が、万能な百科全書のあの流星のごとき出現を予期しえただろうか？それは原作者をもたず（なぜなら原作者が多過ぎる）、それを誰もが使い（いくらか警戒して）、それでも誰もそれに代金を支払わないのだ。オープン・ソースのソフトウェアはそれと同様にして開発される。音楽産業は既に、デジタルの領域に著作権法を強要することが完全に不可能であるために、ノックダウンされてしまった。最終的な結論は次のようなものだと思われる。デジタル・テクノロジーは、機械による複製によって権力の座に上り詰め、今それと共に終わりに近づきつつある原作者性のモデルが、生来的かつ本質的に嫌いなのだ。

原作者性という古いパラダイムは、機械により刻印されたインデックスと機械による複製によって、原型からそれと同一的なコピーにまで引き継がれる、原作者というしるしに基づいてきた。建築における原作者性の興隆は、それと同じ軌跡をたどってきたと言える。仮にこれが事実であるならば、機械からデジタル・テクノロジーへの移行と共に、また同一的な複製から可変的なそれへの変遷と共に、建築の業態が作り直されることもまた避け難いことだろう。実際、その傾向はもう既に始まっている可能性がある。

1.7　アルベルティ・パラダイムの反転

近代の初頭、同一的なコピーの力が、並列してほぼ同時に起きたある2つの進展から生じた。一方で同一性とは、ルネサンスの人文主義者たちがもった、ある知的かつ文化的な野心であった。他方で同一性は、機械によるテクノロジーの必然的な副産物に間もなくなるものであった。それが今日にまで続いているのである。アルベルティによる、ありとあらゆるものの同一的なコピーに対する早熟で絶え間のない探究は、彼の仕事をこのコンテクストにおいて天啓的なものにしている。彼の発明はほとんどが失敗した。しかし彼のアイデアの多くが豊かに成長した。同一的な複製という同じ命令に基づき（この場合は、計画から建設への、同一的な翻訳）[80]、原作者による、代著による、表記法による芸術という、アルベルティの建築の定義は、ごく最近に至るまで動揺しながらも、建築の原理の全てではないとしてもその多くを定義してきたのである。そしてそれらが今、デジタル・ターンによってなきものになりつつあるのだ。

複雑な形状やイレギュラーで非幾何学的あるいは「フリー」フォームを形作ることが、建築のデジタル・ターンがなした最も明白な最初の成果であったのだが、それは束の間の出来事であったのかもしれない。それよりも、CADとCAMの統合によって、表記することと建設することとを分離したアルベルティの原理とは逆に、デジタル・アーキテクトは今日、デザインすることと製作することを同時に行うようになりつつあるのだ。手工職人の手をまるで人工装具で延長したかのように動作することで、デジタル・デザインとファブリケーション・ツールは産業革命以前の手工職人がもっていた技量と類似したものを、不思議にもハイテクによって創造しつつある。従来からの職人はデザイナーと違い、設計図を工場あるいは建設現場に送ったりしない。職人は自分の手で自分の心の中にあるものを作る。このようなデジタル環境におけるクラフツマンシップという新たな様態は、小さな物の製作にだけ適用可能だというような異議が頻繁に唱えられるのだが、それは理論的に関係がない。なぜならいかに大きな物も、デジタル技術によって製作された、より小さなパーツから組み立てることができるからだ。

アルベルティによる近代的で人文主義的な原作者性という信条は、ある物についての最終的な表記（20世紀の用語では、その設計図〔あるいは青焼図〕）が、いかなる変更もなく物質的に実施されることを要求したのだが、究極にはそれもまた、デジタル・デザインの環境においては消滅する運命に定められているのかもしれない。プロジェクト（そしてこのプロジェクトという語は建設のためのものだけではない。なぜならそこでの原理は一般化されえるからだ）は、オープン・エンドで生成的な〔generative〕スクリプトとして、ますます考えられるようになっている。そのようなスクリプトは、ひとつあるいはそれ以上の様々な物を生むことができる――それらはいくらか制御することも予想することも不可能な、様々な人間的そして技術的因子によって、再デザインされ、改造され、散らかされ、いじり回されるのだ。

すると、20年にも満たない短いスパンの間に、このデジタル・ターンは、アルベルティによる始まりから近代の西洋建築を定義してきた基本原理の土台の多くを、既に侵食してしまった可能性がある、と考えられるであろう。先の5世紀にわたる道程の中で、正確に反復可能な機械による刻印の力が、だんだんと、ある視覚的環境を形作ってきた。この環境の中では、同一性が規範となり、相似性は意義をなくし、同一的なコピーを文化が期待することが、最後にはあらゆるしるしの機能や価値に影響を及ぼすのだ。このような近代性による意味の体制の下では、視覚的に同一であるしるしだけが同一の意味をもつ。このようにして、近代的なロゴやエンブレム、またトレードマークは機能を果たす。それらは著作権法によって記録され保護されているのだが、この法はオリジナルとそれの同一的なコピーは登録するが、類似や相似は中間的な状態のまま放置するのだ。

相似、模倣、そしてミメーシスmimesisは、本質的には前近代的で定量化が不能な概念である。そのため近代的な市場では査定が難しく、近代的な法廷では擁護が難しい。機械によるコピーの時代の以前には、もっと複雑な認識のプロセスが、可変なヴィジュアルなしるしに不変の意味を与えていた。ローマ元老院とローマ市民（SPQR）は、その軍団〔レギオン〕の軍旗を法で定めてはいなかったが、様々なかたちをした鳥が、同じことを象徴する働きを容易に果たしていた。なぜなら、何が起ころうとも、ローマ軍団の軍旗は鷹を意味することを誰もが知っていたからだ。可変なコピーからなる世では、ヴィジュアルなしるしの意味は、同じであることではなく、相似であることに基づくのだ。このことは、印刷が出現する以前の西洋では真であった。そして今再び、可変性のデジタル・メディアからなる、広大で成長を続ける領域に充てはまることなのである[81]。

エルヴィン・パノフスキーErwin Panofskyがある高名で議論を呼んだエッセイにおいて主張したように、中世後期の建築や装飾の視覚的形態の中に一見存在するランダムな変動は、それにも関わらず、確立した規範による類概念からなるひとつの体系に由来しており、またその規範の内側でしるしづけられていた。周知の通りパノフスキーは、「反復の内に生じる諸差異」[*7]というこのパターンを、ゴシック建築とスコラ哲学の間にある同形性isomorphismを表すものとして解釈した。これらは両者ともに、不変で一般的な〔general〕諸々のカテゴリーと、可変で個別の〔individual〕[*8]諸々の出来事の間にある、類−種genus-speciesの関係に基づくからである[82]。同様に高名で議論にもなり、またほぼ同時でもあったのだが、リチャード・クラウトハイマーRichard Krautheimerは、よく知られた同じ原型からなるものと識別できるように意図されていた、中世の複数のモニュメントの間にある、明白であるがたまに不可解になる変動について調査を行った。そしてそれらの意味論上の働きは、著しく記号的なもの（あるいは社会的な慣例によるもの）であって、図像性（あるいは実際的な視覚上の類似性）には無関係であると結論づけた[83]。この両者の分析は共に、現代のデジタル・メディアによって形作られつつあるヴィジュアル環境を適切に描き出している。オブジェクティルの各々は、正確に伝送可能であるが、非視覚的に表記されたものである。つまりオブジェクティルは、不変な規範からなる、ある類の概念であり、それは可変的なヴィジュアルの種を、無限に生みだすことができる。同じアルゴリズムのコードから各々に特異なものとして生起した全てのものは、互いに異なってはいるが、互いに似たものになるであろう。それらは、それらを見る者に、諸々の相似性を読解し識別する能力を求めるだろう。そして先祖から受け継いだこの識別技能を使って、際限なく可変なヴィジュアルなしるしの流れの中に、意味のあるパターンを認識することも求めるだろう。

慣例であった建築の原作者性にやがてやってくる消滅を、心に病むのも、またおそらくは悲嘆するのも、無理はない。近年見受けられる発作的なまでの原作者の虚栄心は（建築家の商売においては消すことのできない部分ではあるが、近年は先例のない水準にまで達している）、危機の兆候があるという認識をさらに強める[*9]。明らかに、あまり理論的な思索には傾倒しない実務家たちの間にさえ、建築における原作者性は、今日には何か合っていないという感覚がつきまとい、その感覚が既にいくらか進展してきているのだ。しかし、今日の大変動による予想される犠牲者は、建築業という普遍的で時を超越した概念ではないのかもしれない。かつての深遠なモダニストの理論も、今ではごく普通のポストモダン的な慣行である。原作者の死は、今日に影響を与えるだろうが、それは複数ある原作者のカテゴリーのうち、あるひとつの、特殊な、時代に特有のカテゴリーにだけ影響するのである。すなわちそれは、同一的で機械的なコピーの原作者——近代的、アルベルティ的な原作者である。近代的な物（原作者が存在し、原作者によって認定され、同一的に複製された物）もまた、そのプロセスの中で消え去っていくのかもしれない。しかしその他の建築業の様態の多くは残る。そして、アルベルティ・パラダイムが興隆する以前には盛んであった古い様態によって、次にくるであろう新たな建築の様態を予期することができるだろう。

オブジェクティルのスコラ哲学的な風味は、それがドゥルーズやライプニッツ、また数学に起源をもつことからの、偶然的で副次的な効果であるのかもしれない。オブジェクティルの、ひとつのオブジェクトに対する関係は、ある関数（あるいは、あるスクリプト、または表記法によって、表記されたあるもの）の、ひとつの曲線に対する関係と同じである*[10]。それはまた、アリストテレスにおける形式formの、アリストテレスにおけるひとつの出来事eventに対する関係とも同じである*[11]。つまり、アリストテレスの用語によれば、オブジェクティルは、ある類的＝総称的genericなオブジェクトなのである。オブジェクティルの理論はまた、そのオブジェクトそのもの（あるいは「種的＝特定的specific」なオブジェクト）[84]は、（アリストテレスにおいての出来事が、科学の領域の外にあるのと同様に）デザインの領域からはこぼれ落ちるはずであることを含意している*[12]。なぜなら、そのオブジェクトも出来事も、本質的には、可変的な存在と見なされるからである。しかし、オブジェクティルが技術的には、あるオープン・エンドなアルゴリズムであり、また生成的で未完成の表記法である限りは、オブジェクティルのデザイナーは、ある範囲にまとまった複数の可変的で個別的な出来事に共通する諸々の様相を決定するような、何らかの一般的な規範を「原作者として認定する」ことになるだろう。確かにオープン・ソースの環境の中では、アルゴリズムのコードそのものが、即興的で原作者の認定しないヴァリエーションに対してオープンであるかもしれない。しかしこのことが事態のより大きな絵を変えることはない。類−種のヒエラルキーの観点から見れば、オブジェクトは――存在論的に――種的なものであり、その一方、オブジェクティルは、オブジェクトが属する総体的なカテゴリーである*[13]。したがって、オブジェクティルのデザイナーは、ある「総体的なものの general」、あるいはおそらくは、ある「類的なものの generic」原作者となる。これは先例のない原作者性のモデルではない。そのモデルは、アルベルティが現れる前には何世紀もの間、用いられていたのである。

2

興隆

ハンドメイドのあらゆるものと同様に、デジタルのあらゆるものは可変的である。5世紀にわたる機械化が、私たちからこの事実をほとんど忘れさせてしまった。手仕事による可変性から機械による同一性への移行は、産業革命のユニークな成果であると見られることが多い。しかし鉄と石炭の時代よりずっと以前に、視覚における規格化は、機械による印刷によって、そしてルネサンスの人文主義の諸々の新しい考えによって、開始させられていた。中世の終わりに、アルベルティはほとんどあらゆるものを同一的に複製することを目論んだのだ。テキストとイメージ、文字と数字、図面とデザイン、絵画と彫刻、建築の部品、時には建物全体、そしてその他の3次元の物。つまりひと言で言えば、芸術と自然から現れるほとんど全てのもの。アルベルティによる同一的なコピーへの絶え間のない探究は、芸術、科学、そして他の文化的テクノロジーの近代史の中でも、最も意義深いターニング・ポイントのひとつとして際立っている。そして「表記法による建設」という新しい方法である彼のデザイン理論は、同一的な複製は可能であるというその同じ理想を前提として、そこから導かれたものである。そしてその理論は今でも世界中の建築のプロフェッションを定義しているのである。けれども同一的な複製は、一部の例外を除けば、中世の終わりの時点では文化的に無意味であっただけでなく、技術的にも不可能であった。適切な文化的テクノロジーがない中で、アルベルティはいくつかの新しいテクノロジーを発明しなければならなかったのである。そしてこれらのうちのごく少数は成功したものの、その多くは失敗した——そして実際、それらの発明は非常に奇妙で時宜を得たものではなかったために、アルベルティが初めてそれらを系統立てて説明した頃には、ほとんどが誤解されるか無視され、その状態がその後の長い間にわたって続いたのである。

2.1　アルベルティと同一的なコピー

アルベルティはひどく原型が損なわれた古典文学の遺稿に精通していたので、手書きによってテキストやイメージを伝送することが危険な作業であることを、十分過ぎるほどに分かっていた。コピーを行う者がミ

図2.1　パンテオンの平面図、正面図および断面図（内部の透視図を含む）。セバスティアーノ・セルリオ著『（建築論）第3書』初版の異なる3ページによる合成写真。（*Terzo libro ... nel qual si figurano, e descrivono le antiquità di Roma* [Venice: Marcolini,1540], pages VII, VIII, IX）

スを犯すし、時には自分で解釈し、時には自分で挿入もし、時には自分で発明までしてしまう。しかしアルベルティはまた、古典の文物以来、皆がそうであったように、コピーのリスクというものはテキストとイメージの伝送には明らかに非対称に作用することが分かっていた。すなわち、アルファベットによるテキストや数字は、絵よりも速く安全に空間と時間を越えて伝わる、ということは周知のことだったのである。さらにアルベルティの時代では、ほとんどの学者が、手描きのドローイングを手でコピーする際のその忠実さもまた、そのドローイングの複雑さに反比例し、その原型からの隔たりに対しても反比例する、ということを分かっていたであろう。たとえばシンプルで幾何学的なダイアグラムは、コピーを数回重ねても比較的無傷のまま生き残ることができるが、表現がより豊かで幾何学的な定義に乏しいドローイングは、生き残ることができなかった。アルファベットのテキスト（と数字が並んだもの。共にアラビア数字とラテン語による表記法）は、ハンドメイドのドローイングに対してひとつの利点をもっている。文字と数字はいっしょにまとまることで、正確に反復可能で規格化された記号の精選されたリストを生みだす。一方、ドローイングは予測不能な多くの記号からできていて、それらの記号にはどれも規格がないか、正確には反復できないのだ[1]。

アルベルティが古典や中世の著作者と共有していたこのような苦境を考えれば、彼が価値があると評価して使い、また必要としたイメージのコピーに関して、オリジナルへの忠実さを保つ策を講じなければならなかったことは驚くようなことではない。しかしずっと驚くべきことは、彼が訴えた諸々の手段の極端さである。アルベルティは正確な複製が必須であるときは常に、複製させることが不可能でしかなかったイラストレーションを、用いないことを単純に選択したのである。そしてその代わりに、それらをテキストによる叙述（ekphrasis）か、他の数字か文字ベースの方策に置き換えたのだ[2]。アルベルティによる、絵画、建築、彫刻に関する3つの有名な論文のうち、図解されたものはひとつもなく、またそのように意図されたものさえなかったのである[3]。奇妙なことだが、アルベルティは他の場合には、アナログのイメージのもつ諸々の欠陥に対抗しようと、それらをデジタル化した――それらの語源的な意味で言えばであるが。つまり、絵を、数字のリストや計算法の〔computational〕指示、あるいはアルゴリズムで置き換えようとしたのである。それらは視覚的なイメージをデジタル・ファイルに変換し、後に必要な際にオリジナルの絵のコピーを再生するようにデザインされていた。アルファベット、ダイアグラム、そしてアルゴリズム。これらの文化的テクノロジーはそれぞれ、伝送不可能な絵を何とか代替することができた。しかし、それぞれに独特な欠点も併せ持っていたのである。

2.2　デジタルへ

アルベルティによるイメージ製作の研究の中で最も独創的な成果のひとつが、ラテン語の短い著作として出版した『都市ローマ記Descriptio urbis Romae』という有名なデジタル・マップである[4]。ある時点、おそらく確実には1430年代後半か1440年代に、アルベルティは労を惜しまずローマ市を調査し、測定し、そしてその地図を縮尺を用いて描いていた。しかしこの場合、手描きでコピーをすれば、そのオリジナルの地図の寸法を保つことはほとんど不可能であっただろう。さらにこの図の描き方は言葉に翻訳されることが十全にはできなかったので、アルベルティはそれを数字に翻訳するある方法を見つけたのだ。短いイントロダクションの中で、アルベルティはどのようにして自分がその地図を描き、次にいかにそれを極座標系を用いて「デジタル化」したのかを説明している。実際、その本の残りの部分は数字のリストなのだ。そこで読者に望まれたことは、その絵をオリジナルと同一に、あるいは比例によって同一になるように、リストにある数字をある特殊な道具に送り込むことで再生することである。その道具についてもアルベルティは記述しているのだが、それは今日のいわゆるプロッターである[5]。明らかにアルベルティは何らかの理由で、自ら作った高解像度の絵がデジタル・ファイルというカプセルに包まれることで、空間と時間の中をより良質な状態を保って伝播するだろうと考えたのだ。そしてまた、オリジナルの地図は、完全に数値データのみに基づいて毎回描画し直されるべきだと考えたのである——すなわち、いわばプログラムを毎回走らせることによるのであって、他の既存のコピーを、「アナログ」に、手描きでコピーすることによるのではないということだ。これよりも約13世紀速く、このプロセスの論理的説明がプトレマイオスPtolemyの『地理学Geography』あるいは『宇宙誌Cosmography』に明晰になされていた——このラテン語訳にアルベルティはよく通じていたのである。

しかしながら、アルベルティは同じ原理を3次元の物にまで適用したとき、彼にとって格好の師であった者を越え、先へと進んだ。と言うのも、彫刻に関する彼の論文『彫刻論De statua』には、もうひとつのありえない機械に関する長大な技術的記述を含んでいた。この機械は、人間の身体をスキャンし、それを3次元座標のリストに変換することを目論んでいたのである。『都市ローマ記』の場合と同様に、アルベルティの『彫刻論』におけるハードウェアのキーとなるピースは、回転する道具、ある種のホイールであった。それはこの場合には、あまり適切ではないものの、スキャンされる身体の頭にどうにか釘打ちで固定された。主要なポイントを全てデジタル化してしまえば、得られた数字のリストが、遠隔地でも、未来の時点でも、同じスケールで、あるいは比例によって拡大縮小することでオリジナルの身体を再構成し、無限に複製することを可能にする。アルベルティはまたこうも示唆した。同じテクニックを使えば、同じ彫像をなす様々なパーツをそれぞれ異なる工房で製造させることができる。つまり、頭はトスカナで、足はギリシアで、などとして、それら様々なパーツが組み立てられると全てが完全にはまり一体となるのだ[6]。

あるモニュメントの永続性がそのモニュメントそのものよりも、数字

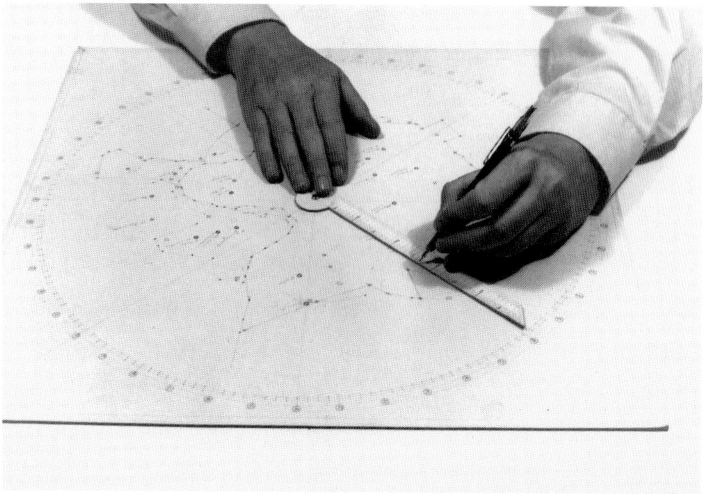

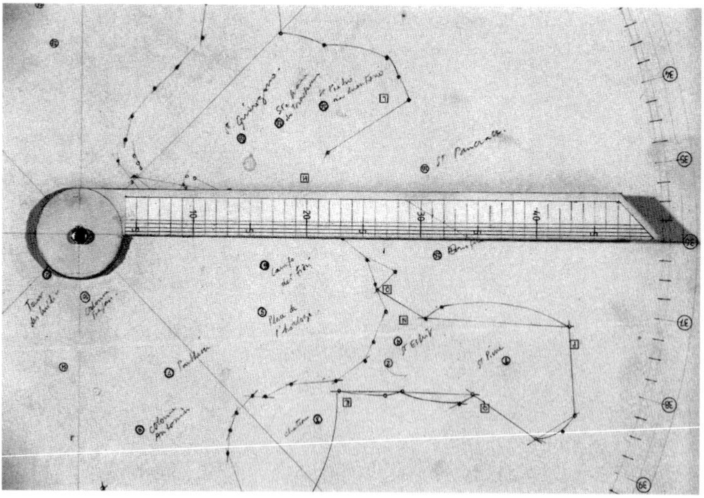

図 2.2, 2.3　アルベルティ著『都市ローマ記 Descriptio urbis Romae』で与えられた方法と座標にしたがって、その地図と描画機器を再構築したもの。写真は、Bruno Queysanne と Patrick Théot によって作成、提供されたもの。

のシークエンスによる方がより確実に保証されるというアルベルティの考えは、奇妙なものに聞こえるかもしれない。日常の経験が示唆するのは、石や大理石は、羊皮紙や紙よりも時間に対して耐久性があるということだ。さらに、ある影像がプレファブのパーツを組み立てることで作られえるというアイデアは、私たちにテクノロジーが引き起こすデジャブによる不安な感情を喚起せずにはおれない。なぜアルベルティは、このような工業生産システムの原型、テイラーリズム、組立てライン、アウトソーシング、そしてコンピュータ援用製造C.A.M.までをも夢想して心に描き、また予期しなければならなかったのであろうか？　今日の「ファイル・トゥ・ファクトリー file-to-factory」、すなわちCAD-CAMテクノロジーのメーカーたちは、アルベルティが言及していたことと同じ利点を喧伝しているのだ。さらに、前−機械テクノロジーとデジタルのそれとの類縁を示すもうひとつの事例として、アルベルティによるローマの「ドゥ・イット・ユアセルフ do-it-yourself」地図は、今日のデジタル・マッピングや地理情報システムG.I.S.のロジックや機能と奇妙にも共鳴しているのである。

何世紀もの間、印刷による地図が普及した後でさえも、専門地図（特に軍事用や旅行案内用）は、ユーザーが必要とする情報を過不足なく含むように、注文に合わせて手描きでカスタムメイドで作られた。これこそが既にプトレマイオスが想像していた『地理学』の使用様態であった。すなわち、それは元来は地理学のオープンなデータベース——カスタマイズ可能なある種の地図作成キット——として考案されていたのである[7]。同様に、今日のウェブ・ベースで一般大衆向けのデジタル・マップ・サーヴィス（無料で提供されるが広告が含まれている）は、個々の顧客のリクエストに応じて、特定の縮尺に変更のできるマップや旅行案内のダイアグラムを生成する。また個々のマップは、顧客（あるいは広告主）が自分に関連すると思う目的、場所、範囲の情報だけを含むようにできている。同様に、プロ・ユースのG.I.Sはあらゆる種類のデータベースから情報を集め、リクエストされるたびに新たな地図やダイアグラムを描画し、その画にヴィジュアライズされた情報のレイヤーを望みに応じて加えることができる。多目的向けに地理を印刷した地図の時代（これらは様々な、しばしば国立でもある地図作成サーヴィスによって、様々な規格の縮尺で、測量技師から旅行者や軍隊に至る様々なクラスのユーザーのために出版されてきた）は、相対的に時代に遅れ始め、そして既に終わってしまっている。アルベルティのデジタル・プロセスと私たちの時代のそれとの唯一の重要な違いは、スピードだけなのだ。おそらくはこれが理由で――ごく最近の時点まで――誰もアルベルティのデジタル・ツールを利用せず、理解しようとすらしなかったのである。この他の、これと同等に独創的なアルベルティのイメージ作成装置は、ずっと良い成果を得た。

2.3　ウィンドウズ

『絵画論De pictura』の第１書の中で、アルベルティは周知の通り、絵画を視感光線visual ray（あるいは視覚の錐体。その頂点が観測者の眼となる）と絵画の表面とが交差した結果として定義した。そしてその定義に基づいて、彼は幾何学による作図の原理の概要を記した。これが結果的に中心投影透視図法central perspectiveとして知られるようになったものである。しかしアルベルティは同じ論文の第２書において、同じ結果を得る他の諸方法について示唆してもいる。それらの方法は全て、３次元的に物を見ることを物理的にリアル・サイズで再構築することに基づいていた。その手順は有名である。まず観測者の眼が機械的に固定された点に位置づけられる。次に眼と視覚対象の間のどこかに、画面picture plane――アルベルティはこれを「開いた窓window」[8]、「透明でガラスのような」[9]と描写していた――が、固体であるが半透明な、ある「ヴェール」[10]に置き換えられ、そのヴェールが眼と視覚対象を結ぶ視感光線を止め、そこで全ての交点を物理的にピンで留め、しるしをつける、あるいはプロットすることができることになる。このようにするとヴェールの上に、絵の母型matrixが創られる。そしてその母型は、同じ大きさで、あるいは比例によって拡大縮小することで、最終的にコピーされ、実際の絵画の表面に移し変えられることになる。この目的のためにアルベルティは、平行線あるいは直交グリッドに基づいて２つの少し異なった方法を考案した。『絵画論』のラテン語版の中で、この手順は彼独自の発明であったと付け加えられている[11]。ブルネレスキ（アルベルティは彼にその論文のイタリア語版を献呈した）[12]がこの主張に対し心に何を抱いたか、私たちには分からない。しかし、アルベルティの主張は概ね透視画法の機械の方に言及し、「ヴェール」に描かれたグリッドに対してではない可能性が高い。なぜならそのグリッドは、太古の昔から手描きで図をコピーしたり拡大縮小するために用いられていたからである。

アルベルティは、グリッドの水平あるいは垂直ラインの間隔の密度を提示していない。したがって、彼のウィンドウにはプリセットの画像解像度がないことになる。しかしグリッドの解像度を限界まで押し進めれば、その正方形は点に、あるいはフリードリッヒ・キトラーFriedrich

図 2.4　アルブレヒト・デューラー『測定法教則』(1538) より
Albrecht Dürer, *Vnderweysuug [sic] der Messung,mit dem Zirckel vnd Richtscheyt, in Linien Ebnen vn[d] gantzen Corporen, durch Albrecht Dürer zusamen gezogen, vn[d] durch jn selbs (als er noch auff Erden war) an vil Orten gebessert,in sonderheyt mit xxii Figure[n] gemert, die selbigen auch mit eygner Handt auffgerissen* (Gedruckt Zu Nürenberg: Hieronymum Formschney [Hieronymum Andreae], 1538), fig. 67.

Kittlerが近年示唆しているように、ピクセルになる[13]。プトレマイオスという前例の後を追ったのであるから、アルベルティは緯度と経度のシンプルな組み合わせを用いて、自分の絵をラスタライズしていたのかもしれない。一方、私たちは今日、サンプリングと離散化によって処理を行っている。しかしいずれの方法によっても、私たちとアルベルティの最終の成果物は同じものとなるだろう。すなわち、数値ベースのマトリックス、あるいは実際には、ひとつのデジタル・ファイルである。ある絵の上に重ねられた、あるいはその下に置かれた直交座標システムは、数量化や測定可能性というものを暗示している。なぜなら、測定は必然的に数字を生みだし、アルベルティの「グリッド」メソッドは――一見アナログで幾何学的であるとは言え――スクリーン上のあるイメージの全てを、ラインやドットからなるワン・フレームに変換し、これらの点の個々の位置や色の明暗度を、数字のワン・セットとして記録する可能性を暗示しているからである[14]。

アルベルティの絵画的イメージは、ある表面――すなわち透視画法の画面――に視感光線による円錐が残した痕跡として、幾何学によって定義されている。今日であれば、私たちはこうしたインデックスのような軌跡のことを、その語源から、写真photographと呼ぶであろう。つまり、光によって自動的に描かれたイメージということである。ある意味で、アルベルティによる透視図の両方の方法――『絵画論』第2書の光学機械と第1書の幾何学的作図――が、彼の画面である「ヴェール」あるいは「ウィンドウ」の表面上に、理想的に形作られるであろうイメージのスナップショットを捉えるようにデザインされているのだ[15]。ここでまた再び、アルベルティの数字、文字、ダイアグラム、そしてアルゴリズムは、労力を要するわりには、彼のイメージ理論が求めるような、そこに不在の主役の代役を務めるにはよくよく十分なものではない。彼が求めていたのは、近代的で、正確に反復可能で、機械的に作られる、刻印を押すことをベースとした、ヴィジュアル・コピーであったのだ。他の場合と同様にここでも、アルベルティのツールやプロセスは、コピーを作成するプロセスから手作業による可変性を削減し、理想的にはそれを排除することを意図していた。ある特定のテクノロジーの域内に限定されているとは言え、アルベルティがほとんどの美術や工芸において、ヒューマン・ファクターの果たす役割やそれが関連することを、顕著に嫌悪していたことは、人文主義者〔ヒューマニスト〕の生来の使命にそぐわないように思われるかもしれない――少なくとも、その語が今日使われている意味においては。これがまさに、ハンドメイドによる規格化、つまり個々に技巧を凝らしカスタムメイドでありながら、しかし完全に同一的な複製であることへのアルベルティの探究を特徴づけるパラドックスのひとつなのである。

『建築論』の第9書の中でアルベルティは、美の一般原理について、彼のトレードマークである調和concinnitasの定義、すなわち「自然における絶対的で根本的な規則」によって規定されるものとして概括している。アルベルティの調和はまた、次の3つの質の適切なコンポジションから生じる。すなわち、数numerus、比例finitio、配列collocatio。この3つ組みの1番目と2番目の語はプロポーションの諸理論に言及したもので、これまでもうありあまるほどに論評されてきた。その一方で、3番目の語はしばしば精査されることから漏れてきている。近年の翻訳者のほとんどが、アルベルティのオリジナルがもっている不透明さをいくぶん保ってしまっているのだが、1550年頃、初めてフランス語でcollocatioをéalité、あるいは同じであることsamenessと翻訳したジャン・マーティンJean Martinは、先見の明があったことになる。アルベルティは一列となった配列や対称性、あるいは近接性によって関係づけられた、ひとつの建物のあらゆる部分が、同一的であることを求めているのである。そして彼は、古代の芸術家たちが彫像や彫刻を複製する能力にはいつも感嘆する、と締めくくっているのである。すなわち、それらの彫刻は「互いに非常に類似していて、ここでは自然自身も凌駕されているとさえ主張しうるかもしれない。なぜなら自然の造物には、ここまで同一的である2つの鼻を決して見ることはないのだから」、と[16]。

2.4　I.D.ピクチャーとファクシミリの力[17]

偶然にも、アルベルティが人生の比較的後半に建築家として新たなキャリアを開始したとき、初めて委託された仕事のひとつが、ある物にそっくりの物をデザインすることであった――ある既存の建物を同一的に複製することである。アルベルティのパトロン、ジョバンニ・ルチェッライ Giovanni Rucellai はエルサレムにある聖墳墓教会 Church of the Holy Sepulcher 内の小神殿 Aedicule のコピーを、フィレンツェのサン・パンクラツィオ教会 San Pancrazio にある彼のファミリー・チャペルに再建することを求めた。ルチェッライの諸計画は既に1448年には文書として記録されており、新しい聖堂がレプリカであるべきだというアイデアは、その入口の扉の上に今も見える1467年の碑文で確かめられる(「この小神殿はエルサレムの聖墓と同様の物である〔sacellum ad instar iherosolimitani sepulchri〕」)[18]。

しかしアルベルティがフィレンツェに建てたコピーは、そのオリジナルには似ていない。なぜならオリジナルはその頃エルサレムにあったからだ。ほんの少数の気まぐれなディテールだけが似ているだけである。現在の一般的な批評の仮定によれば、アルベルティはその小神殿のモデルを改良する、あるいはそれがいくらか元のままの状態で存在していたかのように思わせられるように奮闘したのだろう、と考えられている。その仮定が含意しているのは、アルベルティは偉大な芸術家として、有名な建物の単なる模造品には確実に満足しなかっただろう、ということだ。実際、このように未見でアクセスもできない建物を模造することは――当時のフィレンツェでは――ある挑戦が必要な、おそらくは不可能な仕事であったことだろう。アルベルティが、自分もそのクライアントも見たことのない視覚的なモデルに感化されたなど、ほとんどありえないことであっただろう。なぜなら、それを誰も見ることもできず、それに関する視覚的なドキュメントも存在せず、手に入れることもできなかったからである。

ルチェッライの小神殿についてもっと詳細なストーリーを語れば、いくつかの奇妙な込み入った事実を明らかにはするが、それにはもっと長い論評が必要になる[19]。それでもそのオリジナルとコピーの間に存在する類似性が示唆するのは、アルベルティが、オリジナルの建物の部分的な寸法も含めて書面か口頭で受け取ったテキストによるある種の原資料から始めることで、視覚的なドキュメントが全くない状態で自分のデザインを導いた可能性がある、ということである[*1]。このような仕事の仕方は、言葉が絵よりも速く遠くに伝わった中世には共通したものであった。しかしこの特別な事例においては、アルベルティが陥った窮地によって、彼のもつ新しい視覚中心主義の野心と、彼が使うことができた伝統的な言語中心主義のツールとの間の衝突が、またもや際立ったものになるのである——そして、その衝突をひとつの建物に象徴的に物質化しているのである。明らかにコピーと不可視のオリジナルとの間に同一性を求めることは、本質的にパラドックスである。オリジナルとそのコピーが似ていなくても全く不思議はないのだ。どうすれば似ることなどできたであろうか？　しかし次のようにも問える。なぜ似るべきなのか？　誰かそれに気づいただろうか？　誰かその違いを言えただろうか？　そして、誰かそのときそれを気にしただろうか？[20]

アルベルティの思考、芸術、建築理論、そしてデザインにおいて、同一性が果たした中心的役割を示す多くの事例をさらに加えることができる。アルベルティは彼自身が画家であり彫刻家であったが、形象を再現表象する芸術家としての彼の才能は、満場一致で当時称えられていた訳ではない[21]。ヴァザーリGiorgio Vasariの『画家・彫刻家・建築家列伝』〔Vite〕の中で言及されたわずかなアルベルティの絵画には、アルベルティが鏡の助けによって製作したであろう、１枚の自画像画がある[22]。そ

図 2.5, 2.6　聖墳墓教会の小神殿、ルチェッライ教会、サン・パンクラツィオ教会、フィレンツェ。写真撮影および提供は、Anke Naujokat による。

YHESVM QVERITIS N

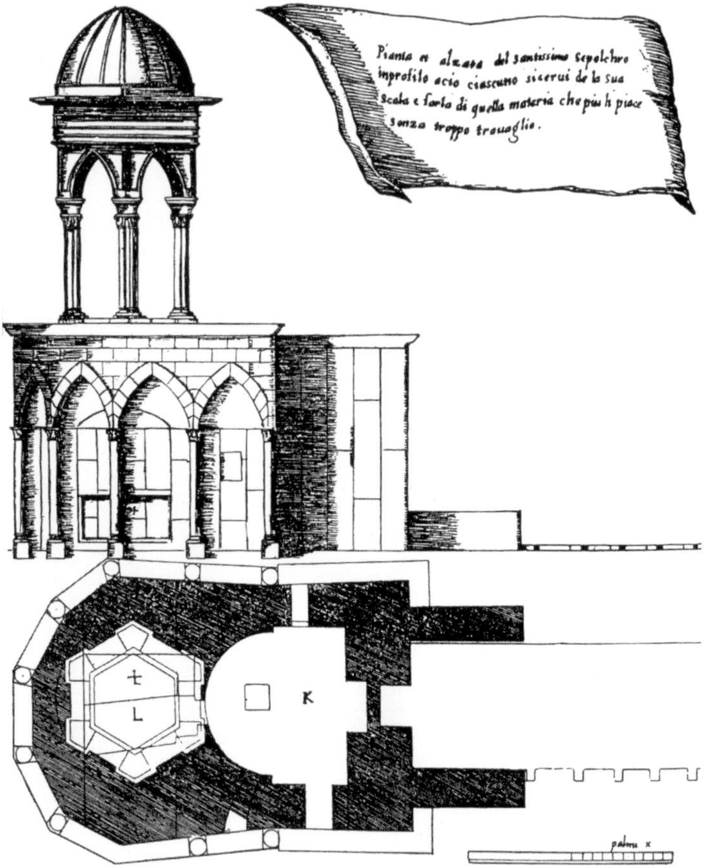

図 2.7　ベルナルディーノ・アミーコ『聖地エルサレムの聖なる建築物の図面と図画に関する論―遠近法と正確な測量による』より
Bernardino Amico da Gallipoli, *Trattato delle piante ed immagini dei sacri edificii di Terrasanta disegnate in Gierusalemme secondo le regole della prospettiva, e vera misura della lor grandezza* (Florence: Pietro Cecconcelli, 1620), plate 33.

して友人たちの肖像画と共に自画像画は、アルベルティ著〔と現在では考えられている〕『Anonymous Life』〔Vita anonima〕（あるいは自伝）の中に引用されている唯一の絵画である。その著者の言うところでは、アルベルティが自身の頭部や肖像を描いたのは、これらのイメージから彼を知らない訪問者によって容易に彼が認識されるようにするためにであった。アルベルティはまた、描いた肖像のリアリズムを、子供たちに誰が描かれていると思うかと尋ねることでテストした。そしてそのテストに失敗すると、「彼はそのような作品に対しては芸術としてのステータスを与えることを拒否したのだ」[23]。

『絵画論』の結びでアルベルティは、読者たちにアルベルティ自身の肖像を読者たちの将来の絵画に加えることで、著者の努力に報いてほしいと求めた[24]。当時の芸術家たちは、このリクエストが普通ではなく、応じるのは難しいと受け取ったに違いない。今日であれば知的所有権の請求や著作権使用料の支払いと呼ばれるこれらの概念は、共に当時ではほとんど無意味に思われたに違いない。また、アルベルティの似顔をどうしたら多くの芸術家が知り、一般大衆がそれと認識したであろうかと不思議に思うかもしれない。幸運にも、アルベルティはひとつ、あるいはそれ以上の自画像をブロンズの小銘板の浅浮彫りのかたちで後世に遺した――それは彼が機械による複製技術に最も近づいたものである。さらにそれは、今日の学者たちが15世紀イタリア美術の全集全体の中に潜み発見されずにいる可能性があるアルベルティの肖像を探し求めるために、いまだに使用可能なものなのである。アルベルティが肖像画、特に自画像画に興味をもっていたことは、ここでもまた再び、同一性の問題であることになる。最良の絵画が望みえたことはただ、鏡あるいは静寂の水域に反射したものと比べられることだけであった。なぜならそれらの表面は共に、インデックスのように光の刻印を描くからである。

2.5 アルベルティの模倣ゲームとそのテクノロジーの欠陥

これまで提示してきた全てのケースで、アルベルティの同一性への絶え間のない探究は、テクノロジーの不十分さによって妨げられていた。同じパターンの欠陥は、彼の仕事の様々な時点で繰り返された。『都市ローマ記』『彫刻論』『絵画論』において、原型〔アーキタイプ〕と同一的、あるいは比例によって同一的であるものとして、幾何学によって定義されたイメージは、インデックスを刻印した軌跡（目へと収束する視感光線のある画面への刻印や、ローマの建物の地面への刻印）から直接に得られたか、同じ結果を産むように意図した代替的な幾何学ないしは測量によるプロセスを介して得られたものであった。そうしたインデックス的なイメージは、時にはより適切な他の紙の上に移し変えられ、同一的に記録され、空間と時間を越えて伝送されなければならなかった。そうして最後に、コピー（それが物であろうとイメージであろうと）は、その原型と同一的、あるいは比例的に同一なものとして——いかなる場所でも、いかなるときにも、そのオリジナルそのものが存在しなくとも——再生させることができた。それと同じロジックがアルベルティの建築デザイン理論にも適用されているのだが、順序が逆になる。すなわち、アルベルティの計画図面は、インデックスを刻印したイメージなのではなくて、インデックスを刻印するある理想化されたプロセスの中での、母型matrixとして考案されているのである。

こうした全ての事例において、アルベルティによるイメージは、精確に数量化された情報の運び手であり、測定可能なデータ——使用可能で、それに基づいて実行が可能なデータ——を記録することが意図されているのである。しかし、アルベルティがひとつのオリジナルの図面に書き込むことができたこのような精密さは、利用可能などのような方法によったとしても伝送するのは不可能であったし、コピーされるときに失われてしまっただろう。アルベルティは既に、近代におけるイメージというものを考案できていたし、ある程度まではそれを作ることもできていたのだが、それを再生する手段をもっていなかったのである。

アルベルティによる、同一性を無際限に複製する可能性への探究の背後には、ある強力な形而上学的な熱望が立ち上っていた。同じ時期、芸術や産業あるいは自然から生じる、諸々のテキストやイメージ、そして物を、精確にコピーする必要性が、ルネサンスの新しい文化の中で広い範囲で高まりつつあったのだ。実際、アルベルティが目指したことの多くは、まもなくして別の複製技術によって叶えられることになる――それはアルベルティが奇妙にも考慮に入れ損ねたテクノロジーである。ある意味、印刷によるイメージやテキストは、まさしくアルベルティが必要としたことを与えるのだから、彼の計画を部分的にはすぐにでも満足させたことだろう。そして――推測できるように――もしも彼にそうすることが可能だという考えがあれば、使っていたことだろう。アルベルティは最晩年になって初めて、可動活字による活版印刷のことを知ったのであるが、それまでの間もずっと凸版や凹版による印刷技術には親しんでいたに違いないのである。なぜならそれらの技術は、彼が生きている間のイタリアでは既にかなり一般的だったのだ。明らかにアルベルティは、当時は辺境にあったこれらの複製技術が、技術的もしくは科学的な目的のために使えるものとは決して考えなかったのだ。しかしアルベルティのローマ地図を（それをデジタル化するのではなく）印刷するために必要であったあらゆるものが、彼がそれを執筆していた当時には既に技術的には利用可能であったのである――あらゆるもの、すなわち地図は印刷できるのだというアイデア以外は。ほんの数年後には、印刷と印刷されたイメージの繁栄が、アルベルティによるデジタル化の実験に終止符を打った。そして、アルベルティのデジタル・テクノロジーは視界から消えてしまった――5世紀もの間[25]。

後世から見ればアルベルティの実験は、一般的な文化的欲求に対しての誤った技術的解答であったように見えるかもしれない。事実、その欲求は社会全体に共通し広範であったために、まもなくして別のテクノロジーが現れることになる。そのテクノロジーはアルベルティが探求したことのほとんどを、より良質に速く安価に産み出した。機械テクノロジーがまもなく、手作業もアルベルティ時代のデジタル・テクノロジーも産むことができなかったもの――同一的な複製物――を大量生産することになるのである。そのプロセスの中で、カスタマイズ可能な比例による拡大縮小の操作が失われてしまったが、明らかにその利益は損失を相殺するもの以上であった。そして機械テクノロジーは、これに続く5世紀もの間ずっと、正確に反復可能な、あらゆる種類のあらゆる大きさのヴィジュアルな刻印を打ち続けることになったのである。そして、あるひとつのプロセスが19世紀の産業革命によって異常なまでに加速され、そしてたった今、終わりを迎えつつあるのだ。

しかし時宜を得ないドン・キホーテのような誇大妄想的な発明の才ではあったが、アルベルティによる技術−文化的発明のいくつかは周知の通り成功し、この5世紀の間に改良されアップグレードされてきた。そしてそれらの発明は、西洋の芸術、建築、そして文明の歴史にそのしるしを跡づけてきているのである。「光が描く photographic」という、アルベルティによる新たな種類のイメージの光学的定義は、19世紀の化学的機械による写真術の発展まで完全には実現に至らなかったとしても、視感光線と画面の交点を決定する彼の幾何学による方法は、近代的な透視図法の基礎を、そして今日でも研究されている（あるいは最近まではされてきた）中心投影法の基礎をなしている。同様にアルベルティによるラスタライズされたウィンドウは、プロやアマチュアのドラフトマンのためのドローイング・マシン（パースペクトグラフ、縮図器、カメラ・オブスキュラ、カメラルシダなど）の長い伝統の始まりであった――これは職人たちの仕事上のトリックやツールからなる、時に謎の多い伝統であり、美術史家や技術史家が近年ようやく研究し始めている[26]。

建築史にとってもっと由々しきことは、アルベルティによる同一性の複製の探究がまた、本質的には彼の近代的なデザイン・プロセスの発明と絡み合ってもいることである。アルベルティの理論の中では、建物とそのデザインが表記法に照らして同一的である場合にのみ、その建物は、それをデザインした（しかしそれを建設していない）建築家の作品である。既に述べたように、アルベルティのデザイン・プロセスは、縮尺による図面、測量、投影法、それらをそれぞれ数学的に支える理論といった、文化的メディエーターに完全に依存していたのであり、いかなる機械テクノロジーも、またいかなる新たな装置や機器も必要としなかった。ある証拠によれば、プロジェクトの記録と伝送を可能にする表記法に対して排他的に信頼をおいていたために、アルベルティはここでもまた再び、彼が使うことが可能であったはずであるツールの性能を、誤って判断していた可能性がある。そしてその誤りは、彼が目した、原作者による（そして権威主義的でもある）デザインの新たな様態に対して、社会が抱いた抵抗の強度についても同様であった。それにも関わらず、初めのうちは一部の人々に抵抗されはしたものの、アルベルティによる表記法によるメソッドは、最終的には大部分の人々に採用されたのだった。この5世紀の間、アルベルティ的な表記法によるパラダイムが、西洋の建築の理論と実践に占めてきた中心性が、アルベルティによるデザインと建設の分離が実現可能なものであり、技術的にも文化的にも実施可能——諸々の限界内で——であったことを証明しているのである。

アルベルティ的な、表記法による建築という様態が、建築デザインに負わせた制限は、近代建築の歴史を通じて決定的な要因のひとつであった——そしてそれらの制限は、近年のデジタル・デザインの歴史にとっても重要になってきている。しかし15世紀中頃には、表記法による建設というアルベルティの新しい方法は、中世後期のある由々しき問題に近代的な解決策を与えたのだった。その問題は、手工職人的なマスター・ビルダーとしてのブルネレスキの成果と失敗によって、周知の通りほんの数年前に建築の最前線に持ち上がっていたのである。

2.6　アルベルティ・パラダイムの発明

ネルソン・グッドマンは周知の通り、代著的になる諸芸術は「宣言によってではなく、表記法によって、その解放を」勝ち取るのだ、と述べた[27 *2]。グッドマンが初期近代史により興味をもっていたら、建築がその先祖から受け継いできた自著的な出自から解放され始めた時点を容易に発見したことだろう。原作者による芸術としての建築の近代史は、ある建物、すなわちフィレンツェの大聖堂のためのブルネレスキによるドームに始まった。代著と表記法を介した建築の新たなステータスに関する定義は、アルベルティの理論と彼の論文『建築論』によって初めて出現した。ブルネレスキの建設の方が、アルベルティの本よりも少しの間であるが先行した。そしてアルベルティの理論は、ブルネレスキの実践例に倣いながら、遥かにその先に行ってしまったのだ。

彼の同時代人たち（あるいはほぼ同時代人たち）のいくらかドラマ仕立ての物語の中で、ブルネレスキは２つの人格――すなわち、今日の観点から見れば、反逆的révoltéアヴァンギャルドと、プロメテウス的でプロト－ロマン主義的な英雄――からなる、真の革命家であった。あらゆる主要な、中世後期の公共建築のプログラムからなる伝統的な組織が、ブルネレスキのフィレンツェのドームの建設にとっての主要な障害であった。ブルネレスキがドームを建設できたのは、まさに彼が古いシステムを除去し新たなものを押し付けたからである。個人的そして制度上の多くの敵対者たちとの彼の伝説的な苦闘は、フィレンツェ人の彼の最初の伝記作家である、マネッティAntonio Manettiとヴァザーリによって鮮やかに詳述されている。ドーム建設のあらゆる段階における意思決定プロセスは十分に文書化されていて、今日私たちが委員会製のデザインdesign by committeeと呼ぶものに類似したものであった。ただしそこでの決定のほとんどが、「デザイン」行為であるとは、その語の近代的な意味においては見なされないだろう。羊毛織物業ギルド（Arte della Lana）の役人たち、大聖堂造営局（the Opera del Duomo、今日まで存続している）の役人たち、そして職工長の代表者たちからなる様々な委員会が、ドームの建設中ずっと会議を開き続け、内部用と外部向けのレポートを求め、古い模型を叩き壊し、新しいものを要求し、仕事の割り当てを決定し、責任を委譲し、支払いを行った[28]。同様に、最初の時点から３人のマスター・ビルダーがドーム建設に任用されていた。仮にブルネレスキが実際にその中で首位に位置していたというのであれば、彼は同等とされた者たちの中で１番でなければならなかったことになる[29]。そのチームにおいて他の傑出したマスター・ビルダーは、ブルネレスキの古くからのライバル、ギベルティ Lorenzo Ghibertiであった。ブルネレスキは（ある策略によって）ギベルティを1423年から1426年の間のある時点で、首尾よく解雇させたとマネッティは主張しているのだが、諸々の文書が証明しているところによれば、ギベルティが自分は最後まで、すなわち1436年まで留まって仕事に就いていたと主張するのはほぼ正当なことだと言って良い[30]。同じように、組織的に合併した職工長たちは、建設現場で最後まで遠慮なく意見を述べる存在であったに違いない。それは彼らのストライキや、彼らを一夜にしてブルネレスキが明らかにロンバルディアから呼んだ非組合員の職人たちと入れ換えたといったストーリーによって、証明されている。ストライキの話もロンバルディア人のストライキ・ブレーカーたちの話も、どちらも信頼しうる文書にはなっていないのだが、明らかにマネッティと特にヴァザーリは次の点を強調したかったのである。すなわち、仮にブルネレスキが未熟な――そしてさらに悪いことに、ロンバルディア人の――職人たちからなる新チーム全体を、たった「１日」で彼が満足できるほどまでに訓練できたのだとしたら、組合化したフィレンツェの職人たちの伝統的なノウハウが、ドーム建設にとって決定的な技術的要因でありえたはずはなかったのである[31]。

当時の年代記の編者たちによって受け継がれてきた諸々の物語が示唆しているところでは、彼の同時代人たちの認識では、ドームを建設させる際のブルネレスキの主要な仕事とは、パトロン、同僚、部下たちからなる、愚かで騙されやすい委員会を騙す狡猾な方法を際限なく見つけていくことであったようである。それはそうであったとしても、しかしそれは単に付随的にそうであったのである。記録に残った逸話が真実であるか正確であるかに関わらず、ブルネレスキは明らかに、建物の知的原作者という新たなアイデンティティにかたちを与えるために、上り坂を登るような困難な闘いをしていたのだ――このような権限が、伝統的に曖昧であるか不完全にしか定義されていなかった状況において。

ブルネレスキはドームのコンペティションに建築業者としての経験を全くもたずにやってきた。しかしアイデンティティを作り上げる者――そして破壊する者――としての顕著な名声はもっていた。彼は、ある太った木工職人に対する当時のたちの悪いいたずらの発明者として有名であったのだ。そのいたずらによってブルネレスキは、ランダムに選んだひとりのフィレンツェ人の職人に、彼――太った木工職人――が彼自身ではなく、誰か他の人間だと信じ込ませたのだ。そのトリックはうまく働き、最後にはその犠牲者は自分が誰かもはや言うことができずに、それを見つけだす方法もないという結論に達した。フィレンツェ人としてのアイデンティティを奪われ、木工職人はハンガリーに移住した。アメリカを発見する以前のことだから、そこはフィレンツェ人の距離感ではおそらくほとんど限界なまでに遠方であった。彼はそこで新生活を始め金持ちになった[32]。そのハッピーエンドにも関わらず、この話は初期近代のヨーロッパにおける、個人のアイデンティティの移ろいやすく不安定な性質を思い出させるものである――ナタリー・ゼーモン・デーヴィスNatalie Zemon Davisによるマルタン・ゲールMartin Guerreの物語がひとつの類似したケースを提供する[33]。個人のアイデンティティへの影響以上に、このような未確定性は、あらゆる種類の物、メディア上の物＝オブジェクト――テキストからイメージ、音楽、そして建物に至るまで――につきものであった。それらを物質によって具体化したものは、多重で、アノニマスであることもあるそれらの作成者の曖昧なアイデンティティと共に、時と空間の中で変動していたのである。木工職人へのいたずらは、フィレンツェでは個人や職業的なアイデンティティでさえも、集団による社会的コンセンサスによって定義されるものであって、自著によっては定義されていなかったことを証明しているのだ。ブルネレスキはドームの建設に着手したとき、それは変わるべきであると決心したのである。

ドーム建設のあらゆる段階に付随していた、依然として参加型で集団的な意思決定プロセスにも関わらず、ブルネレスキは明らかに、最終結果が自分自身によるものとして見られることを欲していた。この目的に対するひとつの手段は、ブルネレスキが自分自身でドームを建設することであっただろう——それは比喩的にではなく、字義通り、最後のレンガに至るまでという意味においてである。それができないために彼が考案した方法は、完全なる自著によるものに可能な限り近似したものであった——そして見たところでは、それが機能したのである。明らかに、ドームを建設するためにはひとり以上の人間が必要であったし、職人は何をすべきか教えられなければならなかった。これこそが、グッドマンのスキームで言えば、ある芸術が代著的なものになる理由のひとつである。つまり原作者は、自分ひとりでは作ることができない物を、他の人たちが原作者を手伝って作ってもらえるようにするために、表記法を必要とするのである。ブルネレスキにはもうひとつ余分な心配事があった。彼には職人に指示を与えながらも、原作者の役割を自分で守る必要があったのである。今日、私たちはそれが問題であるとは見なすことはないだろう。しかしブルネレスキは、新しい原作者のテリトリーを創造し、それを占領するために闘っていたのである。そしてあらゆる闘いと同様に、戦略を練り予防策を講じなければならなかったのだ。中でも最も重要なことは、すべての彼のアイデアが可能な限り彼と共にあらねばならなかったことである。すなわち、諸々の指示はステップ・バイ・ステップで与えられ、所与の時点で必要な事項だけに厳密に限定されなければならなかったのだ。

ブルネレスキが意図的に不完全なままに残していったと思われる模型についての伝説は、したがって完全に筋が通っている[34]。たとえば1420年の有名な建設計画を見てみよう。何ページにもわたる過度に詳細な諸々の指示と寸法の後で、計画がプロジェクトの重要な点——迫持アーチを支える仮枠なしにドームを建設する方法——を説明する部分にくると、急に説明が切り詰められる。それについては、その著者（あるいは著者たち）は不誠実にも次のように示唆する。「実践による経験だけが、次に取るべき方法を教えてくれるだろう」[35]。シエナ人のエンジニア、タッコーラMariano Taccolaは、発明者のアイデアが他人に盗まれないようにそれらを明かすな、というブルネレスキのアドヴァイスを書き留めていた[36]。諸々の逸話がいっぱいある。刻んだカブでできたブルネレスキの模型（カブは耐久性のある材料でも精巧なディテールを保てるものでもない）の話から、ひとつひとつのレンガや石、さらにモルタルを作る砂や石灰まで、彼が自分自身で検査していたという話まで。マネッティが結論づけているように、「彼はあらゆることの親方であったようである」[37]。おそらく最も有名な話はヴァザーリに由来するもので、彼はブルネレスキが卵を立てるためにいかに穏やかにそれをテーブルの上で押しつぶしたかを物語っている（コロンブスにも帰せられる逸話である）。マスター・ビルダーたちのためにブルネレスキはデモンストレーションを見せたのだが（そして予想通り彼らは、それは誰にでもできるだろう、と主張した）、そのビルダーたちの会合へのブルネレスキの返答は効果的である。それだから、私はあなたたちに私の計画を明かすつもりはないのです。もし私がしたら、あなたたちは私抜きにそれを建設してしまうでしょう、と彼は言ったのだ[38]。もちろん、まさしくこの理由から、建築家はいまだに計画図面を作るのである。そうすることによって、他の人たちがデザイナーが不在であっても建設することができるからである。しかしブルネレスキは——まさにそうしなければ彼の原作者としての役割が認識されなかったので——彼がその建物の原作者であることを、いついかなるときも物理的に明示し、それを触知できるように可視化する必要があったのである。現場に始終いることで彼がするのは、必要なときにだけ少しずつ指示を与えることである。マネッティの話によれば、全ての積まれるレンガを検査し、それらに触り、ほとんど献納するかのようであった。ブルネレスキは建築の原作者という近代的なアイデンティティを発明したのかもしれないが、彼のものは、インデックスを刻印することによって生まれる原作者性であった——すなわち、自著的で、手工職人的な原作者性であったのである。

ブルネレスキは彼の原作者としての野心のために、ある重い代償を払った。彼が設計していた他のいくつかの建物のために、製作はしていたが未完成であった模型や図面が、他の人たちが自分たちの裁量でその空白を埋め完成されることが時々あり——ブルネレスキはその現場には居合わせたが、明らかにどの現場でも忙しかったのである——こうした具合で、その他の人たちが「間違い」を起こした[39]。ブルネレスキは間違いを発見すると、怒って建設業者を責めた。しかしその建物を破壊することはなかったし、誤りを修正させたりさえしなかった。こうした不運な出来事が、彼に表記法のもつ諸々の利点を教えることにはなったのかもしれない。

ドームのランタンの建設は1446年に始まったのだが、それはブルネレスキの死のわずか数週間前のことであった。ヴァザーリによれば、ブルネレスキは1436年にランタン部のコンペティションを勝ち取ったのだが、その遺言の中に、ランタン部は全く彼が構想した通りに（彼の「模型」と「書面による指示」にしたがって）建てられるべきであると書いていた。このことが示唆するのは、死の間際にブルネレスキが、最後には降参し、それほど不完全ではない形式の建築の表記法を採用したということだろう。もっともなことではあるが、マネッティはこれとは全く異なる物語を語っている[40]。いずれにしても、代著による、あるいは表記法による、建築家の仕事の新しい定義への移行は、ブルネレスキが招いたものだということにはならなかった。建築の表記法による転回は、まさにそのとき、アルベルティによる建築の論文の中で磨かれ概念化されつつあったのだ。アルベルティはその論文を、1452年頃には書き終わっていたであろう。

けれどもアルベルティは、建築家としての実際的なキャリアをスタートさせ、またほぼ同時に『建築論』を執筆していたとき、彼には不利なことであるが、マスター・ビルダーというのは自主的に物事を考えがちであることにすぐに気づいた。アルベルティによるリミニに常駐する現場マネージャーとの往復書簡の中にある、彼の執拗でいくらか苛立った強い異議から明白であるのは、地元の職人たちがアルベルティのデザインにしたがって動くことを嫌がっていたということである。アルベルティはそれらのデザインを、図面や模型、そしてさらに説明を加えた書面を介して送っていたのだ[41]。

伝統に加えて、不信や敵意、コミュニケーションそのものが障害であったのかもしれない。アルベルティは『建築論』第2書の中の自身による規定にしたがって、平面図、立面図、そして側面図からなる縮尺図面の束を発送することはできただろう。しかし、遠く離れた辺地にいる地元職人たちが、デザイナー自身が不在の状態で計画図面を読み取り理解するということなど、アルベルティにはほとんど期待することはできなかった——デザイナーが現場にいるのは、ブルネレスキがドームの建設の間中ずっとしたように、説明をし、身振りを使い、激怒し、罵るためにである。3次元の技術的データをやり取りするための規格化された表記言語というアルベルティのヴィジョンは、普及するまでに何世紀もかかるであろうから、1450年頃では表記法による彼の新たな建設方法は、仮にその概念が当時に存在していたとしても、未来派のように思われたかもしれない。もっともなことにアルベルティの同時代人の中には疑義を表明するものもいた。マネッティの（そして後にはヴァザーリの）ブルネレスキの英雄的行為の物語は、マネッティのアルベルティのデザイン・メソッドに対抗したスタンスという観点から見られるべきである。マネッティはアルベルティの方法は生意気で機能しないと遠回しに言っているのだ[42]。マネッティは彼の『ブルネッレスキ伝』を、アルベルティの『建築論』初版の直接的な余波の中で執筆していた可能性がある。またマネッティは、懺悔するサヴォナローラ主義者——サヴォナローラ信者——として人生を終えたことが知られている[43]。ヴァザーリもまた、アルベルティにほとんど好意をもっていなかった。そしてアルベルティの誇大妄想狂的でコスモポリタンな知的野心が現れるより以前、その影響を受けていなかったときにはあった、フィレンツェの手工芸的な人文主義がなしたブルネレスキ主義の神話を、心に抱き続けていたのかもしれない。

今日でさえ、アルベルティの原作者かつ表記法によるデザイン・メソッドが近代的な生活の主要な要素のひとつになっているという事実にも関わらず、それが自分たちのテイストには少しハイテク過ぎると受け取る人たちもいる。結局アルベルティは、オブジェクトを製作するプロセスの完全な分離を措定しているのである。アルベルティ的なオブジェクトは、ある原作者によるスクリプトの、機械による具象化以外の何物でもないのだ。そしてアルベルティの理論の中では、製作における物質的なプロセスは、人間の手で実行されるとしても、人間の意志を全く欠いているのである。ジョン・ラスキンJohn Ruskinは周知の通り、ルネサンス建築は職人を奴隷にした、と言った[44]。カール・マルクスKarl Marxならばもっと要を得て、アルベルティのメソッドは究極的には手工職人を「疎外し」、彼らをプロレタリアに転換する、と述べていたかもしれない。現代のハイデッガー主義者たちは、アルベルティは良からぬことを企んだのだと示唆するとともに、アルベルティのメソッドは、オブジェクトを生きている〈物Ding〉から沈黙した〈対象Gegenstand〉に変え始めたのだ、と加えるだろう[*3]。

アルベルティが実際に何を企んでいたかに関わらず、そのようなことは本当にしばらくの間は起こらなかった。20世紀の後半の初期に、ネルソン・グッドマンが近代の設計図における表記法のステータスを査定したときには、彼はその当時でさえも、建築の完全なる代著的モードへの変換はいまだに達成されていない、と結論づけたのだ。彼にとって建築は、ある「混成的」かつ「過渡的」状態——自著によっていた過去と、いくぶんかは予想され得る代著による未来の間の中途な状態——にいまだにあるように思われたのである。グッドマンが書いているように、彼は完全には「ある建築作品を、ある建物ではなく、あるデザインと同一的な物と同定すること、には満足」していなかったのだ。そして当時の建築家のほとんどがそれには同意していたことだろう[45]。

まさにその移り変わりが、今、数年前から進行している。現代のCAD-CAMテクノロジーが、何世紀にもわたってデザインと建設を隔て続けてきた、表記法によるギャップを単に消してしまった。各CADファイルが含むのは、ある建物を構成する幾何学上の各々の点に対する、正確かつ一義的な空間の中での位置の指示である。そしてデジタルで表記されたものは、そのファイルを作るために使われたものと似たマシンが、そのファイルを読むために使える限りは、そのファイルの原作者がそこにいるかいないかに関わらず、どこでもいつでも実行されることができるのだ[46]。ひとつのCADファイルが、グッドマンが表記システムに求めたあらゆる複雑な必要事項を確かに満たしていると言える。CAD-CAMテクノロジーによって、建築は終に完全なる代著のステータスを達成したのかもしれない。

しかし、デジタル技術で生成され自動的に作動する、この代著システムが、予期しない結果を引き起こす可能性もあるのだ。CAD-CAMのインテグレーションとBIM（Building Information Modeling）のソフトウェアのおかげで、デザインすることと製作することは、創造と産出の、ある単一のシームレスなプロセスの中で、ますます溶け合い重なり合っていくだろう。今のところは小さなオブジェクトやプロトタイプの製作に限定されているが、いくつかのケースでは、既存のCAD-CAMテクノロジーが既にその段階を達成してしまった。すなわち、ある建築家のデザインを即時に自動的に製作することが可能なのだ——必要であれば、その建築家の目の前で、その建築家がまだそのデザインを思案している間に。これはマジックが作り出したものではない——またラスキンが主張したような、奴隷によるものでもない。それはデジタルのCAD-CAMによるのだ。先端のCAD-CAMシステムは既に、デザインと生産のあらゆるステージで、参加者たちや技術的にネットワークされた諸々のものとの間の協働やインタラクションをサポートし、実際にそれを促進してもいるので、完全にデジタル環境にサポートされた建築の表記法が生む最終生産物は、手工職人の手仕事による製作が生む、原初的で、先祖から受け継がれてきた、自著性がなしてきた諸側面を、また再演させる可能性がある。皆が、議論し、デザインし、そして作ることが、同時にできるのだ——まさにかつては、前-近代の手工職人たちや、前-アルベルティ時代のマスター・ビルダーたちがしていたようにである。現代に生きる近年のハイデッガー主義者たちは、デジタル・テクノロジーをもう一度おそらくはよく見るべきなのである。

3

衰退

ルネサンスの人文主義の興隆と初期近代の始まり以来、同一性の複製に関する3つの事例が西洋建築史の特色をなしてきた。デザインを表記したものnotationの物質としての建物への同一的な変換。建築の情報informationの空間と時間を通した同一的な伝送。そして、同一的な製造fabrication、あるいは大量生産と規格化による規模の経済の追求。これらのうちの最後のものは、19世紀と20世紀の間に産業革命によって指数関数的に成長した。しかし、同一的なコピーについての価値論の観点から見れば、産業革命による大量生産とは、印刷と、建築において私が「アルベルティ・パラダイム」と呼ぶものと共に始まった、技術的かつ文化的な潮流を拡大し増幅したものにすぎない。ジョン・ラスキンは気づいていた通り、印刷こそが原罪であり、それに続くあらゆる産業による悪の根源であったのだ。なぜなら「人々を、あらゆるものが同じかたちをもっていることに慣れさせる」のは「あの忌まわしい印刷術」だからだ[1]。

現在では周知のことだが、ラスキン的なゴシックは、最後には産業革命を止めるには至らなかった。工業化時代の頂点、すなわち20世紀後半期のいずれかの時点で、機械式の道具一式と多くのそれに関連した文化的なテクノロジーが、あらゆるオブジェクトを同一的に複製する、デザインと生産のほぼシームレスな連続性の、ひとつの理想的状態を完成させるに至ったのである。近代的な設計図のフォーマット（とそのためのモンジュ〔の画法幾何学〕による幾何学上の基盤）が、デザインから建物への同一的な変換を保証した（しかしその保証は、各表記システムの幾何学上の諸限界の範囲内においてだけである。それらの諸限界は時

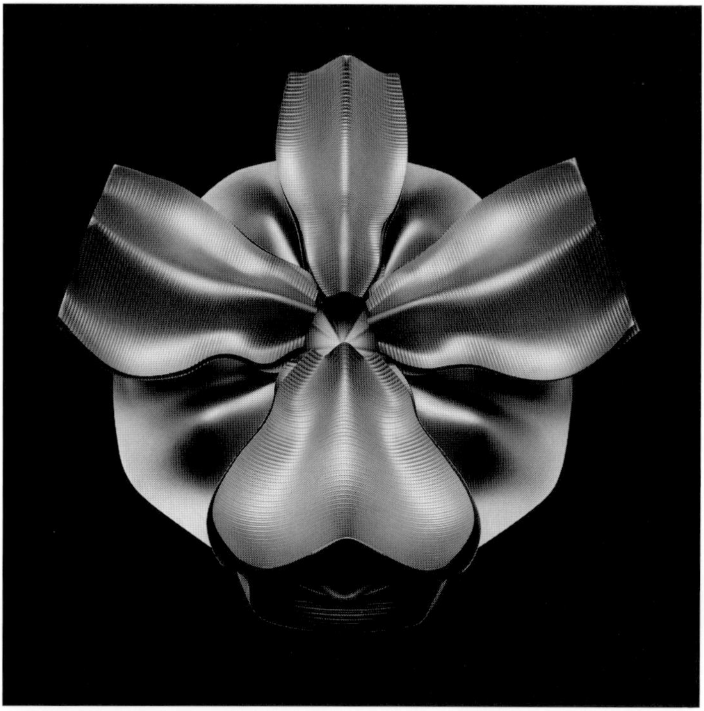

図 3.1　グレッグ・リン、アレッシィ コーヒー&ティー ピアッツァ (2000)
Copyright Greg Lynn FORM, 2000©. Courtesy of Greg Lynn FORM.

には極端なものであった。あらゆる形態が、ミースの直交グリッドのようには直角投影では容易に表記されるわけではないのだ)。銀板写真と機械式の印刷が、インデックスを刻印するような質を、オリジナルに対する忠実さを、そしてイメージの同一的な複製を、つまりはヴィジュアルなパターンや見本からなるどんなカタログあるいは体系の、伝送と同一的な複製をも保証した。そして最後に、産業化したテクノロジーが、大量生産によるどんな品物をも、それらが同一的にコピーされた数量に反比例した単価で同一的に複製することを可能にした。ここに至ったとき、テクノロジーが変化し、新たなデジタル・ツールが古い機械的なものに取って代わり始めた。この技術の移り変わりに伴って、同一的なコピーの衰亡が始まったのである。

3.1　フォーム

芸術に関する歴史家で哲学者であるハインリヒ・ヴェルフリン Heinrich Wölfflinは、1915年に初版され最も影響を及ぼし議論も呼んだ著作のひとつの中で、人間の作った形態の進化にはある循環性がある、とする見方を擁護した。その見方によれば、人間の作る形態は、古典的な厳粛さからバロック的な奇想性へと揺らぎ、また正気に戻って、それが無限に続く。芸術の形態は回帰する、というヴェルフリンの解釈を支えるヘーゲルの歴史哲学に忠実にしたがって、ヴェルフリンは決して振り子のメタファーは使わなかった――けれどもスパイラルのイメージは用いた[2]。すなわち、芸術史はその最初の状態に戻ることは決してないが、同じ場所をより高い所から見るように再訪することがよくあるのだ。

ヴェルフリンはバロックを、時代特有の様式としても、時を超越した様式としても、堕落あるいは退廃した時代として特徴づけたことは決してなかった。その代わりに彼は対立する項からなるセット（輪郭線からなるものlinearと量感からなるものpainterly、平面的なものplaneと深奥的なものrecession、閉じた形式closed formと開いた形式open form

など）を用いて、古典とバロックの様相を定義した。見たところ、ヴェルフリンは彼の『美術史の基礎概念』の第７版改訂版と同時期の、ゲシュタルト理論に関する基礎テキストのひとつが、別の適切な二分法への示唆を与えてくれたかもしれないことに気づいてはいなかった。心理学者ヴォルフガング・ケーラーWolfgang Köhlerは、1929年に初版されたエッセイの中で、２つの抽象化された視覚的なかたち、丸みのあるものと角のあるものと、２つの作りものの名前、「takete」と「maluma」を比較した。ほとんどの被験者は尋ねられると、「takete」という名を角のあるかたちに、「maluma」を丸みのあるものに関連づけた――明らかにこの結果は、言語、文化、あるいは環境には関係していないのだ[3]。この有名な実験は最終的には、疑いの余地のある様々な諸理論の確証に使われることになった。しかしそのような危険な認知の問題へと掘り下げないまでも、角と丸みのある形態の同様な対立が、西洋建築史に同じように働いていた可能性がある、との想定はできる。デッソウのバウハウスの建物はtakete派、アインシュタイン塔はmaluma派、シーグラム・ビルはtakete派、ニューヨーク市のJFK空港の前TWAターミナルはmaluma派といった具合である。

20世紀最後の10年間、建築は著しくmaluma派であった。このことから、あらゆる世紀末建築は丸いものになる傾向がある、とは結論づけるべきではない。このアナロジーは19世紀と20世紀の末には良く当てはまっているが、より長いタイムスパンではそうはいかない可能性がある。しかし1990年代の末に向けては、maluma主義がほとんど侵略的なほどに至るところに現れたのだ。それは工業デザイン、ファッション、家具、ボディ・カルチュア、カー・デザイン、食品、視覚芸術の批評理論、セックス・アピール、芸術のディスクール、そして軍事工学をも支配した――建築と同様に[4]。一般的に認められているところでは、その10年で最も影響力のあった建築の著述家のひとり、レム・コールハースRem Koolhaasはtaketeモードでデザインし続けたのだが、その時代の最も象徴的な建物、ゲーリーのビルバオはmaluma派である。maluma派の襞foldやブロブblobは理論化され支持されまた後援もされた。そして90年代の後半、このmaluma派的な傾向は、トポロジーやデジタル・テクノロジーを利用することに頻繁に関連づけられた。実際、当時の呼び方で言えば「トポロジー的な」建築[5]がしばらくの間は、新しいコンピュータ時代を本質的に具体化するものと見なされた——そして私たちが皆思い出すのは、1996年から2001年までデジタルなものを全て包んでいた興奮と過度な活気である。

デジタル・テクノロジーとフリー・フォームあるいは複雑なジオメトリー（全ての中でも最も複雑なトポロジーも含めて）との間に原因－結果の関係を見る説が、ある自明の理に基づいて組み立てられたのだが、それはある誤った考えへも一般化されてしまった。コンピュータがなければ、そうした複雑な諸形態——それらのほとんどは丸みがある——の中には、デザインも測定も組み上げることもできなかったものもあっただろう。この意味ではその説は真である。しかしながら、デジタル・ツールそのものは必ずしもmaluma派的なかたちを強制するものではない。事実、90年代の終わり頃、コンピュータは多くの創造力のない建築家たちによって、全く陳腐で凡庸な建物をデザインするためにまるでルーティンのように使われたのだ。そうした場合には、デジタル・ツールはそれが使われたという痕跡を何も残さなかった。それではなぜ、理論に精通した90年代のデジタル・アヴァンギャルドたちはほとんど異口同音に熱狂し、襞やブロブ、丸いものやシームレスなもの、スムースであることや連続性といったものを、採用して受け入れ、これらの純粋に視覚的な修辞を、新たな技術の時代を弁別するしるしへと仕立て上げたのだろうか？　テクノロジーと社会の間の弁証法的な関係だけが、技術による社会の持続する諸々の変容をもたらすことができるのである——そして、それらの変容と共に、建築にとって意味のある諸変化を引き起こすことができるのだ。建築デザイン、そして形態形成プロセスにおける新たな方向が、90年代後期に形作られ始めたのだから、これがどのように、いつ、なぜ起きたのか、そしてこれらの諸変化を起こした諸議論が、どの程度まで時の審査に耐えうるもので、今日まで有効でありうるのか、と疑いをもって考えるのは、道理に適っていると言える。

90年代の初め、建築理論はいまだに脱構築主義deconstructivismと、その建物に具現化されたtakete派の形象に関して忙しく論じていた。アメリカの当時の批評理論は、数人のパリの思想家たちの影響下にあった——彼らはしばしば自国では無視されていた。ジル・ドゥルーズによる奥の知れないような著作である『襞：ライプニッツとバロック』が1988年にフランスで出版されたとき、ラスパイユ大通りBoulevard Raspailのすぐ近くの界隈では、それはそんなに大きな批評的賞賛を生みだすことができなかったのだ[6]。しかしドゥルーズの襞には第二の人生が与えられた。ピーター・アイゼンマンが——1991年、彼のレブストックRebstockのプロジェクト[*1]についての初めての出版に始まり——ドゥルーズの襞の建築ヴァージョンを精巧に考案し始めたのである[7]。この適用は、1993年、Architectural Design誌の特集で、適切にタイトルを与えられた『Folding in Architecture』[8]で完全なものとなった。その号の編集と序文は、グレッグ・リンが担当している。彼はアイゼンマンの元教え子で、レブストック・プロジェクトのプロポーザル時にプロジェクト・アシスタントとして働いていた。それと同時にドゥルーズのその著書の英訳が出版された（そしてその第1章の英訳が、Architectural Design誌のその号に収められた）[9]。

ドゥルーズのその著書は、ライプニッツ、襞、バロックについて、他の多くの事柄と共に書いたものであった。そのほとんどは、連続性に関する膨大な解釈学として読みうるものである。それをドゥルーズは、ライプニッツの諸概念に関する論（彼の悪名高いモナドロジーも含めて）、ライプニッツの数学（特に微分学）、そしてバロックの諸芸術の様々な表現に適用した。そこでは、襞——すなわち、そこで異なる切片や面が連続的な線やヴォリュームへと結び合い溶け合う、ある一体的な図形——は、ドゥルーズの言説の象徴であり対象である。ドゥルーズが仮に美術史により興味をもっていたならば[*2]、ホガースWilliam Hogarthがライプニッツのほんの少し後に分析した「美の線line of beauty」、あるいはS字型の曲線serpentine line[*3]の中に、彼のライプニッツ的な襞の完璧な化身を見出していたことだろう。それはまさにドゥルーズの襞と同様に、ある連続する線における数学的な屈曲点として記述できるものである[10]。ホガースは、自分の葱花線ogee状のサーペンタイン・ラインを定義するために、微分学に頼りはしなかった——それに関してはドゥルーズも同様である。ドゥルーズは常に襞に対しては、視覚的、幾何学的な用語によって言及していて（ある曲線において凹部と凸部を分割する屈曲点、あるいは接線が曲線に接する点のように）、近代的な微分学による抽象的な用語によってはいない（その場合、屈曲点は曲線の関数の微分係数がゼロとなる、極大点あるいは極小点として定義される）[11][*4]。ドゥルーズによるライプニッツの読解の中で、襞は、連続性に関するある新しい数学の精神——テクノロジーではなく——を、より一般的に具現化したものであったのだ。すなわち、襞は割れ目を避け、切れ目を覆い、そこに内挿を施す。

これに続くアイゼンマンによるドゥルーズの襞の読解で保持され強調されたのは、変化し変形し動くことができる諸形態という考えと、諸々の物が、それらが何であるかによって定義されるのではなくて、それらがどのように変化するのかによって、またそれらの連続的なヴァリエーションを記述する諸法則によって定義される、そうした物のある新たなカテゴリーに関する考えである。アイゼンマンの1993年より以前のエッセイはまた、ある重要な主題の変遷を示している。その主題は、忠実で大抵は字義通りなドゥルーズの議論の解釈（1991年、アイゼンマンはドゥルーズの「オブジェクティル」の概念を借用してさえいた）[12]から、建築的な襞——ある種のショート・サーキット——を生成するデザイン的

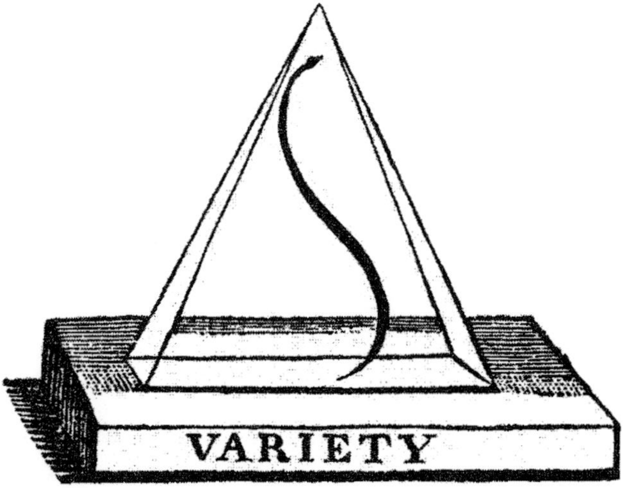

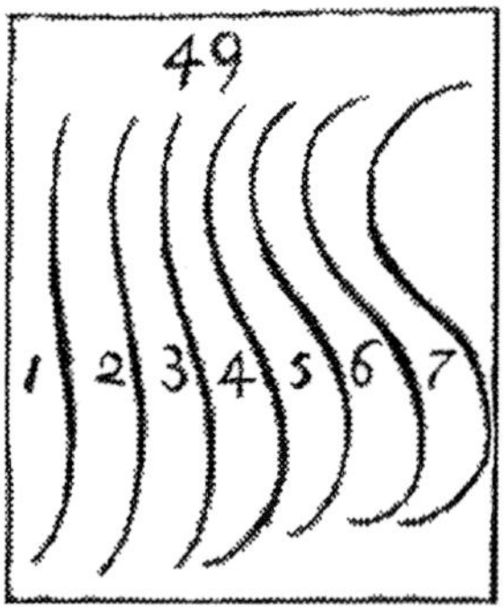

図 3.2, 3.3　ウィリアム・ホガース『美の解析－変遷する「趣味」の理念を定義する試論』より
William Hogarth, *The Analysis of Beauty. Written with a view of fixing the fluctuating Ideas of Taste* (London: J. Reeves, 1753), title page, detail; and plate I, fig. 49.

な手法としてのルネ・トムRené Thomのダイアグラムの利用も含めて、より建築の方に傾いた適応へと発展していた。なぜならトムのトポロジカルな諸々のダイアグラムはそれら自体が襞であり、トムは実際に折り畳まれたfolding曲面をいくつかのカテゴリーに項目化してもいたからである[13]。アイゼンマンのこの問題に関するおそらく最も完成されたエッセイ『Folding in Time』の中で、彼はドゥルーズの「オブジェクティル」を、それに関連した、同様にドゥルーズのコンセプトである「オブジェクトという出来事object event」で置き換えた[*5]。そのコンセプトによれば、デジタル時代の動きながら変形していく諸々のイメージが、古典的な伝統にあるデカルト派の遠近法的なグリッドを解体し、連続的に変動することが可能な建築形態を招き入れる——時間の中を動く形態を[14]。しかし、トムのフォールディング・ダイアグラムのような、いくつかの形式的な戦略を利用しているにも関わらず、その「折り畳み」のプロセスは純粋に生成的なプロセスのままで[15]、最終的な生産物の視覚的な形態には何も関係していない。形態は襞になっていない（実際、『Folding in Architecture』に取り上げられたアイゼンマンの全てのプロジェクトでは、形態は破断し割れている）。なぜなら大抵建物は動かない。それが一度建てられてしまえば建築形態にせいぜいできることは、変化や動きの連続性を再現する、象徴化する、あるいはいくらかそれを喚起することぐらいである。

こうした論点がその後に何年も続いた、延々とした議論のもとではあったのだろうが[16]、アイゼンマンの元来のスタンスは明快であった。すなわち、折り畳みはプロセスであって結果ではない。折り畳みは必ずしも可視的な襞を産出することはない（後には産出していくことになっていくのではあるが）。すなわち、折り畳みとは建設される形態を創造していくことに関連する。そうした形態は必然的に動きのないものではあるが、それでもなお動きの知覚を引き起こすことが、ある「形態の「生成変化becoming」」から生じる「連続的なヴァリエーション」や「永続する展開」を暗示することによって可能なのである[17]。ここで再び美術史家たちは、そのような形態を表現主義のデザインの長い伝統に関連づけるのかもしれない。アイゼンマン自身、折り畳みの概念を展開した遍歴の初期の段階では、折り畳みを「見ることに転位を起こすdislocating vision戦略」として定義していたのだ[18 *6]。

1993年、リンによる『Folding in Architecture』の序文は、あらゆるタイプの連続性への礼賛を雄弁に主張している。それは視覚的な連続性から、プログラム、形態、技術、環境、社会政治、そして象徴にまで及んでいる。この目的に適した手段のリストもまた著しく多様である。トポロジー、生物学における形態学morphologyや形態発生morphogenesis、トムのカタストロフィ理論、ドゥルーズの襞論、そして「防衛産業とハリウッド映画産業の双方からのコンピュータ・テクノロジー」[19]。しかし『Folding in Architecture』に特集された諸々のエッセイやプロジェクトをざっと概観してみただけで、今日の読者たちは当惑させられるだろう。取り上げられたプロジェクトのほとんどが露わにしているのは、ずらりと並んだ、角や割れ目、稜や折り目、角が鋭いプリーツや痩せて骨ばった不調和な線たちなのだ。その解説文が穏やかな調子で述べるところでは、ゲーリーのイレギュラーな形状は「3Dコンピュータ・モデリング」で可能になった[20]。またデザインと製造用のデジタル・テクノロジーが「スムースな変形」を生みだすのに役立つツールのひとつとして、リンとジェフリー・キプニスJeffrey Kipnisにより触れられてもいる[21]。しかしステファン・ペレーラStephen Perrellaによる、その全体がコンピューティングに捧げられたエッセイは、映画『ターミネーター2』の製作におけるモーフィングやコンピュータ・アニメーションを扱っているのだ（その中でその映画のスペシャル・エフェクトのディレクターの発言が引用される。「私たちはまた、Photoshopと呼ばれる、あるプログラムを用いた」）[22]。リンによる葉祥栄の小田原市総合体育館〔プロジェクト〕のトポロジカルな屋根についての解説は、コンピュータ化されたデザイン、建設、そして製造が融合することでもたらされる、新しいテクトニクス、形式、そして経済的なポテンシャルについて、驚くほど明敏で早咲きの分析を含んでいる[23]。それでも、このように孤高な先取りをしているにも関わらず、1993年頃の「襞」はほとんどの場面でいまだに角のあるプリーツを目指し、またそのように考えられていたのである。後世から見ればデジタル・テクノロジーは当時、不在中の主役だったのだ。

しかしその一方では、パーソナル・コンピュータ（そして当時はよりパワーのあった「ワークステーション」）を使う機会が急速に増えつつあり、また同様に、大量販売用に作られた画像処理やコンピュータ援用デザインの初期のソフトウェアがもっているグラフィックの処理能力も急速に成長していた。90年代初期のほとんどの建築家たちは、コンピュータは簡単にドットを線分で結ぶことができることは分かっていた。しかしCADソフトウェアが急速に進化し、処理速度が増大し、新しいテクノロジーの価格が下落するにつれて、コンピュータが全く容易にドットを連続的な線でつなぐことができ[24]、ときにはそうした連続線から未知の延長部分を推定し、数学的な関数を外挿することができることも間もなく分かってきた。逆に、コンピュータにある関数を与えれば、同じアルゴリズムを共有し、そのアルゴリズムの中の諸々のパラメータを自由に変えることが可能な、ほとんど無限な曲線の族を、コンピュータは視覚化することができた。スムースという概念は、初めは18世紀末のピクチュアレスクの理論家たちによって、ある視覚芸術のカテゴリーとして定義されたものであったが、建築家たちはそれはまた、スタンダードな微分学から導出される数学的な関数〔から得られるもの〕でもあることを発見したのだ[25]。トポロジカルな曲面やトポロジカルな変形も、同様にして関数によって記述されるのである――おそらくマニュアルでの操作では少し重く扱いにくいものではあったが、既に90年代中頃には適度な価格のデスクトップ・コンピュータであれば十分扱うことができる範囲にあった。

このようなコンテクストでは、ドゥルーズの論じる存在論的な連続性に関する理論と歴史が、建築のある展開を生気づけたのは当然のことである。コンピュータは〈存在Being〉*7の本性に関する問いにはほとんど無関心なのだから、数学的な連続性を扱うツールを容易に産み出すことができるのである。こうした新たなツールは、物を構想し表現し産出することに直接的に適用することが可能であった。そして実際それらは適用されたのだった。90年代後半に、ベルナール・カッシュは「数学は事実上、製造に含まれる対象物のひとつになった」と結論づけた[26]。またグレッグ・リンはコンピュータ援用デザインによって「建築家は初めて、微積分学をベースにした形態を探究することができるようになった」と評した[27]。大抵の場合、私たちの微積分学は、いまだにライプニッツによるものである。そして、ドゥルーズのライプニッツに関する著作に含まれていた数学的な構成要素が、以前には傑出してはいたが無視され、それが今度は最前線に飛び出してきたのである——それは次の認識と共にだ。すなわち、微分学とは一般に、コンピュータがあらゆる種類の連続的な形態を視覚化し操作するために、いまだに使っている数学的言語である。ドゥルーズが気づいていたように、ライプニッツによる連続性に関する数学は、物〔オブジェクト〕に関する、ある新しい概念を提唱し、それを描き出していたのだ。すなわち微分学が描き出すのは、オブジェクトではなく、オブジェクトのヴァリエーション（と、ヴァリエーションのヴァリエーション）である。ドゥルーズはこの２層構造からなるオブジェクトの定義の特徴を言い表すために、ある新しい用語を導入しさえした——「オブジェクティル」、すなわち無限個のオブジェクトを含むひとつの関数である[28]。それぞれに異なる個々のオブジェクトは、数学的なアルゴリズムに生起する、あるいはあらゆるオブジェクトを共有するオブジェクティルに生起する、ある出来事の結果なのである。アリストテレスの用語によれば、あるオブジェクティルは、多数の出来事に含まれるひとつの形式〔フォーム〕である。ドゥルーズはオブジェクティルの数学的な定義に関しては、ベルナール・カッシュの名に言及している（さらに付言して、その定義に該当するのは、技術的なオブジェクトに関する新しい概念、すなわち、もはや機械による製造によって大量生産されるのではなく、デジタル・テクノロジーによってヴァリエーションをベースとして製造されるオブジェクトという概念である）[29]。カッシュの著書『Earth Moves』の中でこれらの論点が展開されているのだが、その英訳が出版されたのは1995年であった。仏語の原稿はフランスでは1997年まで出版されなかったのだが、その最初の草稿が書かれたのは1983年であった[30]。

以上見てきたように、建築における形態の連続性への探究は、ディコンストラクティヴィストの破砕した形態の礼賛に対する反動として部分的には生じ、90年代のコンピュータ革命に出会い、数学的な連続性の理論へと進化していった。歴史の気まぐれによって、ドゥルーズによる哲学のテキストが同伴し肥やしを与え、この過程のいくつかの段階で、触媒となり発達を促した。建築の諸形態や諸々のプロセスにおける連続性へのこのような関心が先に存在していなければ――その関心の要因は、文化的かつ社会的欲望の中に発見されるに違いないのだが――90年代のコンピュータが、諸形態を生む新たな幾何学を生じさせることはほとんどなかったであろう。同様に、コンピュータがなければ、形態生成における連続性へのこのような文化的需要は、静かに段々と先細り、私たちが見る風景から消えてしまっていたであろう。しかしそれとは逆に、デジタルのデザイン・ツールが使えるものになると、それらは受容され、90年代のコンピュータに可能な最大限のことや、偶然の一致ではあっても当時の建築家が一番求めていたもの、すなわち襞を扱うためにすぐに仕事に投入されたのだった。その過程でフォールディングが、完全にデジタル化されたスムースな曲線からなる第2のマニエリスム a seconda manieraへと進化した。襞がブロブになったのだ[31]。

それがいまだに現在進行中のストーリーの始まりであった。デザインや製造においては、数学的な連続性が、諸々の異なった、そして時には分岐し色々な違った方向に発展していく試みのための飛躍の足掛かりになることができるのである。時間に沿って展開するヴァリエーションが並べられた連続的なシークエンス（時間と共に展開する、映画のように）は、ひとつの静止画を捉えるために使うことができる。つまり、ここで言うひとつの静止画とは、1回に1個だけ作られる物one-offのことで、修辞上のある種の提喩的なもの、つまり、それによってそのシークエンスの残りの物を代表させることができて、不可視の物を心に呼び覚まさせることができる物である。それこそがデジタル・ターンが、そしてそれとドゥルーズとの90年代初期におけるつながりが始まった時点で、アイゼンマンが採ったスタンスであった。アイゼンマンの凍結した襞は、動きを喚起することを意図していたのだ[*8]。それからほぼ20年の後、近年のテクノロジーが建物に与えることができる、運動性、相互作用性や感応性の未発達な質は無視するにしても、〔アイゼンマンと〕類似した形態表現が従来よりも頻繁に見受けられ、それは物づくりの新たなデジタルなモードのメタファーとして、象徴として、あるいはその指標の痕跡としてさえ捉えられるようになっている。これはほとんど不可視ではあるが現在稼働中の新たな技術的なロジックを、視覚的に思い出させるものではある。建築家は自分の時代のテクノロジーよりも先を走ることを好むものであるし、芸術家の発明が次に来るべき技術社会的な慣習を批評し、解き明かすということはよくあることである。デジタル技術によって作られた未来の環境についての幻視的な諸々の予感は、90年代には顕著なほどにスムースな曲線からできていた。そしてそれらの予感の一部が、そのまま今日まで続いているのである。これはそうした予感が代表するテクノロジーを考慮に入れれば、不適切なものではない。なぜなら、これらの技術による諸々のオブジェクトは、諸原理のデモンストレーションとして見るべきものであって、プロトタイプとしてではないのである。

テクノロジーの変化は、建築における発明がそれを表象し記念化することさえできるものではある。しかしながら、そのような変化に対する批評と平行して、より現実的なテクノロジーの変化が今起こりつつあるのである（90年代にデジタル・テクノロジーの指数関数的な成長が示唆したほどには速くはないのだが)。多くの事例からなるある潜在的な系列から、抽出され具現化されたただひとつの事例に注目する代わりに、新たなテクノロジーのパラダイムは、その全てをあるシークエンスにしたがってデザインし製造することができるようなヴァリエーションを、ますます扱うようになってきている。このケースにおいては、数学的な連続性は、時間に沿って展開するシークエンスにではなく、製造されていくある系列の中に設定されていて、同じオブジェクティルから生じる無限個の変種を大量生産するために用いられるのである――同一的なコピーの生産と同じ単価で。

3.2　スタンダード

ワイン・ボトルのプレゼンテーションが複雑な諸々の儀式を伴うのは、あらゆる高級な、あるいは気取ったレストランの伝統のひとつである。その儀式は、ワインのテイスティング、違いの分かるパトロンが与える、承認で迎えるクライマックス、そして最後に検閲を通過したワインを注ぐ、といった所作からできている。しかしその儀式の神聖さを覆う含蓄は、それの退屈で実用本位な起源を偽装するべきではないだろう。ワインとは繊細な天然の産物である。すなわち、自然と、注意深く熟練した職人の仕事である。ワイン作りの様々な段階で持ち寄られる人間の知恵と専門技術の量に関係なく、それぞれのワイン・ボトルは依然として本質的に、個々別々で、独特で、予想不可能なひとつの創造物として見なされるのである。自然は慈悲深くあるときもそうでないときもあり、またワインの熟成は、チェックされないままにコルク栓のされたそれぞれ

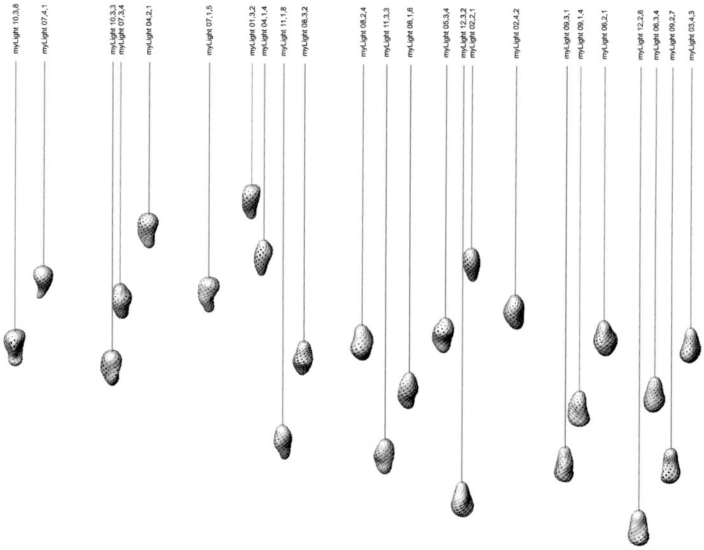

図 3.4　ノックス／ラルス・スパイブルック NOX/Lars Spuybroek『マイライト』(MGX Materialise, 2007) より、24種の異なるナイロン製ランプ。

のボトルの内部で継続されているのだから（コルクは空気を密閉できる材料ではないし、そう意図して使われている訳でもない）、使用前のお試しは必ず推奨できる。試飲して味が良ければ客に出しても良いことになる。しかし誰もコカ・コーラのボトルを出す前に、同じようなテストを行おうとはしないだろう。

コカ・コーラは工業製品である。その成分はある化学式で設定されている。さらにその生産は完全に機械に制御されていて、品質はそのプロセスの間、ずっと検査されている。その結果、それぞれのボトルあるいは缶は、正確に同じ製品であるだろうと思われている。よく知られていることではあるが、コカ・コーラ・カンパニーは時々にその魔法の式に手を加えていて、いくらか地域による味の好みを考慮に入れるために、そのレシピがわずかに調整されている可能性もあるようだ。しかし本質的にはコカ・コーラは規格化された製品であり、ある規格化された味をもっていることが期待されている。そうでないときには、私たちにはそれは真正なものではないと分かる。ワインと違って、コカ・コーラは微妙な差異など認めないし、議論も許さない。ハイデッガーがコカ・コーラのような物が存在すると一度でも考えていたとしたら、典型的な〈客観化された対象Gegenständigkeit〉であるこのアメリカ製のドリンクが、近代技術による物の堕落について彼が沈思するための、インスピレーションのエンドレスな源泉を与えることになったであろう（それとも逆に、バイエルン・ビールの「もの的なthingly」価値について熟考したであろうか）[*9]。

自然の成長や手工職人の作業による有機的な可変性から、近代的な大量生産に要する機械的な規格化への変遷は、食品やドリンクのケースでは特に多くを物語る。ジークフリード・ギーディオンSigfried Giedionは周知の通り、近代的な組立てラインの始まりを、ナポレオン戦争中のイングランドにおける手作業のビスケット作りの規格化にまで遡って突き止めた。そして、これと他の類似した諸事例において、機械装置の導入に先立って、いかに手工職人たちの振る舞いを、仕事に沿って配列し規格化したのかを示した[32]。「美味しいお茶を入れるための５つのルール」のような格式的な取り決めや、時折いまだにティー・パックにプリントされた同様のガイドラインは、伝統的な手工職人が作ったドリンクから、規格化され工業的に生産されたドリンクへの、類似の過渡的な段階を象徴している。何千人ものスターバックスの世界中の「バリスタ」がしたがう、イタリアン・エスプレッソを入れるための企業規約は（スターバックスのためにスイスの会社サーモプランが開発した、バリスタたちが使うエスプレッソ・マシンと共に)、エスプレッソ・コーヒーが現場で注文に応じてフレッシュに作られるという需要に合致した、最高度の規格化を象徴していると言って良い。しかし、「機械生産のテーラー化した美しさ」[33]が近代に発生したことを示す最良の事例のひとつを提供するのは、20世紀のウィスキーの歴史なのだ。

蒸留作用のために生じる蒸留酒の化学的な不安定性は、ワインに比べてあまり公言されていない。しかし禁酒法のために20世紀の初めは、世界の様々な地域の蒸留酒は必ず——ブラック・マーケットで見つかったときには——手作りで、無名で、味や質もかなり様々であった。禁酒法が廃止されると、ウィスキーが合衆国で社会的評価を高めるためには、製品の衛生的な安全性を保証すると認知されえるブランド・ネームだけでなく、各ブランドが識別できる、各々の一貫した味も必要になった。ウィスキーの各々の樽は、それらに生来の諸性質が他の樽とは異なるため、製品の規格化はこの場合にはブレンドによって達成された——ブレンドとは、ほとんど数学的なプロセスであり、多くのサンプルの統計的平均によって比較的に一定した産物を得ることができる[34]。この戦略を最も意図的に遂行し利益を得た会社が、よく知られているように、シーグラムであった——その宣伝用のキャッチフレーズはこう証言している。「シーグラムと言っておけば確かだSay Seagram's and Be Sure」（最初に申請され登録されたのは1934-35年で、1970年代を通して使用された)。見たところでは、サミュエル・ブロンフマンSamuel Bronfman(1920年代後半にシーグラム・カンパニーを買収した)自身が陣頭指揮をとり、ランダムに変わりやすい天然製品を、近代的なマーケティングや味覚、また近代的な消費に合わせて、安全で予想可能な製品へと変換したようである[35]。建築史家は内に秘められた、あるロジックに気づかない訳にはいかないだろう。シーグラムは近代的な規格化の精神を直観し、それを解釈することによってその商業的な成功を引き出したのであるが、結果的には、建築における近代主義による規格化という概念に呼応した、最も華麗なモニュメントを建設することになったのである。それは今もニューヨークのパーク・アヴェニュー沿いに立っている。

蒸留酒の世界においては、生活や芸術のあらゆる他の様相においてと同様に、ポストモダン的な断片化が既に、20世紀の工業によるモダニズムの主要産物の土台の一部を徐々に衰えさせてきている。現代のウィスキー通は、単一の樽に入ったブレンドされていないウィスキーの、その唯一無比な特殊性、その奇特な味の違いを慈しむのである。そうした特殊性は、遠くない昔であれば、高潔なモダニストの消費者たちの気を削いでいたものなのだ。そしてここでもまた再び、デジタル・テクノロジーが、個別の独自性をもったヴァリエーションへの、このポストモダン的な探究に応じることができると仮定されているのである——すなわち、そのようなヴァリエーションを、手作業の職人技にはよらずに、デジタル制御のマス・カスタマイゼーションによって生みだすのだ。

よく知られている通り、どんなカラー・プリンターでも数種の主要なカラーを組み合わせて、それを白い紙に吹き付けることで、自然のあらゆる色を模倣することができる。同じ原理にしたがえば、世界中の既知のミネラル・ウォーターを、蒸留水(つまり白い紙と等価なもの)と、個々の天然の湧き水の化学分析によって決められた正しい量のミネラルを混合することで、再生することも理論的には可能である。最悪のシナリオの場合でも、この空想上のミネラル・ウォーター製造マシンに挿入されるミネラルのカートリッジに含まれる化学成分は、メンデレーエフの周期表から考えて117個かそこらを越えることはないことになる。しかし飲料水を作ることが目的なのであれば、もっと少ない成分で十分だろう。そしてミネラル・カートリッジと蒸留水のホルダーが一度そのマシンに詰められれば、生産する対象を既存の水を模倣することに限定する必要もない——無限に新しい水をデザインすることができるだろう。カラー・プリントの場合と同様にして、デジタル・テクノロジーによってこのマシンは、その生産物の構成成分をいつでも余分なコストを全くかけずに変えることができるだろう。こうして個々のグラスやボトルに入ったミネラル・ウォーターをカスタマイズできるのだ。それはデジタル・プリンターが様々に異なる色や様々に異なる写真を、随意にひとつのシークエンスとして印刷できることと全く同じである。

比類なきものとしてオンデマンド製造されるミネラル・ウォーターを、規格化なしnonstandardに大量生産する、といったプロジェクトは、博士課程のセミナーや学者のカンファレンスでは多かれ少なかれ丁重な懐疑をもって迎えられるだろう。学究的なコミュニティは大抵の場合、現実に追いつくことに気が進まないものなのだ。これを執筆している時点では、同様のマシンがまさにそのコカ・コーラ・カンパニーによってテストされているところだ[*10]。20世紀のアイコンと言えるほどに大量生産と規格化の原理を具現化した、まさにその企業がである。現在知り得る情報によれば、コカ・コーラによるカスタマイズ可能なファウンテン・ディスペンサーは、プリセットされたオプション群からなるタッチスクリーンのメニューによって操作される。しかしそのオプションの数が何百もあると言われているので、従来型の多数の選択肢がある方式と、シームレスなマス・カスタマイゼーションを分けるラインは、この場合、もう既に消失してしまったように見える[36]。

鉄や鉄筋コンクリートによる建造物は、音楽、写真、あるいはドリンクに比べて展性があるという訳でもなく、無限のヴァリエーションにより向いているとは言えない。そしてデザインと製造（あるいは機械制大工業）における、物理的なオブジェクトのマス・カスタマイゼーションへのあらゆる試みは、その範囲や重要性において、より限定されざるをえず、論理的にも疑問の余地がある。それでも、既に世の中で稼働している技術的かつ文化的なロジックは同じものなのだから、それらは必然的に同じ結果を部分的にはもたらすであろう。デジタル・デザインとデジタル技術による製造の垂直的な統合と、視覚化、表記、そして製作のためのデジタル・ツールの間の技術的な連続性は、製造プロセスから機械的な母型〔マトリックス〕のほとんどを排除してしまうことを含意している。このことは工業化した経済の多くの基礎原理の終わりを意味するだろう。機械による世界では、母型が一度作られれば、そのコストはそれを可能な限り何度も使うことで償却されなければならない。大量生産に由来する規模の経済は、同じ型から得られる同一的なコピーの数に比例するのである。数学的に言えば、仮に同一的なコピーの数が無限大であれば、母型の単価はゼロである。多く印刷すればそれだけ版ごとの支払いは少なくなるのだ。しかしデジタル・プリンティングはそのようには機能しない。

レーザー・ビームは、新たなピクセルごとに印刷面上に個々にヒットして、全てのピクセルをしるしづけなければならない。その原理はそのプリントに先行したプリントアウトや、次に続くものには関係しない。金属板が仮にただ一度だけ、ただ１枚のコピーを印刷するために使われるならば、それはとても高価な印刷になってしまう。しかしレーザー・プリンターは、同じページの100枚の同一的なコピーでも、100枚の各々異なるページでも、ページあたり同じコストで印刷することができるのである。これと同じ原理があらゆる種類の、機械による刻印を伴うプロセスに応用することができる。それはまた同様に、手作業であろうと機械によるものであろうと、諸々のアクションからなる同じシークエンスを同一的に反復することが規模の経済を生むために使われるような、あらゆるプロセスにも応用が可能なのである。ある諸条件の下であれば、デジタル・テクノロジーは今や、ある系列をなすヴァリエーションを、過剰なコストをかけずに産み出し、規模の経済を生成することができる。そしてそれと同時に、全てのアイテムが異なった系列を大量生産することもできるのだ――アイテム間の差異は諸々の限度内にはあるが。デジタル革命の前夜に、ドゥルーズは周知の通り、彼の差異と反復の研究の中で、このテクノロジーの変化を予期していた。そして「オブジェクト」と「オブジェクティル」という彼の概念は、いまだに適切に、ノンスタンダードな系列に関して、その基礎的な諸原理を定義しているのである[37]。

あるノンスタンダードな系列は、系列を構成するアイテムのいずれかから抽出した、特定の視覚的形態に対してその系列がもつ関係によって定義されるのではなく、その系列の中でシークエンスをなしているあらゆるアイテムの間の、あらゆる変異、あるいは微分的な差異によって定義される。あるノンスタンダードな系列とは、それに含まれる個々のアイテムが、全ての他のアイテムと、何か共通するものをもっている、ひとつの集合である。技術的に言えば、あるノンスタンダードな系列に含まれる全てのオブジェクトは、いくつかのアルゴリズムを共有し、それと同時に、それらのアルゴリズムを処理するためや、オブジェクトそのものを産み出すために使われたマシンをも共有している。視覚的に言えば、あるノンスタンダードな系列は、理論的には無限個のオブジェクトから構成され、それらは全てが互いに異なったものであってもよいが、全てが互いに類似していなければならない。なぜなら、それらを作るために使われたデジタル・ツールが全ての最終生産物の中に検知可能な痕跡を残すからである。

アルゴリズム、ソフトウェア、ハードウェア、そしてデジタル・マニュファクチュアリング・ツールは、あるノンスタンダードな系列に含まれる全てのオブジェクトの一般的な様相を決定するだけでなく、ランダムに、またデザインによって変化する可能性がある各個別のプロダクトの諸々の様相をも決定する、新しいスタンダードである[38]。機械による刻印、すなわち同じ形態をオブジェクトの上から物理的に刻み付けるものとは異なり、アルゴリズムによる刻印は、外側の、目に見える諸形態を、あるオブジェクトから次へと移るたびに、変化させ変形させていく。あるノンスタンダードな系列に含まれる全てのアイテムは、したがって同じスタイルを共有している（語の元来の意味では、スタイルとは著者の尖筆stilus、すなわち著者の道具を指している——著者の意図ではない）。現代のスタイラスは、デザイナーのスタイルではなく、使用されたソフトウェアが必然的に残していく痕跡である——そしてそのようなソフトウェアは、ちょうどキケロMarcus Tullius Ciceroの尖筆がそうであったように、それ自体は人の手で作られ、専門的な技巧家によって産み出されるものであるのだ。

この点については、新しいデジタル環境の最も鋭敏な通訳者たちのうちの2人によってデザインされた、2つの事例の比較が良い例証となる。グレッグ・リンによるイタリアの贅沢品のメーカー、アレッシィAlessiのための、99のティー・ポットの系列〔シリーズ〕[39]と、ベルナール・カッシュによるオープン・エンドな系列、『Projective Tables』[40]は、個々のアイテムを、同じ系列の中の全ての他のアイテムと明らかに異なっていながら、それでもなお著しく類似してもいることによって、特徴づけている。それぞれの系列に特有なスタイラスは、部分的にはそれぞれに異なったテクノロジーのプラットフォームに由来してはいるが、その大部分は既存のデザイン・ソフトウェアのそれぞれに異なった翻案の結果から生じている。そしてそれらは、2人の原作者によって実装されたのであり、それぞれに、諸々の可変性の独自のレンジと、自分で課した諸々の限界域の独自のセットを創り出している。リンは微分学をベースにしたソフトウェアの方を好む。それに対してカッシュは射影幾何学をベースにしたインターフェイスを開発した。双方ともにその選択は任意である。すなわち、それぞれに正当化もできるが、どちらも必然的ではない。また双方の場合とも形象として顕れた結果は、一義的に区別ができる。すなわち、リンの微分学は、スムースさと連続的な曲面を生む。それに対して、カッシュの射影幾何学は、3次元の平面が交差した角張った形状を生成するのだ。

しかし、機械による複製からアルゴリズムによる複製への移行はまた、その移行と平行し同等に重大な、私たちの視覚的な環境の全般においての、ある移行の予兆でもあるのだ。私たちは、正確に反復可能で目に見える刻印によって決定された形態の世界を後にし、正確に伝送可能であるが、目に見えないアルゴリズムに支配された新たな視覚的環境へと移動しつつあるのである。現代建築におけるインデックスによる指標作用〔すなわち、ある母型を刻印のように物に押し付けること〕の役割に関する近年の議論が、今度は、同一性に差し迫っている、その消滅を知らせるサインであるとある程度までは言えるだろう[41]。その同一性に私たちの建築的、そして視覚的環境は基づいていたのだ。機械によって複製された物や形態のほとんどは、それらを作った型による刻印の、無媒介なインデックスである。その一方、前−機械時代に手によって作られたほとんどのものは、デジタル時代にアルゴリズムによって生成されるほとんどのものと同様に、そのように刻印されたインデックスではない[42]。手作業によるコピーの生みだす気まぐれな変動は、オリジナルな原型であるというしるしを、捻じ曲げ混乱させもするだろう。そして結果的に、その原作者のアイデンティティを隠蔽する、あるいはそれを無関係なものにしてしまうだろう。ハイテクとデジタル制御によって微分的な差異を含んだ複製が生みだす無限の変異は、これと同様の結果をもたらす可能性があるのだ。

機械による〈複製Reproduzierbarkeit〉[*11]の世界では、諸々の形態の同一性の鑑定、そしてその鑑定の結果の次に認められる諸形態の意味は、それらの同一性によって決められていた。アルゴリズムによる複製、あるいは微分的な差異を伴った複製が可能になった新たな世界の中では、視覚的に同じであることは、相似性によって取って代わられるのである[43]。しかし相似や類似は科学的な概念ではなく、それを評価したり測定することは、周知の通り難しい。西洋思想のほとんど始まりの時点から古典の伝承は、模倣に基づいていて、相似性に関する実用可能な考え方を把握しようと努めていた。今日のコンピュータ・エンジニアや認知科学者たちは、それと同じことをしようとしている——当分の間は、古典派や人文主義者の先人たちに比べればあまり鋭敏ではない眼によってではあるが。実際、皮肉なことではあるが、次のような事実にはそれももっともだと思わせる何かがある。すなわち、私たちの同時代人の中には、アルゴリズムによる複製によって生成される一見無限とも思われるヴァリエーションの範囲に当惑してしまい、ヴァルター・ベンヤミンWalter Benjaminが周知の通り、前世紀の初めに前-機械時代の手作りによるオリジナルなものに与えたノスタルジックで「アウラ」のあるものと同じ価値を、大量生産された同一的なコピーがもつのだ、と今では考えるようになっている人たちもいるのである。この20世紀の初めというのが、美術史が初めて同一的なコピーのなすロジックを甘受したときなのであった。

ノンスタンダードな系列性に関する理論は既に十分に、ドゥルーズによる、またカッシュによるオブジェクティルの独創的な定義に記されている。しかしその理論が一般人や批評家たちに認識されたのは、21世紀の初めになってからであった[44]。建築における「ノンスタンダード」という概念のまさにその定義について、いまだにいくらかの意見の相違がある一方で[45]、純粋にイデオロギー上の懸念から、時に苛烈な議論がこの問題には起きている。コストをかけずにヴァリエーションを無限に供給すると言っても、それに対応する需要がなければそれを正当化することは難しく、99個のティー・ポットの一団が先導するテクノロジーの革新も容易にけなされることになる。結局、美味しいお茶を入れることは､全くテイラー化された反復されるマニュアル的な操作なのであって、その機能が変わらないのであれば、ティー・ポットの形態が変わらなければならない理由などおそらくどこにもないのである――同様にその形態が、アルゴリズムによって、徐々に、また微分的な差異をもつように変化すべき理由などないのである。

実験というものは何度もなされなければならない、プロトタイプは現寸よりも小さく作られる必要がある、そしてティー・ポットよりももっと重要な製造物がこの後に続いていくかもしれない（そして実際にいくつかは既に続いてきている。先行したものよりもあまり魅惑的ではない様子によってではあるのだが）[46]、このように言い返すことはできるのかもしれない。多くの場合、ノンスタンダードなテクノロジーやマス・カスタマイゼーションは、より良質で、より安価で、そして多くの人により適した製品を約束している。物の形態（ティー・スプーンから住宅や街に至るまで）が、人間の機能にしたがわなければならない場合には、大量生産による規格商品は、平均的なユーザーあるいは顧客をターゲットにしなければならないし、統計上の端部あるいは度数分布のベル･カーブの「テール」を無視しなければならない。あるサイズが全てのものにフィットしなければならない場合には――物理的あるいはイデオロギー的な理由で、また好みや必要性から判断して――フィットしないユーザーや顧客たちは、自分たちの必要に応じたものを手に入れるために余計に支払わなければならないのだ。ノンスタンダードなテクノロジーは、多様性によってこの負担を軽減することを約束しているのである。

しかしまさにこのことによって、人によってはノンスタンダード・テクノロジーを不快に思い、あるいは拒絶するのである、平等主義の社会というものは、ある程度の平等性が、あらゆる消費物や日用品の形態や機能に備わっているものと仮定している。マス・カスタマイゼーションはこのイデオロギー的な信条に反するのだ。ノンスタンダードな生産を可能にするテクノロジーはまた、いくつかの商品の販売を必要以上に拡大し増加させるかのように見える。そのようにして、人工的な需要と消費を促すという訳である。マス・カスタマイゼーションという考えは、マーケティングの戦略として、CAD-CAMテクノロジーが発生するよりずっと前に生まれていた[47]。そして同じ製品のためにある範囲で諸々のオプションを提供することは、産業化した大量生産がもっている古くからの巧妙な仕掛けなのである。それでもなお、デジタル化された環境において、シームレスなノンスタンダードの系列性が見ている領域やその理論的な趣旨を、機械による環境において、選択の機会が見掛け上は増加することと混同してはならない（色のように、ある商品の非本質的あるいは表面的な側面に限定されていることはよくあることである）。モダニズムの終わり、工業的な規格化の限界、そして新保守主義の出現。これらが西洋ではデジタル・テクノロジーとデジタル・カルチャーの発生とほぼ同時に起こったのだ。これらの出来事の間に直接的な因果関係を確立することは難しいが、デジタル・ターンに反対するスタンスをとっている多くの人たちが、なぜ今、新しい情報テクノロジーを邪悪の――あるいは金融資本主義の――エージェントとして見るのかは、簡単に分かることである。同じ機能のために多様な形態を用いることは、無益で反社会的で浪費的であるかもしれない。それとは逆に、多様な機能のために同じ形態を用いることは、大抵は巧妙で倹約的で平等主義的で高潔なのである。しかしある場合には、そのような論理もまたうまく機能しないことがある。

2005年の春、カッシュによる『Projective Tables』のうちのいくつかが、パリ中心部のアート・ギャラリーで展示された[48]。その展示はコンピュータ・ステーションを含み、そこで顧客たちには自分の好みのテーブルをデザインするために、いくつかの変数を調節することが期待された。そして、そのデザインの結果を記録したファイルが顧客にe-mailされ、自宅でさらに検証をしてもらう（たとえば寸法をダブルチェックするなど)。その後、その注文は工場に送られ、工場でパーツが単一の木の厚板からレーザー・カットされ、テーブルが注文通りの状態にされ、組み立てキットかすぐに使えるかたちで発送される。数人の無関心なパリっ子たちは、自分独自のものをデザインするよりはむしろ、ギャラリーに展示されたテーブルを買ってそのまま持って帰ろうとしたが、工場はそのテクノロジーと同様にフィクションではなかった。そのシステム全体が計画通りに利用されれば、カッシュのマス・カスタマイズされたテーブルが、IKEAのマス・プロデュースされたものより高価になってしまうような理由は何もない。IKEAの家具と違って、カッシュの品物はそれぞれが、比類のない独特の物であり、かつ、注文に合わせてあつらえた物でもあるのだ。それでも、カッシュの家具のそれぞれは全て互いに異なっている一方で、ちょうどIKEAの、世界中の何百万もの家庭にあって、ひとつのスタンダードである「Billy」書棚のように、一度でもそのうちのひとつを見たことがあれば、それがカッシュの家具であると識別することも可能なのである。

また構造デザインという、より大きなスケールで見れば、ノンスタンダード・テクノロジーがもつ構築技術に対する潜在的な可能性は、同様に膨大であるが、その価値はずっと簡単に測ることができる。形態が構造的な荷重や応力のような諸制限にしたがわなければならない場合には、規格化は、必然的に物を必要以上に大きくしてしまい、無駄な材料を生じさせてしまう。こうした結果は機械的な環境の経済の中では完璧に合理的である。たとえば、どんな梁や片持梁においても、一般的に最大の応力がかかる断面がただひとつあり、したがってそこでは最大の断面が必要となる。よって、他の全ての断面はそれより少しずつ小さくすることができることになる。しかし一定の断面をもった梁は、可変な断面の梁より安価に製造することができる。特に梁を現場の外で大量生産する場合はそうなる。その結果、梁はただ1点での最大荷重にしたがって、一定の断面寸法で作られる。なぜなら、サイズ・オーバーではあっても規格化された梁を大量生産することによって節約されるものの方が、超過する材料にかかるコストよりも大きいからである。このパターンが大きな構造のあらゆる箇所で繰り返された場合、必然的な結果は、凡庸な構造デザインと建築材料の無駄である。実際、この2つの結末は共に、20世紀後半のほぼ全期間にわたるスタンダードな土木工学の特徴であった。しかしこの傾向は今や反転可能である。デジタル・テクノロジーのおかげで、新世代の荷重支持コンポーネント、すなわち大量生産とオーダーメイドによる生産が同時に可能で、ある構造体のいかなる地点でも必要以上の材料を使わない、そういったコンポーネントを目論むことができるのである。

デジタル・ツールはまた、新しい非線形材料——あるいは正確に言えば、プラスチックやセラミックのように、非線形な弾性によって特徴づけられる諸々の材料——を構造として利用することや、木材や石のように自然の生みだすヴァリエーションのために構造的な予測がいくらか不可能であった有機的な建設材料を、従来よりも速く開発していくことを可能にするだろう[49]。ノンスタンダード・テクノロジーはそうした不規則性と呼応することができ、形態やデザインを、自然のなす可変性に適応させることができるのである。その適応は、かつては手工職人たちが手作業で行っていたものとほぼ同じ程度まで可能であろう。きめ細やかな荷重支持の計算や3次元的な形状の表記法、またロボットによる製作を利用することによって、デジタル・テクノロジーはまた、組積造のように伝統的な建設技術のもっている、構造的あるいは形態的な潜在能力を高めることも可能なのである[50]。仮にこれらの前途有望な見込みが部分的にでも実現されれば、建設材料は乏しくとも人間の知性は充実していた過去の時代では大抵はそうであったように、構造デザインが今一度、芸術のひとつになるであろう。前世紀のほとんどは、事実はその正反対であったのだ。産業化する以前の世界では、建設材料を含むあらゆる原料は手に入れることが困難であることが常識であった。近年の地球規模の諸事象は、産業化した世界に、いくつかの基本的な物資は供給に限界があることを気づかせた。今日、構造デザインにおける創造性は——それは常に自然あるいは人的資源の利用において、ある種の鮮やかな倹約性を含意していた——デザイナーやメーカーの芸術的な技巧やプライドの問題以上のものなのだ。それはまた、あらゆるユーザーたちの社会的責任の問題でもある。

ノンスタンダードのパラダイムが発生したことが暗示しているのは、過去5世紀のほぼ全期間にわたって、機械による時代を特徴づけてきた、技術、経済、社会、そして視覚的な環境に関わる諸原理のいくつかが、反転したことである。しかし、同一的な複製から微分的な差異を伴った複製への変遷はまた、前－アルベルティ的な技術文化による環境、すなわち技術的伝承を共有し、協同制作によって成り立つ世界のもっている諸側面を復活させもするのである。そして一方では同時に、新－スコラ派的な精神的枠組、すなわちアルゴリズムによって定義される不動の類と、永続的に視覚上の変動を生みだす種、をベースとした枠組を喚起させもするのだ[51]。これはまさに、20世紀の最も偉大なモラリストのひとりである、ルイス・マンフォードLewis Mumfordがやがては来ることを予言していた世界である——彼は世界大恐慌の結果、あらゆる邪悪の根源として糾弾した機械時代を旧技術として根絶するような、ある新しいテクノロジーによる未来が世界を救済することを期待したのだ[52]。これはまた、19世紀の最も偉大なモラリスト、ジョン・ラスキンが、過去には、すなわちゴシックの手工職人の黄金時代には、存在していたものとして位置づけた世界である。その時代には、あらゆる仕事が手作りで〈生命の灯Lamp of Life〉からいまだ霊感を受けていたのだ。そしてそれは、ルネサンスにおける古典に隷属的な芸術が、職人を機械に変え、ヨーロッパ建築があらゆる光とあらゆる生を、ラスキンの考えでは、永遠に失ってしまう前のことである[53]。しかしこれらと同じ理由から、多くの今日の建築家や批評家たちにとっては、現在出現しつつあるノンスタンダードな環境は、無意味であるか、より悪いものであるはずだ、とされているのである。そのような人たちは20世紀のモダニズムの信条によって教育されているので、ともすればそれにノスタルジーを感じているのである。一番有名な事例のうち、ひとつだけ例を挙げよう。レム・コールハースの理論にある「ジェネリックgeneric」という概念は、ノンスタンダードにおける形態の特異性specificityと真逆のことを擁護するものである。また彼の理論にある「ビッグネス」という概念は、ノンスタンダードのもつ適応性とは著しく正反対のものである。さらに高名な4段階のコールハース流のスタンダード、「S/M/L/XL」[54]は弁解の余地なく、まさにそれらが表すものを礼賛している。過ぎ去ったある時代の、スタンダードを。

3.3　エージェンシー

西洋は、時には進歩という概念に取り憑かれ、時には衰退という概念に、そして時にはその両方の考えがレーダーから完全に外れてしまう。私が育った小さなイタリアの町で、近所の人々を相手に営まれていたパン屋さんは、私は鮮やかにそれを覚えているが、「Il Forno Moderno」(モダンなパン屋さん)と名づけられていた。イタリアは1950年代後半から1960年代、その未来にかなりの自信をもっていた。その社会全般に共有された楽観主義は明らかに、近代的なテクノロジーが、より多くの、より上質なパンを生産するだろうという期待を含んでいたのだ。その後、ムードが変わった。私が覚えている限りでは、そのパン屋さんは80年代の初めに潰れてしまった。そしてしばらくして、誰かが新しい名前——L' Antico Forno(昔ながらのパン屋さん)——でそこを再開した。最後に私がその場所を訪れたときにはそのパン屋はなくなっていて、その場所には携帯電話のストアが入っていた。それはモダンとも昔ながらとも名づけられてはいなかった。そのビジネスの見たところの名前、少なくともショップのウィンドウで見ることができる唯一の名前は、

図 3.5, 3.6　グラマツィオ＆コーラー（コラボレーション：ベアルス＆デプラザス）、ガンテンバイン・ワイナリーのファサード、フレーシュ、スイス（2006）より、壁のディテール（図 3.5）、れんが積みを施工中のマシン（図 3.6）
Copyright Gramazio & Kohler, Architecture and Digital Fabrication, ETH Zurich.

（英語で）「グローバル・ローミング」だった。

20世紀末の建築を特徴づけたデジタル革命は、いかなる確立された歴史哲学もほとんどもたずに、そしてそのような歴史哲学のほぼ外側においてそれを引き起こしたのだと、初めて近年の西洋史の中で自ら宣言した革命であったのかもしれない（私のパン屋さんのアナロジーに戻れば、未来もなく、過去もない――ただ「世界規模に歩き回っているglobal roaming」）。これは用語の上で矛盾しているように見えるかもしれない。なぜなら革命という概念は、何かが崩壊させられていることを含意しているからである。そして革命による崩壊の第一の目的とは、ヘーゲル哲学の伝統においては、ひとつの歴史的過程であったのだ。しかし革命というものは、近代のイデオロギーによって構成された物である。ポストモダンの環境においてそれを作り出そうとするならば、諸々の奇妙なことが起きるのかもしれない――このケースでそれが起きたように。

建築におけるポストモダニズムは、大抵は図像性、歴史主義、そして象徴主義と関連づけられる。しかしこれは、ポストモダニズムのブランドのひとつにすぎない。それは、チャールズ・ジェンクスCharles Jencksが建築における消費というものを特に扱うために発明したものだ。そしてそれは、私たちが――前者から区別するために――哲学者によるポストモダニズム、とおそらく呼ぶべきものと、ほとんど同時期のものであった。哲学者のそれは、建築のそれと同じ名前と類似した原因をもってはいるが、異なる結果をもたらした。ジャン＝フランソワ・リオタールJean-François Lyotardによるヴァージョンでは、ポストモダニズムは「あらゆる大きな物語の断片化」を宣言した。この「大きな物語」とはまず第一に、近年の西洋に最も浸潤した「強い参照項」、すなわちヘーゲルの歴史哲学であった。それに引き続く必然的な結果、すなわち歴史の終わりは、ジャン・ボードリヤールJean Baudrillardによって数年後に初めてその到来を告げられたようである（その歴史の終わりとは、模倣の、再現表象の、芸術の、そして社会の終わり、さらに世界の終わりを含む、より多くのことの終わりを伴っていた)[55]。ボードリヤールは最終的には部分的に、少なくとも歴史の問題に関しては考えを変えることになるのだが[56]、そのときまでに獣が檻を出てしまっていた。と言うのも、〔歴史の終わりという〕その表現は周知の通り、新保守主義のイデオローグ、フランシス・フクヤマFrancis Fukuyamaによって許可もなく借用されてしまい、ベルリンの壁が崩壊した結果、歴史の終わりの2つのヴァージョンが(ポストモダン主義者と新保守主義者のそれ)ある一般的な認識へと合体することになった。すなわち、方向性をもった目的論的な歴史(AからBへと進行する、進歩による上昇する線というヘーゲル哲学の観点)は、その走路を全て走り切ってしまったのである。ネオコンNeoCons〔新保守主義者〕にとっては、歴史は最終目的地に到達して、そこからはもう進むことができなかった。それに対して、ポモPoMos〔ポストモダニスト〕にとっては、進歩のなす単独の線というまさにその概念が、無意味になり重要性を失ってしまったのである[57]。

西ヨーロッパで社会主義が陥落した後、当時の呼び方で「平和の配当」[58]が、比較的に平和で繁栄した1989年11月9日[59]から2001年9月11日までの世紀末の間、積み上げられ続けた。それと同時に、NASDAQと「根拠なき熱狂」[60]〔を伴った市場〕が急騰し、建築においてデジタル革命が、「襞を折り、ディコンストラクティヴィズムを振り払った」[61]ことを思い出す人もいるだろう。このときにまさしく、ドゥルーズ－アイゼンマンを結ぶ回路がCADの新しいツールと出会い、襞、ブロブ、そしてトポロジーによる幾何学形状に関する新しい理論が繁茂し、デジタル革命についての一般的な認識が定着したのだ[62]。それでも、デジタル・テクノロジーがあらゆる部門で異常な進歩を遂げ、そのことに世間一般が躍起になっていたにしても、これは、それに関連するいかなる進歩的イデオロギーもなしに展開した、近年の歴史上で初めてのテクノロジーの進歩の波であったと言って良い。すなわち、歴史主義の真空状態で生じた、初の自己定義的な革命であったということになる。

このようなコンテクストが、1990年代のデジタル革命の異様さをいくらかは説明してくれるだろう。いかなる革命も、それが技術に関するものであっても、定義の上では歴史の進路を変えるものである。しかしこの革命は、参照し、それに異議を唱える対象として明確に同定できる、前在する歴史の進路がなかったのである。その結果、真正なポストモダンの流儀により、この革命はプリセットされた目的地をもっていなかった。言わば、ターゲットもなく、心の中にもほとんど目的がないのだ。敵がない革命とは問題がない解答である。そしてポストモダン的環境にあるとしてさえも、未来へのヴィジョンがない革命は異常である。しかし建築における最初のデジタル革命が出現し繁栄した、このポストヒストリー的環境は、ずっと重大で、そして長く続く結果をもたらしているのである。

フクヤマが予言した通り、モダニストの「強い参照項」の多くが崩壊したことが、理念上の対立や野望、そして心的な駆動力の衰退をもたらしたのだろう。そうした衰退が、集団や個人的な水準での将来への期待が希薄になることを特徴とした「老齢の人類」*12への道を開いた。「胸に秘めた気概のない人たちmen without chests」（フクヤマがC. S. ルイスから借り、ニーチェの「最後の人間」に関連づけた悪名高い表現）*13の灰色のどんよりとした世界の中で、生き残った少数の「全てに満ちた人たちmen in full」[63]は必然的に、自らの〈権力への意志〉を満足させる他の方法を探したであろう。戦争が不在の中、その人々は格好のはけ口を、企業資本主義と金融市場で見つけたのかもしれない。そこでは中世の軍司令官よりも少ないリスクで「マスターズ／超空の覇者Masters Of The Universe」*14を演じることができたのだ。ヴィトルヴィウスが〔『建築十書』でその逸話を〕物語った〔建築家〕ディノクラテスDinocratesから、アイン・ランドAyn Randが〔小説『水源』で個人主義を貫徹する主人公として〕描いた〔建築家〕ハワード・ロークHoward Roark（そして、その他多数）まで、拡大したエゴと誇大妄想は常に建築に必須の要素ではあったが、90年代のデジタル技術による〈超人性Übermenschlichkeit〉*15は、顕著な諸々の特性を獲得していった。ノンスタンダードな新たな環境は、モダニズムが形成したイデオロギーの——社会的かつ集団的責任も含めて——拘束着からの解放として、しばしば見られてきた。当時の主張の多くは、新たなデジタル・ツールが、最終的にはテクノロジーや社会が長い間束縛してきた創造力を解放し、古いテクノロジーにはサポートできず、古い社会が許容しなかったような、ノンスタンダードな諸々の個別的特質、諸差異、そしてヴァリエーションの表現を可能にするのだ、というものであった。デジタル技術によって鎖を解かれた新たなプロメテウスによるこの神話は、デジタル技術による〈形成Bildung〉*16の権利を誰に対しても主張し、90年代のデジタル・ムーブメントにおける強力な構成要素となったのだ（その諸々の断片が今日まで生き残り、特にそのデジタル・スタイルが前述のコンテクストの中で築き上げられて、今や有名になった何人かの建築家やデザイナーの作品に見受けられる）。

「やってやる、私ならできる」。デジタル・ツールは形態を作る能力を増幅するには素晴らしい機器だから、デジタル・テクノロジーはこの初期のポストモダン的、ポストヒストリー的な環境においては、技術的文化を形成する重要なプレイヤーであった。また、このようなデジタル・テクノロジーとポストモダニティの間に見られた典型的な共感は、建築に限ったことではなかった。90年代に、ある意味でドゥルーズ流になったのは資本主義そのものであったのである[64]。リオタールによる「大きな物語の断片化」は、市場の断片化へと変化した。ドゥルーズとガタリによる『千のプラトー』は、千のマーケットのニッチになったのだ。これらのニッチが今度は、マス・カスタマイゼーションへの需要を創り出した——それはたまたまデジタル・テクノロジーが一番良く供給できるものであった。生産と消費を原子のように粒子化した、この「オンデマンド生産」という新たなパターンは、新興の、そして可能性としては破壊的な経済モデルとして、今日では広く考えられている[65]。同時に新しい情報テクノロジーは、「リアルな」経済と金融市場を分離することを好み、金融取引のヴァーチャル化を急がせてきた[66]。こうした全ての事例で、デジタル・テクノロジーと、ポストモダニティの第一時代の様々な文化的諸側面が、互いに作用しフィードバックし合ってきたのである。この相互作用は建築デザインの場合にはさらにより顕著である。なぜなら90年代の形態の革命は、可変性の形態という新種をデジタル・テクノロジーが供給できたことと、形態生成における可変性によって生じる個別性に対してポストモダン的な需要があったことが、マッチした結果から生じたからである。

今ではもう周知の通り、歴史の終わりのその10年は、12年続き、無秩序と大惨事で終わることになる。誰も経験のない2001年以降に広がった悔恨のムードの中で、デジタルのパイオニアたちには悔い改めた人もいるし、また完全に自説を撤回した人もいる[67]。その他の第一波のデジタルの主唱者たちは、自分たちの仕事をやり続けた――その中には経験は以前の人たちよりも豊富だが、理論的な大胆さがそれほどにはないか、それが全くない人たちもいた。そしてこのように物事を悟った成熟性が、近年、批評家の認知を得てきているのである[68]。しかし、あらゆるデジタル・テクノロジーが、2000－2001年のドット－コム不況が過ぎた後、シャットダウンもしくはフリーズしてしまった訳ではない。事実、テクノロジーは変容を続け、今日では新たな技術的社会の進展が新たな利用方法を促し、新たなユーザーたちにチャレンジを仕掛けている。

90年代のCAD-CAMは、管理された私有のネットワーク環境をベースにしていた。その当時に重要視されたのは、デジタル・デザインとファブリケーションの垂直的統合であり、また、この新しいテクノロジーがノンスタンダードで系列をなすヴァリエーションを生産できる潜在能力であった。しかし近年、ネットワーク環境は初期のほぼ一方通行の情報テクノロジー（「一対多」）から、完全に対称的で双方向な情報フレームワークへと進化してきた。この技術的進展の結果が、様々な目的に活用されている。その中には、純粋に技術的なものもあれば（P_2Pや分散処理型ネットワークもしくはクラウド・コンピューティングのように）、膨大な社会的影響をもつものもある――事実、この種のソフトウェアには、「協働の」あるいは「ソーシャル」ソフトウェアとさえ呼ばれるものもある。今やネット上の全てのノードが情報のレシーバーにもエミッターにもなり得るので、多くのユーザーがウェブを全くその通りに使い始めている。「ユーザー生成コンテンツ」という概念は、多くの場合、ユーザーはまだコンテンツのオフィシャルな作製者から区別できることを含意しているが、誰もがそれとは別のケースが多くあることを思いつく。すなわち、現在のウェブ（Web2.0としても知られているもの）[69]は急速にフラットで等方性のプラットフォームになりつつあり、送り手と受け手、また原作者と観衆との間の伝統的な境界は消えつつあるのだ。この世間一般のトレンドにしたがって、建築デザインの主眼は、初期のテクトニック志向のアプリケーションから、インタラクティヴでデザイン・プロセスそのもの――そして、そのプロセスが巻き込んでいく可能性がある、アクター〔参加者〕や、エージェント、エージェンシー*17からなる様々なカテゴリー――の「水平的」統合へと移行してきているのである。

これを執筆している時点では、エージェンシー、インタラクティヴィティ、参加は、今日的なキャッチフレーズであり、これらの問題に関する建築的な言説には、10年前に見られたハイパー・サーフェイスやノンスタンダード、またトポロジー的形状に関するそれとほぼ同じくらいの熱烈さがある[70]。インタラクティヴな連結性は、あらゆる種類のマシンだけでなく人間の参加者までをも含むことができるが[71]、つい最近まではネットワーク化されたマシンどうしのテクニカルなインタラクションの方が、デジタル技術によって向上した人間どうしのソーシャルなコラボレーションよりも興味を引いていたのである。それにはある理由がある。レスポンスのあるテクニカルな環境というものは、刺激的で新しい建築の特徴やガジェットを含んでいく可能性がある一方で、建築におけるチームワークとは、ホットで新しいトピックではほとんどないのである。デジタル技術によって向上されようがされまいが、建築デザインとは常に、多くの協同者、個性ある人々、そして諸々の委員会の間の交渉とバランスからなる、ある繊細な行為なのである。すなわち、個人と集団の間のバランス、である。その振り子はどちらへも振れる可能性がある。たとえばそう遠くない昔には、デザインに公衆が参加することは、ヨーロッパの社会主義の建築家、そしてアメリカの地域活動家や市民参加の都市計画家によって、活発に追求されていたのだ。

しかし、デジタル環境によってサポートされ意思決定に社会が参加するという新たな形式は、「委員会製のデザイン」がなしてきた、コンセンサス追求型の従来からの様態とはその精神において著しく異なるものである。デジタル環境によりインタラクティヴに改訂を行うことversioningは（たとえばウィキ・テクノロジーにサポートされた場合のように）、自主的で多様で個々別々の編集や変更が、決して終わることなく累積していくことを仮定している。この場合は、コンセンサスは追求されず永久に達成されえないのである[72]。明らかに、建築の最終生産物はある時点で、ソリッドで、変動もなく、永続するかたちで、建設されなければならない——これは自由に変化し続けることができる、メディアにおけるオブジェクトには適用されない制限事項である。しかしこの例外事項には、初めに見えるほどの決定力がない。なぜなら建築において表記されたものは、鉄筋コンクリートが型枠の中に流し込まれ動けないときでさえも、変形し変化することができるのである。建築におけるデジタル技術による微分的な差異性に関する理論の全体が、表記法の上で（すなわち、情報の上で）ヴァリエーションが生じることに基づいているのだ——すなわち、オブジェクティルに基づくのであって、物理的なオブジェクトに基づいているのではない。そして実際に、Web2.0の「ソーシャル」な大渦巻きが、もう今では建築とエンジニアリングのソフトウェアのメインストリームにさえ到達しており、注目すべきいくつかの結果を既にもたらしているのである。

ビルディング・インフォメーション・モデリング（BIM）における近年の展開は、元来はBIMは、建物の構成要素をデザインし建設をしている間、それらのデータベースをまとめて管理するために考案されたテクノロジーであったのだが、今やそのテクノロジーがもっている、建築への人々の参加をサポートする潜在能力に力点を置いている[73]。現時点で考える限りでは、3次元のBIMのプラットフォームは、複雑な建物でさえもそのライフ・サイクルの全体にわたって――すなわち構想段階から、デザイン、建設、運営、メインテナンス、そして廃棄に至るまで――そのデジタル・モデルを創り整備し続けるために、間もなく使われるようになる可能性がある。何世紀もの間、伝統的な縮小模型は、建物の様々な側面に関する情報交換や議論のための舞台を提供してきた。あるいは、デザインやその試行錯誤の段階では、他の表現手段による物もその役を担ってきた。中でもとりわけ実物そっくりの模型は、専門的な知識のない諸々のエージェンシー――典型的には、パトロン、施主、評議会、委員会、場合によっては一般社会さえも含む――の意見を求めるためによく使われてきた[74]。デジタル・テクノロジーはヴィジュアライゼーションや没入型のシミュレーション、またインタラクティヴな意見交換に対して、比類なきポテンシャルをもっているために、デザインを周知させることやデザインへの参加を促すことにおいて、前述した伝統的なツールを遥かに豊かにしたものを可能にするだろう。

このような進展にとって主要な障害は技術的なものではない。ユーザー生成コンテンツという考えが、何らかの古いメディアが次第に退化しつつあることを感じさせるために、それは既に称賛され非難されもしている。いわゆるWeb2.0に関する現在進行中の議論をコンテクストとして、伝統的な原作者性がデジタル環境に誘発され消滅するという、時には救世主的で時には黙示録的な予兆を考えると、建築家がデザイン・プロセスにおいて他の参加者の役割を高める――そして建築家の不利益になる――かもしれないような進展に恐れを抱くのは十分にもっともなことなのである。しかしこのような先入観は、歴史的なパースペクティヴから見れば吹き飛ばされてしまうのかもしれない[75]。と言うのも、今日危険にさらされているもの、そして実際に失われるかもしれないものとは、その精神において時間を超越するカテゴリーである、〈原作者The Author〉という概念ではなく、あるテクノロジーによって特に定義された種類の原作者なのである。落下しつつある流れ星は、単に複製可能な同一的なコピーの原作者なのだ――これは広大で影響の大きいカテゴリーであることは確かであるが、なくてはならないものではないのである[*18]。

たとえば、音楽を例にとって見よう。音楽は、新しいデジタル環境に深刻なまでに侵されつつあるメディアのひとつである。LPやCDのもつ、ほとんど汚すことが許されない本来の姿が失われることを、残念に思う人もいるかもしれない。それらはストリーミングや音楽がダウンロードされる時代の前には、社会全体にまで行き渡っていたものなのである。レコードやディスクというものは、原作者が認定した音をレコーディングしたものである。そうして原作者が認定したヴァージョンの中に、永久に唯一無二のものとして存在させることを意図したのである。しかしモーツァルトやベートーベン（そして、それに関してはアルノルト・シェーンベルクやルチアーノ・ベリオさえも）が、音を出版したことは決してない。彼らは音符を書いた〔すなわち表記法（記譜法）にしたがって表記をした（楽譜を書いた）〕のであり、音符は書かれることで記録され伝送され演奏されて初めて、音楽になったのである。そして同じ音楽のスコアによる、あらゆる演奏あるいは上演は、たとえ作曲者が自身で演奏する、あるいは指揮を振る場合でさえも、きっとそれぞれに互いに異なっているはずなのである（ある範囲内ではあるが）。音楽が、原作者が認定し自著によった〔すなわち作曲者が自分で演奏した〕音を同一的に複製したものであるという考えは、機械による時代が、歴史的にはほんの最近に獲得したものなのである。何世紀もの間、それが何らかの形式にしたがって記譜されていたときでさえも、音楽自体は永久に可変なメディアで、絶え間なく変動を生じ変形していたのである。すなわち、無数の演奏者、作曲者、そしてアマチュアたちによって、解釈され、編集され、改訂され、リミックスされていたのだ[76]。もちろん同じ楽譜の解釈が変わること（伝統的な可変性）と、デジタル・レコーディングされたサウンドの抜粋をランダムにミックスしマッチングさせること（デジタル技術による微分的な差異性）との間には、ある違いはある。それでもなお、音楽のケースにおいても、機械的なものからデジタル・メディアへの現代の変遷は、ここでまた再び、あらゆる人のためのレディメイドなアイテムからなる規格化された世界（同じ版のLPから作られるような）から、それぞれの人のためにカスタマイズ可能なアイテムからなる新たな可変性の世界（各個人のiPodから作られるような）への変遷を暗示しているのである。

近代的な建築の原作者性は、私が呼ぶところの、アルベルティ・パラダイムの発生と共に初めて生じたものである。アルベルティ・パラダイムとは、建築をひとつの代著的芸術として定義し、建物を、表記法を媒介させることによって、ある原作者による単独のデザイン行為の同一的なコピーとして定義するものである。それは実際には20世紀においてさえ、完全に実行されたことはなかったのであるが、このパラダイムはそれでもなお、過去5世紀の間、ほとんどの西洋建築に生気を与えてきたのである。そしてそのパラダイムは、建築業の世界中の実務をいまだに規定する、主要な法的枠組みの基盤をなしているのである。アルベルティがその力説をもって、西洋の人文主義に由来する浸透力のある本質的教義を形成したのは、近代の始まりのときであった。彼は同時に、建築作品を含む知識人による作品は、ひとりの原作者とひとつの原型〔アーキタイプ〕をもち、製作者はそれを変更することは禁じられ、必ず同一的に複製するものである、と主張したのだ。そして、これこそが、近年のデジタル・テクノロジーの発展によって、今や次第に消えつつあるパラダイムなのである。

デジタル・テクノロジーは、機械的なテクノロジーが過去5世紀をかけて凍結させたメディア・オブジェクトを急速に解凍しつつある。それは木版印刷やグーテンベルクの印刷術から、もっと最近の、サウンドやイメージを記録し伝送する、電気機械的あるいは化学機械的なテクノロジーにまで至る。デジタル技術にサポートされたテキスト、ミュージック、そしてピクチャーは、今や再び、変動を生じ始めているのである。それは、機械による時代という、短い幕間の以前には生じていたことと全く同様なのだ。建築においては、コンピュータをベースとしたデザインと製造の垂直的な統合によって、デジタル技術をもった手工職人という新たな様態が生じ、アルベルティが設けた、構想する人と作る人との間の隔たりを狭めつつある。同様に、デジタル環境の強化によって、デザインと生産のプロセスにおける様々なアクターやエージェンシーを水平的に統合したことが、ある近代的な概念に既に異議を申し立てているところである。その概念とは、建築家が最終生産物を完全に原作者としてコントロールし、それに対する知的所有権をもつというものである。オープン・エンドでインタラクティヴなコラボレーションを可能にする新しいデジタル・プラットフォームは、エンドレスにデザイン上のヴァリエーション、リヴィジョン、あるいはヴァージョンを生みだし、それによって、デザインをコントロールし原作者として承認を与えるということが失われていくのである。そして最も極端な場合には、集団的ないしはアノニマスな結果を生みだす可能性もあるのだ。

私が呼ぶところの、アルベルティ・カットオフ・ライン——すなわち、そこで全てのデザインの見直しが止まなければならず、そこからは逆行ができない、建設による同一的な複製が始められる境界線——の20世紀的な化身は、最終的な青焼図面の一式であった。青焼図面は、著者が出版社に返送する、日付とサインと「good to print」〔最終校正〕[77]の印が入った最終の校正刷りと、建設においては機能的に等価なものであったのだ。著者の最終校正版へのサインが（建築家の最終版の青焼図面へのスタンプと全く同様に）、その作品の同一的なコピーを作ることを、原作者として承認するauthorize、そして同時に原作者として承認しないunauthorizedあらゆる変化を禁じることが慣例であったのだ。しかしそのように禁止することは、印刷の時代より以前には無意味であっただろう。それは今日のウィキペディアの寄稿者や編集者に対して無意味であろうことと全く同様なのである。

実際、ウィキペディアは中世研究家にとって魅惑的な研究フィールドであろう。中世の手書きの写本と、ブログあるいはウィキは双方ともに、双方向的でインタラクティヴで、リード-アンド-ライトな情報テクノロジーなのだ。つまり、もしそれらを読むことができるならば、それらに書き込むこともできるのである[78]。ウィキペディアの諸ページは、文献学者が主張する中世末期のヴァナキュラーな文学の様態と、程度の差はあれど、同じようにして変容し変化することができるのである。さらにデジタル環境によるインテグレーションによって今やそれをサポートすることも進展させることも可能になった、デザイン・プロセスにおける参加性も同様に、人文主義者による革命以前の中世の建設現場では普通にあった、集団的で大抵はアノニマスでもあった建設方法を喚起するのである。これまで論じてきたように、現代のデジタル・テクノロジーは、私たちが今捨て去りつつある機械の時代よりも、その機械の時代に先行した文化的テクノロジーのいくつかに、多くの点でより似通っているのである。Web2.0のもつ分散性や参加性に関して現在流通している議論が、とりわけここでの議論を裏付けるものとなっている。

オープン・ソースのムーヴメントは、現在流通しているWeb2.0の展開に先行し、周知のように、それと同様な共有性の諸原理や、今ではソーシャル・メディアやユーザー生成コンテンツの世界に浸透した、集団的創造性の精神を開拓した。偶然の一致ではないのだが、ゴシックの建物への参照が、そのムーヴメントの基礎的テキストのひとつの中に顕著に見られる[79]。またデジタル環境にサポートされたコラボレーションと、産業化以前のクラフツマンシップとの間のアナロジーもまた、もっと最近のイデオロギー的な動機をもった詮索の目を免れることはない[80]。実際、大まかで漠然としたゴシック芸術と中世への参照は、現代のデジタル・カルチャーの様々な諸側面に、ほとんどその始まりから、よりポピュラーな側面へと包含されながら、インスピレーションを与えてきたのである。そしてこの傾向は、メディアの学者たちには長く認められてきたものなのだ。

建築の場合には、しかしながら、より深遠でより具体的なアナロジーが、より重大な含意を引き起こすことになる[81]。現代のハイデッガー主義者たちは、能動的に人間が作ったあらゆる〈もの（Thingあるいは Ding）〉がもつ、共同体的に、そしてほとんど神秘主義的に様々な事物を結びつけ集めるという有用性と、工場生産による技術的な〈対象（objectあるいはGegenstand）〉がもつ、外面的で沈黙した中立性を対比することを好む。今日では時代遅れの現象学者たちの中には、それほど秘密ではないことも多いアジェンダとして、ほとんどの現存するテクノロジーを抑止することについて熟考する者もいる。しかし奇妙なことではあるのだが、現在進行している私たちのテクノロジーの世界が機械的なものからデジタルへと変化していることが、同様な科学技術恐怖症の〔人々が欲していた行動の〕プログラムを部分的に満足させることができるかもしれない。デジタル・ツールはもはや、考案する人と作る人を分ける必要がない。逆に適切に利用されるならば、デジタル・テクノロジーは、機械的なテクノロジーが疎外してきたもののほとんどを、再び結び合わせることができるのである——それらには、産業化以前の世界では、あらゆる手作りの〈もの〉と結びつき、それらを高貴なものとしてきた様々なコミュニティも含まれるのである。ブルーノ・ラトゥールBruno Latourは近年、これと類似したシフトを心に描いていた。すなわち、新たな〈もの〉のなす〈集まり〉〔Gathering of Things〕——様々な対象と様々な主観の新たな組み合わせ（ラトゥールが「関わりのある事物matters of concern」と呼ぶもの）[82]が、結び合い、括り合い、つなぎ合ったもの——への変化である[*19]。〈もの〉をパブリックにしていく様々な方法があるのであって、今日の社会技術的な環境においては、デジタル・インタラクティヴィティはこの目的に最も適した手段のひとつなのである。もしそうであるならば、ノンスタンダードな系列性（Web1.0起源の）、そして集団的知性collective intelligence（Web2.0で有名な）、20世紀後半のマス・カスタマイゼーション、そして21世紀初期のマス・コラボレーション、これらは実際に、〈もの〉のなす、新しく、有機的で、ポストモダンなエコロジーを形成していくことに貢献していくことだろう。しかしこのことが起きるためには、ひとつの前提条件が満たされなければならないだろう。すなわち2度目となるデジタル・ポストモダニティは、ほぼ1世代前に宣告された歴史の終わりが終結した後に生じることができるのである。もし歴史が再び始まるのであれば、諸々の革命さえ再び可能になるのかもしれない。

4

エピローグ：スプリット・エージェンシー
——建築家の力の分割と移譲

現在を扱う歴史家は、決して書くことを止めるべきではない。しかし機械によって複製される運命にある、あらゆる仕事は、時の流れのある時点で永遠の拘束を受け入れなければならない。それは原作者が自分の仕事をコピー・マシンに託すときである——字義通りに、あるいは比喩的な意味においても。この本もまた例外ではない。これまでの章は、2008年の秋にその頂点に達した金融危機の前に書かれた。その危機はこれを書いている14ヶ月後の時点でも、まだ進展し続けている。既に2000-01年に起きたように（また、それ以前に何度も起きたように）、また再び世界的な金融と社会政治的な大変動が、テクノロジーの変化に対する私たちの見方をリセットすることを促しているのである。

ここ5年くらいの間に、デジタル・テクノロジーをユーザー参加のために利用することが、未来的な夢想をもった自由意志論者たちとリベラルな新保守主義者たちによって、共に同じような熱狂ぶりで受け入れられてきている——これら2派は、デジタル・インタラクティヴィティそのものへの文化的な支持が、二重の性格をもち、おそらくは両義的であることを思い出させるものである。歴史的にはオープンソース・ムーヴメントとは、80年代と90年代の反逆的でアナーキーな社会主義的なハッカー文化の子孫なのである[1]。そしてほんの数ヶ月前には、Web2.0の創始者のひとりが、今日のコラボレーションにデジタル環境を使う能力、デジタル・リテラシー〔digiteracy〕を、ある種の「デジタル社会主義」にたとえた[2]。しかしながら、今日のコラボレーションによって作られたウェブのまさにその諸原理は、あるはっきりと異なったイデオロギー上の起源を呼び覚ます。ウィキペディアが機能するのであれば、それは際限なく互いに改訂し合う、膨大な数の個別の寄稿の総和が、各参加者の誤りや限界を越えた、ある知識の集合体を産み出すからである。しかし群衆の知恵を引き出すことは、デジタル的であれ、他の方法であれ、ほとんど新しい考えなどとは言えないのだ。Web2.0がもっている、目に見えないが自己修正する手とは、「市場の見えざる手」の近親者なのである。アダム・スミスの古典的な自由主義の理論によれば、その手が、市場の参加者がもつ利己心を、市場そのものがもつ上位の英知と公正へと変換するのである。そしてデジタル・テクノロジーの恩恵によって、市場は理論的には、無限の参加者と、それと同様にほとんど瞬間的で摩擦のない無限の取引を含むことができれば、自由市場は理想的には全く誤りを犯さないものになるのである——あるいは、エコノミストの中には最近に至るまでそのように考える傾向があったのだ[3]。

金融バブルと建築のブロブは、多くのスクリプトとコードを共有し、実際に諸々の同じテクノロジーによって可能になったものであったために、前者の破裂が後者の名声を改善するためにできることは何もなかった。もちろん、建築におけるデジタル・ツールはブロブ以上のものを意味していたし、今も意味している。しかし——Web2.0の、雑多で自由意志論的でありながらも、同時に新自由主義的でもある諸々の表明に見られるような——Web2.0に浸透したものとまさしく同じ共同体の精神が、今や疑問に付され、おそらくは縮小さえしつつあるのである[4]。まさにこうした事態が起きつつあるのと同時に、そのWeb2.0の諸々の理想にインスパイアされた多くの新しいデジタル・ツールが、メインストリームを進みつつあるのだ。たとえば、分散型のピアー・プロダクションは、かつてはメディア上のオブジェクト（テキスト、イメージ、ミュージック）に限られていたのだが、今や物理的なハードウェアの実際の製造にまで応用されつつある[5]。そしてデジタル技術による製作における、こうしたポスト・インダストリアルな「D.I.Y.エコノミー do-it-yourself economy」は、近年のサイエンス・フィクション——そして2008年ヴェニス・ビエンナーレでのグレッグ・リンの受賞作――にインスピレーションを与えさえしてきているのである[6]。建築においては、ビルディング・インフォメーション・モデリングのための様々なソフトウェア・パッケージが、建築家、建設業者、そして政府機関にとってさえも、グローバルで、ほとんど不可避の産業界の規格へと急速になりつつある。そしてこれらの新たなツールのポテンシャルは、以前はそこに限定されていた、ほとんどビューロクラティックな目的を、遥かに越えているのである。

BIMアプリケーションはまもなく、デザインされたオブジェクトひとつひとつについて、永続しインタラクティヴに感応するデジタルの化身doppelgägerを創り出し、それを維持していくことができるようになるだろう。同様なテクノロジーを利用すれば、たとえば現実を模擬する（透視図的な）レンダリングや、場合によっては没入型の環境のように、視覚的で写真的なインターフェイスを通してデザインはますますなされるようになっていくだろう。そしてそれらによって、伝統的な建築の表記法（平面図、立面図、断面図など）のフォーマットは不利な状況に追い込まれていくだろう[7]。このような進展がデザインのあらゆる段階で、専門知識のないエージェントさえ対象とした、新しく、そして今までに想像もできなかった開放性と参加を実現する舞台と機会を提供することになるだろう。

建築家が、自分たちが苦労をして獲得した原作者としてのアイデンティティを、デジタル技術を伴った公共社会に明け渡すことに、おそらくは乗り気でないことには同情はできる。しかし、ある類似した権限の移譲が、既に逆の方向に向いて起こりつつあるのだ。すなわち、事態に気づいていない建築家にはよくあることなのだが、そのような建築家が、より高次のデザイン機関のクライアントになるように（したがって、高次の機関に従属する公衆になるように）誘い込まれつつあるのだ。新しいデジタル・ツールの複雑性やコスト、そしてそれらのツールが達成することができる仕事の重要性を考慮して、大きな事務所や企業は、近年、豊富なBIMサーヴィスをより小規模な設計事務所に提供し始めている。どこにも属さない独立した建築家はまもなく、その都度現金で支払う方式〔ペイ・アズ・ユー・ゴー〕でBIMのデザイン・プラットフォームを利用できるようになるかもしれない。すなわち、最終的にプロジェクトを引き渡すまで、デザイン・プロセスの技術的側面をサーヴィス・プロバイダーに委任して担当させるのである[8]。また、より小さなスケールのラピッド・プロトタイピングでは、いくつかのハイテクな製造業者が、デザインとファブリケーションを統合した自分たちのツールを、精選したデジタル・デザイナーたちのグループに対してマーケティングを行うようになってからもうしばらくの時が経っている。そうしたデザイナーたちは、自分の創作物を開発し製作するために、そうした企業が所有権をもつファイル・トゥ・ファクトリーのテクノロジーをリースしてもらう訳である[9]。こうした小さな芸術的オブジェobjets d'art——もっともなことだが、これらは互いにやや類似していることが多い——は、それぞれのデザイナーの名前で販売されているのかもしれないが、これらの作品の主たる共同原作者は、実際のところはそれらをデザインし製作するために使われたテクノロジーを所有している企業なのである。

建築家は、スプリット・エージェンシー、すなわち建築家の力の分割という、新たな様態が生来的にもっている、リスクとパラドックスには留意した方が良いであろう。あらゆるパラメトリック・デザインは必然的に原作者性に2つのレヴェルを生じさせる。ひとつ目のレヴェルでは、第1位の原作者は、類的＝総称的genericオブジェクト（あるいは、オブジェクティル：プログラムまたは系列、あるいは生成力をもったgenerative表記法）のデザイナーである。もうひとつのレヴェルでは、第2位の原作者が個別の最終生産物をデザインするために、類的オブジェクトから種的specificオブジェクトを特定する（アリストテレス哲学における語句の意味において）。この弁証法によれば第2位の原作者の第1位のものに対する関係は、あるヴィデオ・ゲームのプレイヤーのそのヴィデオ・ゲームのデザイナーに対する関係と同じである。すなわち、ゲーマーはそれぞれに自分独自のストーリーを創作する（あるいはある意味で、著すauthor)。しかし同時に、誰か他の者によって考案されたある環境の中で、そのゲームのルールにしたがい、プレーするのである。ジャネット・マレーJanet Murrayはずいぶん前に気づいていたように、デジタル・ヴィデオ・ゲームのプレイヤー――原作者というよりむしろ、「インタラクターinteractor」*1――は、限定的で従属的な力を発揮するだけなのである[10]。

誰か他の人によってデザインされたデジタル・デザインの環境に、自分の意志であれ必要に迫られてであれ、そこに介在していく建築家は、多少の程度の違いはあっても、第2位の原作者にすぎない――すなわち、エンド・ユーザーであって、デザイナーではないのである[11]。デジタル・ターンによって、アルベルティ・パラダイムによる近代的な建築業に関する観点が作り直されていくにつれて、そして建築家が新しくいまだ試されていない原作者にまつわる環境に順応していくにつれて、その古いモデルと新しいものの間にある多くの過渡的でハイブリッドな様態が試されていくことだろう。しかし建築家がプレーするように求められる役割に関わらず、そのゲームの精神は失われるべきではない。オープン・エンドであること、可変性、インタラクティヴィティ、参加性は、デジタル時代のテクノロジーの真髄なのである。それらはここにもう存在しているのだ。そのため、まもなくデザイナーたちは選択をしなければならないだろう。デザイナーたちは、オブジェクトのデザインをするのかもしれない。すると、その人たちはデジタル時代におけるインタラクターとなる。あるいはデザイナーたちは、オブジェクティルをデザインするのかもしれない。すると、その人たちはデジタル時代における原作者となる。後者の選択は、今のところ、より険しい道の選択ではあるが、それがもたらす諸々の報酬はずっと大きい。

オブジェクトは、同一性と複製されたプロダクト、また中央集権と原作者性からなる、古い機械的世界に属している。オブジェクティルは、可変性と変動するプロセス、参加性と共有性からなる、新しいデジタル的世界に属している。旧世界が与えてくれるのは、レディメイドのプロダクトからなる常に増大し続けるカタログによって選択肢が増加すること、したがって消費主義である。新世界が約束するのは、インタラクティヴな意思決定を通した、シームレスでオンデマンドなカスタマイゼーション、したがって──理想的には──自然と人的資源を倹約的に利用できるだけでなく、デザインに対する社会的な信頼性を獲得できることである。しかし、デジタル時代の原作者性を完全に受容するためには、デザイナーは、形態を作り出すプロセスにおいてデジタル環境のサポートを通して合意を形成するという、不完全で不確定な新たな困難に立ち向かっていくことが必要になるであろう。そしてこれは容易ではないであろう。なぜなら建築家は、類を生みだす原作者になるように訓練されたことなどいまだかつてなかったからである──また、おそらくはきっと、そのような原作者になる野心をもったことすらなかったのである。

あらゆる重大な大変動の時代と同様に、未来に対して漠然とした恐怖が生じるのは、当然のことである。しかし、新しくアルゴリズムに駆動され、インタラクティヴに生成された視覚的な環境が、サイバーパンク風の読解不能で無定形なものでできた派手なゴミの山(サイエンス・フィクションの作家たちがよく心に描くような)である必要などない。また、味気なく委員会製のデザインのようで、平均値に退行し、うわべだけの善意の無視によってできたテクノクラート的な風景である必要もない。あらゆる取引きと同様に、あるものは失われるだろうが、その結果、何らかのものが得られるだろう。建築家は種的=特定的な最終生産物をコントロールすることは、いくらかは断念しなければならないかもしれないが、類的=総称的なオブジェクトに対する完全なコントロールを得ることができるだろう。そのような建築家は、ノンスタンダードな系列を生みだすプログラマーや傑出した立案者と同様に、類をデザインすることによって、遺伝子あるいはパラメーターを操作することによって生成される、視覚的環境の全般を、あらゆるスケールにわたって統括するだろう。それはティー・スプーンから街にまで（あるいは今日的には、ナノ・テクノロジーからグローバルなテリトリーにまで）至る。オブジェクティルのデザイナーは、個々のエンド・ユーザーの知性を刺激し、未来のインタラクターによる予測不可能な共有性が生む能力を結集し、不可避の愚劣さを抑制し、誤りを取り除くこともできる、これらのことの全てが可能な諸々のプログラムをスクリプトとして書くことができるのである。類的なオブジェクトからなる環境は、コントロールできないものではない。それとは全く逆に、あらゆるオープン・エンドで類的な環境は、それを生みだしたものとまさに同じ生成ルールによって、厳密にコントロールが可能なのである。

建築デザインの近代的なプロセスや、そのプロセスにおける建築家の原作者としての役割は、このデジタル・ターンによる状況を生き抜くことはできないのかもしれない。しかし建築は、アルベルティ的な原作者の発明と、機械によるコピーの出現、それらの両方よりも以前から存在していたのであるから、そのどちらも建築の未来に絶対に必要な訳ではないだろう。デジタル・テクノロジーによる私たちの未来における、ポスト-アルベルティ的な建築は、手工職人の技術によった過去における、プレ-アルベルティ的な建築と、いくらか共通性をもつだろう。しかしこれは、デジタル・アーキテクチュアがゴシックのように見えるものになるのかもしれない、あるいはそう見えるべきだということは意味しない——それは他のどんなスタイルに対しても同様である。ひとつの例を挙げると、前機械時代の古典主義は、中世の立体的な石の分割術〔ステレオトミーstereotomy〕と同じくらいに、パラメトリックかつジェネラティヴなものであった。しかしこれは重要な論点ではない。類似したプロセスが必ずしも類似したかたちを生む訳ではないのである。逆に、これらのプロセスを理解することは、私たちがより良い事物を形作るように助けてくれるであろう。

原註

1 可変性、同一性、微分的差異

1 現在、部分的にYouTubeで視聴が可能。
〈http://www.youtube.com/watch?v=iRzr1QU6K1o〉、2014年3月10日アクセス

2 ほとんどの先進国が大恐慌の結果、1930年代中に金本位制から離脱していた。ブレトン・ウッズ協定は、諸通貨とU.S.ドルと金の間に安定した交換レートを再導入した。この体制は、ニクソンがドルと金の間の協定で定められた固定レートでの交換を一方的に停止したことで崩壊した。

3 Jean Baudrillard, *Simulacres et simulation* (Paris: Galilée, 1981), 70.
※ジャン・ボードリヤール『シミュラークルとシミュレーション』竹原あきこ訳、法政大学出版局、2008、新装版

4 Jean-François Lyotard, *La condition postmoderne* (Paris: éditions de Minuit, 1979), 31.
※ジャン=フランソワ・リオタール『ポスト・モダンの条件―知・社会・言語ゲーム』小林康夫訳、水声社、1989
リオタールのオリジナルの表現は、"décomposition des grands Récits" であった。

5 Gilles Deleuze and Félix Guattari, "November 20, 1923: Postulates of Linguistics," chapter 4 in *A Thousand Plateaus: Capitalism and Schizophrenia,* trans. Brian Massumi (Minneapolis: University of Minnesota Press, 1987), esp. 90-97.
※ジル・ドゥルーズ、フェリックス・ガタリ『千のプラトー――資本主義と分裂症』宇野邦一、田中敏彦、小沢秋広訳、河出書房新社、1994
フランス語原典は、*Capitalisme et schizophrénie 2, Milles plateaux* (Paris: éditions de Minuit, 1980).
また次を参照のこと。
Reinhold Martin, "Environment, c.1973," *Grey Room* 14 (Winter 2004): 93, n58.
ドゥルーズとガタリの経済史への参照（すなわち、1923年11月20日の、ライヒスマルクのレンテンマルクへの置換）が、前述した『千のプラトー』の章タイトル〔"November 20, 1923: Postulates of Linguistics"〕の典拠ではあるが、彼らの総体的な論点にとっては逸話的なものである。

6 1959年初版。

7 E.Victor Morgan, *A History of Money* (Baltimore: Penguin, 1965), 28.
※E.ビクター モーガン『貨幣金融史』小竹豊治監訳、慶応通信、1989、改訂増補版

8 時には、さらに3桁か4桁のカード・セキュリティ・コード（CSC）がメインの

16桁に加えられる。今日の「チップとPIN」によるクレジットおよびデビット・カードの以前では、初期世代のカード（合衆国ではいまだに人気がある）は、確認のためのカード裏面のサインだけでなく、決済のたびに紙の書式に顧客がサインする必要があった。理由はよく分からないが、おそらくは慣習やノスタルジー、あるいは技術上の惰性で、ほとんどのクレジットカードの発行者は、チップとPINによるカードに、その所有者がサインすることをいまだに求めている。

9　次のアリス・ローズソーン Alice Rawsthornによるデザイン・コラムを参照。
the *International Herald Tribune,* "What defies defining, but exists everywhere?" August 18, 2008.
これはオンラインでも読むことができる。
〈http://www.nytimes.com/2008/08/18/arts/18iht-DESIGN18.1.15327742.html〉, 2014年3月10日アクセス。
また次も参照のこと。
Umberto Eco, "On the End of Design," *Lotus* 138 (2009): 115-120.

10　「差異化differentiation」という概念は、リンの理論にとってキーとなるものである。リンは初めはこの用語をそれ本来の数学的な意味で使っていた（たとえば「微分における変化量」や「幾何学による（中略）微分法による変換や変形」のように）。彼の次のエッセイを参照。
"Multiplicitous and Inorganic Bodies," *Assemblage* 19 (December 1992): 32-49, esp. 35.
次にリンはその同じ概念を、微分学を応用することで、形態的な連続性やスムースな曲面の特徴を記述するために一般化した。
（葉祥栄の屋根構造についての「連続的に微分的に差異化された曲面」という表現を参照のこと。
Greg Lynn,ed., "Folding in Architecture," special issue〔AD Profile 102〕, *Architectural Design* 63, nos. 3-4〔1993〕: 27.
また次も参照のこと。
"Differential Gravities," *ANY* 5〔March-April 1994〕: 20-23, repr. in Lynn, *Folds, Bodies and Blobs: Collected Essays*〔Brussels: La lettre volée, 1998〕, 102.
次の書に所収されたエッセイにおける「微分的な差異化によるコンポジション」や「連続的で分割のできない微分的な差異化」という表現を参照のこと。
"Body Matters," *Journal of Philosophy and the Visual Arts* 5〔1995〕, repr. in Folds, Bodies and Blobs, 140.
さらに次の書に所収のエッセイにおける「微分的な差異による複雑性」や「複雑性、連続性、そして微分的差異化」という表現も参照のこと。
"Blobs," *Journal of Philosophy and the Visual Arts* 6〔1995〕, repr. in Folds,

Bodies and Blobs, 158, 168)
最終的に前述したものと同じ連続性の数学的原理が、ノンスタンダードな系列性をより明確に特徴づけるという意味で、構法〔テクトニクス〕や製造〔ファブリケーション〕に関連づけられた。たとえば、次著でのリンの「系列と反復への、微分的な差異によるアプローチ」への参照を見ること。
Animate Form (New York: Princeton Architectural Press, 1999), 33.
そして『Folding in Architecture』の再版における、リンによる編集者としてのイントロダクションを参照のこと。
"Folding in Architecture" (London:Wiley-Academy, 2004), 12.
(「単純なマシンによる、同一的な無性生殖から、複雑なマシンによる、微分的に差異化される有性生殖へ」)

11 次を参照のこと。
John Battelle, *The Search: How Google and Its Rivals Rewrote the Rules of Business and Transformed Our Culture* (New York: Portfolio, 2005).
※ジョン・バッテル『ザ・サーチ グーグルが世界を変えた』中谷和男訳、日経BP社、2005

12 Stephanie Clifford, "Billboards That Look Back," *New York Times*, May 31, 2008.
ハワード・ラインゴールドHoward Rheingoldは既に2002年に類似したテクノロジーについて書いていた。そのとき、それは明らかにIBMのアルマデンAlmaden・リサーチ・センターで開発されていた。次を参照のこと。
Howard Rheingold, *Smart Mobs: The Next Social Revolution* (Cambridge, MA: Perseus Publishing, 2002), 94, 187, 193.
※ハワード・ラインゴールド『スマートモブズ— "群がる" モバイル族の挑戦』公文俊平、会津泉訳、NTT出版、2003

13 Mario Carpo, "Pattern Recognition," in Kurt W. Forster, ed., *Metamorph: Catalogue of the 9th International Biennale d'Architettura, Venice 2004*, 3 vols. (Venice: Marsilio; New York: Rizzoli International, 2004), 3: 44-58, esp. 45n1.

14 これは視覚的に同じであることから得られる意味（何らかのインデックスの場合のように）や、視覚的に似ていることから得られる意味（図像のように）にだけあてはまることである。「象徴的」な意味（パースCharles Sanders Peirceの記号論で定義されるような）にはあてはまらない。

15 ここや本書の他の箇所でも、「機械による〔機械で動く、機械で作られた〕mechanical」は、これら3つの時代の2番目を特に指している。一方、「機械〔マシン〕machines」は、機械による装置とデジタル技術による装置の双方に該当している。

16 たとえば次を参照のこと。

Lev Manovich, *The Language of New Media* (Cambridge, MA: MIT Press, 2001).

※レフ・マノヴィッチ『ニューメディアの言語——デジタル時代のアート、デザイン、映画』堀潤之訳、みすず書房、2013

17 たとえば次を参照のこと。

William M. Ivins, Jr., *Prints and Visual Communication* (Cambridge, MA: Harvard University Press, 1953)

※ウィリアム・M.アイヴィンス『ヴィジュアルコミュニケーションの歴史』白石和也訳、晶文社、1984

また、より最近のものでは次のものがある。

Friedrich A. Kittler, "Perspective and the Book," *Grey Room* 5 (2001): 38–53.

最初は次のようにドイツ語で出版された。

"Buch und Perspektive," in Joachim Knape,ed., *Perspektiven der Buchund Kommunikationskultur* (Tübingen: Hermann-Arndt Riethmüller, 2000), 1931.

18 ブルーノ・ラトゥールBruno Latourの用語によれば、「不変の可動物immutable mobiles」。次を参照のこと。

Latour, "Drawing Things Together," in Michael Lynch and Steve Woolgar, eds., *Representation in Scientific Practice* (Cambridge, MA: MIT Press, 1990), 19–68; esp. 34–35, 47.

この初期のヴァージョンは次のものとして出版された。

"Visualization and Cognition: Thinking with Eyes and Hands," *Knowledge and Society: Studies in the Sociology of Culture Past and Present* 6 (1986): 1–40.

さらなる参考文献として、ウィリアム・アイヴィンスWilliam Ivins、ウォルター・オングWalter Ong、そしてエリザベス・エイゼンシュタインElizabeth Eisensteinの独創的研究については次を参照のこと。

Mario Carpo, *Architecture in the Age of Printing* (Cambridge, MA: MIT Press, 2001).

これは次のものを改訂・翻訳したものである。

L'architettura dell'età della stampa (Milan: Jaca Book, 1998).

また次も参照のこと。

Christopher S. Wood, "Notation of Visual Information in the Earliest Archeological Scholarship," *Word & Image* 17, nos. 1–2 (2001): 94–118.

19 特に次を参照のこと。

Carpo, *Architecture in the Age of Printing.*

20 互いに同一に見えるために、いくつかの個々のパーツは異なるように作られなければならなかった——古代やルネサンスの視覚補正に関する理論を見よ。さらに古典の伝統では同一的なコピーとはしばしば、寸法に関してではなく、比例によって同一であることを含意していた（1.5節を参照）。古典の伝統は視覚的に同じであることを扱っていたのであって、規格化された大量生産を問題としていたのではない。

21 Nelson Goodman, *Languages of Art: An Approach to a Theory of Symbols*, 2nd edn. (Indianapolis: Bobbs-Merrill, 1976), 122, 218-221.

22 Spiro Kostof, "The Practice of Architecture in the Ancient World: Egypt and Greece," in Kostof, ed., *The Architect: Chapters in the History of the Profession* (New York: Oxford University Press, 1977), 3-27.
特にトリノのパピルスについては、7-8。

23 次を参照のこと。
Jens Andreas Bundgaard, *Mnesicles: A Greek Architect at Work* (Copenhagen: Gyldendal, 1957).
Kostof, "The Practice of Architecture," 12-16, 26-27.
J.J.Coulton, *Ancient Greek Architects at Work: Problems of Structure and Design* (Ithaca: Cornell University Press, 1977), 51-73.
特にギリシアのsyngraphai（仕様書または技術的解説）、paradeigmata（現寸大の3次元の模範）、anagrapheis（テキストでの記述か、現寸の平面的なテンプレート）については、53-58。
※J.J.クールトン『古代ギリシアの建築家―設計と構造の技術』伊藤重剛訳、中央公論美術出版、1991
別の見解については、次を参照のこと。
Lothar Haselberger, "Architectural Likenesses: Models and Plans of Architecture in Classical Antiquity," *Journal of Roman Archaeology* 10 (1997): 77-94.
論争は次のような事実からこじれてしまっている。考古学者は時に、一方でサーヴェイの図面や模型（既存の構築物を記録したもの）と、他方でプロジェクトの図面や模型（建物を建設前にデザインしたもの）があるのに、それらを区別し損なっている。古典期の遺跡から出土した、多くの現存する小スケールの建築模型は、既存建物のコピーかもしれないし、新築建物を公衆やパトロンにプレゼンテーションするためのものだったのかもしれない。しかし、デザインを目的として使われた可能性は低い。なぜなら――ごく最近まで――模型は建設技術者に信頼しうる寸法を提供しえなかった。時には大理石の壁に刻まれた（トルコのディディマのアポロン神殿の壁で、近年発見されたもののような）現場での現寸の施工図とは違って、古典期の遺物において、小スケールに縮小された計画図面は稀であり、ハーゼルベルガーHaselbergerが検討している2、3のものは、実際にはダイアグラムであり図面ではない。ポスト・ギリシアおよびローマ期の平面図、立面図、また縮小模型を関連づけた利用に関しては、次を参照のこと。

Mark Wilson Jones, *Principles of Roman Architecture* (New Haven: Yale University Press, 2000), 50-56, 58-63.

24 Vitruvius, *De architectura*, 1.2.2.

※ウィトルーウィウス『ウィトルーウィウス建築書』森田慶一訳、東海大学出版会、1979、第2版

(特別に表記のない限り、ヴィトルヴィウスのラテン語のテキストからの全ての引用は、次の書にしたがっている。

the Loeb Classical Library edition: *Vitruvius on Architecture*, ed. and trans. Frank Granger〔London: Heinemann; Cambridge, MA: Harvard University Press, 1931-1934〕

次を参照のこと。

Coulton, *Ancient Greek Architects*, 68, and below, section 1.5.

ヴィトルヴィウスの論文を通して、宣言した原理と理論の中核部との間にある不一致は、ヴィトルヴィウスの有名な、古代ギリシア哲学の編修注解的な行為から起きた、多くの年代の誤りのひとつである可能性がある。すなわち、第1書における建築図面の理論は、第3、4書におけるデザイン理論よりも、年代の新しい資料から引き出している可能性があるのだ。そしてこれら(第3、4書)の方は、より古い前-ヘレニズム的伝統に立ち戻っている(そして付随的にそれが後世に伝わることになる)。ルネサンスでは、ヴィトルヴィウスのichnographiaとorthographiaは、アルベルティの(そしてラファエロの)定義にしたがって、縮尺の入った平面図と立面図として、そしてscaenographiaは透視図あるいはそれに類したものとして一般的には解釈されていた。そして利己心に促されて、ダニエル・バルバロDaniel Barbaroとパッラーディオ Andrea Palladioは、ヴィトルヴィウスのscaenographia(彼らは「sciographia」と綴っていた)を「profilo」(この語によって彼らは縮尺の入った断面図を意味した)と解釈した可能性がある。こうすることで、ヴィトルヴィウスの理論とパッラーディオの実践が互いに一致したものとなるのである。これについては次の3書を参照のこと。

I dieci libri dell' Architettura di M. Vitruvio tradutti e commentati da Monsignor Barbaro … (Venice: Marcolini, 1556), 19.

M.Vitruvii Pollionis de Architectura Libri decem, cum Commentariis Danielis Barbari … (Venice: Francesco de Franceschi and Ioan Crugher, 1567), 18.

I dieci libri dell' Architettura di M. Vitruvio, tradotti e commentati da Mons. Daniel Barbaro … *da lui riveduti ed ampliati* (Venice: Francesco de Franceschi, 1584), 29-30.

また次も参照のこと。

James S. Ackerman, *Origins, Imitation, Conventions* (Cambridge, MA: MIT Press, 2002), 224-225.

ヴィトルヴィウスのscaenographiaの意味、またそれと古典期における透視図の知識との関係については、次を参照のこと。

Pierre Gros, "The Theory and Practice of Perspective in Vitruvius's De Architectura," in Mario Carpo and Frédérique Lemerle, eds., *Perspective, Projections and Design* (London: Routledge, 2007), 5-17.

ヴィトルヴィウスの第1書における、建築図面についての一節が比例によって縮尺に合わせて描かれた平面図と立面図に言及しているという考えでさえも疑わしい。なぜならそれはただ一語(「modice」)の解釈に基づいているからである。近年のヴィトルヴィウスの翻訳者たちは、いくぶん気前良く「modice」を「縮尺に合わせて描かれる」と訳している(次を参照のこと。Vitruvius, *Ten Books* …, ed. and trans. Ingrid D. Rowland and Thomas N. Howe〔Cambridge: Cambridge University Press, 1999〕, 25)

それは明らかに次の一節に基づいている。「古代に縮尺図面が使用されていたという、膨大な証拠がある。しかし、今にまで現存するものは、石に刻まれた単なるダイアグラムで、(中略)ほとんど読めないこともある」(これは次の書からの私訳。Vitruvius, *De l'architecture, Livre I*, ed. and trans. Philippe Fleury〔Paris: Belles Lettres, 1990〕, 109n12)

しかし古典期において、縮尺の入った計画図面が一般的に使用されていたことを示す主たる証拠が、ヴィトルヴィウスによるまさにこの一節であるとしても、この問題に関するいくつかの疑問はなかなか消えない。仮に、ヴィトルヴィウスの平面図と立面図が縮尺図面ではなく、現寸のレイアウトあるいはテンプレートに近いものとして考えられるならば、それらの図面は再び、現場で手描きで臨時にプランニングを行うような、ある種の慣行を示唆することになる。すなわち、代著による仕方、デザイナーと現場の距離を遠ざける仕方の程度が、より低いものであったことを示唆するのである。

25 Wolfgang Lotz, "Das Raumbild in der Architekturzeichnung der italienischen Renaissance," *Mitteilungen des Kunsthistorischen Instituts in Florenz* 7 (1956): 193-226.

ロッツは同じエッセイの英訳版のあとがきで自分の誤りを訂正している。

Studies in Italian Renaissance Architecture (Cambridge, MA: MIT Press, 1977), 29, 39-41.

※ヴォルフガング・ロッツ『イタリア・ルネサンス建築研究』飛ヶ谷潤一郎訳、中央公論美術出版、2008

26 Robert Branner, "Villard de Honnecourt, Reims,and the Origin of Gothic Architectural Drawing," *Gazette des Beaux-Arts*, 6th series, no. 61 (March 1963): 129-146（1240年以前のある時点での、羊皮紙での縮尺付きの計画図面の導入と、この新しい図面の様態がレイヨナン様式rayonnantのゴシック建築の視覚的側面のいくつかに影響を与えた可能性に関する考察について)、

Franklin Toker, "Gothic Architecture by Remote Control: An Illustrated Building Contract of 1340," *Art Bulletin* 67, no. 1 (1985): 67-95.

James S. Ackerman, "The Origins of Architectural Drawing in the Middle Ages and Renaissance," in *Origins, Imitation, Conventions*, 27-66（「直角投影」の図面に対するイタリア人の反感については、特に48-49を参照）

27 Raphael and Baldassarre Castiglione, "Letter to Leo X," ca. 1519, chap. XVIII-XXI, Archivio Privato Castiglioni, Mantua.

このテキストの最近の校訂版としては次を参照のこと。

Francesco Paolo di Teodoro, *Raphaël et Baldassar Castiglione: La lettre à Léon X* (Paris: Éditions de l' Imprimeur, 2005), 46-58.

ラファエロと違って、アルベルティはまた、3次元の模型の役割を力説した（しかし後に見るように、それは表記ツールとしてではない)。ラファエロは事実、平面図、立面図、断面図（「壁の内側la pariete di dentro」）からなる、近代的な3つ組を初めて定義した者であったのかもしれない。それに対してアルベルティは、平面図、立面図と側面図に言及していた。次を参照のこと。

Christof Thoenes, "Vitruvio, Alberti, Sangallo: La teoria del disegno architettonico nel Rinascimento," in *Sostegno e adornamento* (Milan: Electa, 1998), 161-175, esp. 163-164.

クリストフ・テーネスは、ラファエロのアンチ透視図のスタンスは、画家としてトレーニングを受けていない職人のアントニオ・ダ・サンガッロAntonio da Sangalloにインスパイアされたのかもしれないと示唆している。そして彼は、透視図の上に付加的な結びの文がついた、手紙の別のヴァージョンは無視するのである（そこではラファエロのものとされるテキストが、建物が単に図面として描かれ「建築的に測定された」だけでは見えなくなる側面を見せるために、透視図を使うことを勧めているのである)。

28 Guidobaldo Del Monte, *Planisphaeriorum universalium theoricae* (Pesaro, 1579), II, 58.

次を参照のこと。

Filippo Camerota,"'The Eye of the Sun': Galileo and Pietro Accolti on Orthographic Projections," in Carpo and Lemerle,eds., *Perspective, Projections and Design*, 118n12.

29 Piero della Francesca, *De prospectiva pingendi*, ca. 1490, MS 1576, Book 3, proposition 8, fol. 64r, Biblioteca Palatina, Parma.

30 初期近代における平面図と立面図（および／または、アルベルティとラファエロによって、それぞれ定義された、側面図または断面図）のことを示すために、「直角投影図 "orthogonal projections" または "orthographic projections"」という表現を用いることは、学者たちの間では常習的であるのだが、それは当時存在していなかった平行投影図の理論を含意しているかのような誤解を招いている。ルネサンスにおける、中心、平行、あるいは擬似的な平行投影図に関しては、ロビン・エヴァンスRobin Evansの先駆的論文である次を参照のこと。

"Translations from Drawing to Building," *AA Files* 12 (1986): 3-18

(これは次のタイトルで再版されている。

Translations from Drawing to Building and Other Essays [London: Architectural Association Publications, 1997], 154-193).

また次の3つも参照のこと。

ジェームス・アッカーマンJames Ackermanによるエヴァンスの後者の論文のレヴューである、*Design Book Review* 41/42 (2000): 65-67.

Evans, "Architectural Projections," in Eve Blau and Edward Kaufman, eds., *Architecture and Its Image* (Montreal: Canadian Centre for Architecture, 1989), 19-35.

Carpo and Lemerle, introduction to *Perspective, Projections and Design*, 1-5; and esp. Camerota, "'The Eye of the Sun'," 115-127.

「orthographic projections」という表現は、次の書で初めて生じたようである。

François D' Auguillon (Aguilonius), *Opticorum libri sex* (Antwerp, 1613), 683.

(Camerotaの118n11を参照のこと)。しかしそこでは、その語は、太陽の直射光によって投影された影のことを示している（物理的な眼とは違って、太陽は無限遠に位置する幾何学上の点と一致させることができたのだ)。事実、すぐには後に続く者がいなかった、デザルグDesarguesの円錐曲線理論(1639)は例外として、前-モンジュMonge的な平行投影法はほとんどの場合、天文学や影の理論（または望遠鏡のレンズで生まれるような人工的に歪んだ像）に関連して論じられていた。Camerota, 125を参照のこと。この異論の多い問題に関する様々な諸見解については、次の2書を参照のこと。

Alberto Pérez-Gómez and Louise Pelletier, *Architectural Representation and the Perspective Hinge* (Cambridge, MA: MIT Press, 1997).

Branko Mitrovic, "Leon Battista Alberti and the Homogeneity of Space," *Journal of the Society of Architectural Historians* 63, no. 4 (2004): 424-439.

31 Leon Battista Alberti, *De re aedificatoria*, 2.1.4

※レオン・バティスタ・アルベルティ『建築論』相川浩訳、中央公論美術出版、1998

特別に表記のない限り、アルベルティのラテン語のテキストからの全ての引用は次にしたがっている。

L'architettura 〔*De re aedificatoria*〕, ed. and trans. Giovanni Orlandi 〔Milan: Il Polifilo, 1966〕): "Inter pictoris atque architecti perscriptionem hoc interest, quod ille prominentias ex tabula monstrare umbris et lineis et angulis comminutis elaborat, architectus spretis umbris prominentias istic ex fundamenti descriptione ponit, spatia vero et figuras frontis cuiusque et laterum alibi constantibus lineis atque veris angulis docet,uti qui sua velit non apparentibus putari visis,sed certis ratisque dimensionibus annotari."「画家と建築家のドローイングの違いは次のようなものである。前者は、絵画で物を浮き彫りのような状態にすることを、影をつけることや縮減する線や角度を用いて、強調することに苦心をする。一方、建築家は影をつけることを拒否し、グラウンド・プランからの投影を採用し、線を変化させず、真の角度を維持して、各立面と側面の範囲と形をあらわにする――建築家は、ひとを欺くような見掛けによって判断されるのではなく、ある計算された諸基準にしたがって判断されることを望む者なのだ」〔訳註：ラテン語から日本語への翻訳は、ジョセフ・リクワートJoseph Rykwert等による英訳版の該当箇所を参考に、訳者が私訳した。なお下記の「ratus」はこの文章中での「ratisque」に該当すると思われる〕

近年の英訳では、「ratus」という用語が、「比例によってproportional」ではなく、「ある計算された諸基準にしたがってaccording to certain calculated standards」と訳されていた。次を参照のこと。

On the Art of Building in Ten Books, trans. Joseph Rykwert, Neil Leach, and Robert Tavernor (Cambridge, MA: MIT Press, 1988), 34.

逆に、次のフランス語訳版の翻訳と注釈を参照のこと。

Alberti, *L'art d'édifier*, ed. and trans. Pierre Caye and Françoise Choay (Paris: Seuil, 2004), 100n9.

そこでは、アルベルティの比例による図法の革新性が指摘されている。アルベルティが建築デザインにおいて「constantes lineae」を必要としたというのは、これまで翻訳されてきたような、総称的な「首尾一貫したcoherent線」に言及したものではなく、より技術的に「常に一定のconstant値をもった線」、すなわち均一な、あるいは不変の測定値をもったものに言及したものである可能性がある。このことが今度は、線は遠近法的に縮小されるべきではない、ということを示唆することに再びなってくるのである。

32 Alberti, *De re aedificatoria*, 1.1.2; 2.1.2; 2.1.4; 2.2.1; 2.3.1–3; 9.8.10; 9.9.5; 9.10.3–4;

9.11.1-2; 9.11.4-5.

同じトピックが、妙に異なる文脈において、『Momus』の中で現れる。『Momus』はアルベルティによる最も謎めいた著作のひとつで、『建築論』とほぼ同時期のものである。ジュピターJupiterが明らかに世界の状態に満足できず、世界を破壊し根底から新しい世界を建設することを思案しているときに、モーモスMomusはジュピターに、自分の計画を最良に実行するためには、思考と実行は隔てられてあるようにすべきであり、新たな計画のデザイン(「descriptio」)は、建設が始まる前に完成させるべきであると忠告するのである。

Leon Battista Alberti, *Momus*, ed. and trans. Virginia Brown and Sarah Knight (Cambridge, MA: Harvard University Press, 2003), 191.

33 アルベルティが『建築論』の中で、計画図面とその模型、またはその一方(ときにはその違いは明瞭ではない)に言及する際に用いる表現は、1.1.2における「lineamenta」と「perscriptio」である。また、いくつかの写本manuscriptsや初版editio princepsでは、「praescriptio」と「proscriptio」である。これらについては以下を参照のこと。

Orlandi, 21; "perscriptio," "pictura," "modulus," and "exemplarium" (2.1.4); "modulus" (2.2.1 and 2.3.1-3); "exemplar" ("ad modulus diductum," 9.8.10); "exemplar" (9.9.5); "institutum" (9.10.3); "modulus" and "exemplar" (9.10.4); "ad lineas redigere," "perscripta," "modulus," and "exemplar" (9.10.11); "castigata lineamenta" (9.11.1).

34 *De re aedificatoria*, 9.11.1.

"Dignitatem idcirco servasse consulti est; fidum con- silium poscenti castigataque lineamenta praestitisse sat est."

(「あなたに仕事を依頼した人には、十分なアドヴァイスと明快な図面を与えることで十分でしょう」)これは私訳であり、*On the Art of Building*, 318では異なる翻訳をしている。

35 *De re aedificatoria*, 1.1.2; *On the Art of Building*, 7.

アルベルティは第9書の最後で、建築家という職業に関する彼の信条をまとめる際に、さらに次のように所見を述べている。「私はプロジェクトについて、いくたび、自分の心の中で思案したことであろうか。そのときは、それは本当に人に推薦できると思えていたのである。しかし、私がそれらを図面に移し換えたとき、私は自分を喜ばせていた、まさにその部分に、いくつかの誤りを発見したのだ。そしてそれらは重大な誤りであった。もう一度、図面に立ち戻り寸法を測ると、私は自分の不注意に気づき、悲嘆する。最終的に図面から模型の段階に移ると、私はときにはさらなる誤りが個々の部分にあることに気づく。それらは多数にわたることさえあるのである」。

De re aedificatoria, 9.10.11; *On the Art of Building*, 317.

36 *De re aedificatoria*, 9.8.10; *On the Art of Building*, 313.
外部から助言を求めることが必要であることに関しては、さらに次の2節を参照のこと。
De re aedificatoria, 2.1.4; *On the Art of Building*, 34.
De re aedificatoria, 9.11.6; *On the Art of Building*, 319.

37 *De re aedificatoria*, 2.3.1.
私訳。*On the Art of Building*, 37では異なる翻訳をしている。

38 『建築論』第2書の中でアルベルティは、計画が仕上げられた後は、「原作者による」修正も含めて、建設過程でのあらゆる変更には反対するように助言している(2.1.2)。その主張は、第9書で再び述べられている。そこでアルベルティは、デザイナーは建設が始まった後は、あらゆる干渉を慎むべきであると強調している。建設は、デザインがあらゆる面において完了したときに初めて、開始されるべきである(2.1.4)。資金や物資輸送に関する計画は、建設が開始したときに妨げになるものや、資材の不足も起こることなく、迅速に着実に進行するように計画されるべきである(2.3.3)。建設が開始する前に、全てを何回も点検し、専門家の意見を求めるべきである(9.8.10)。建設が始まった後は、変更することも、躊躇することも許されないし、作業の中断もあってはならない(9.9.5)。計画と予算にしたがって建設することは、建築家の仕事ではなく、作業員たちの仕事である。"facere, quae usui commoda videantur, et quae posse pro instituto et fortunae ope fieri non dubites, non magis architecti est quam operarii fabri; sed praecogitasse ac mente iuditioque statuisse,quod omni ex parte perfectum atque absolutum futurum sit, eius unius est ingenii, quale quaerimus" (9.10.3)
建築家はパトロンに十分な助言と明快な図面を与えるだけで良い(「fidum consilium」と「castigata lineamenta」, 9.11.1: 本章原註34を参照のこと)。

39 *De re aedificatoria*, 9.11.2; *On the Art of Building*, 318.

40 *De re aedificatoria*, 9.11.4; *On the Art of Building*, 318.

41 第2章原註41を参照のこと。

42 *De re aedificatoria*, 9.11.5; *On the Art of Building*, 319.
古典的なラテン語では、「augere」に由来する「auctor」は、何ものかを育てるエージェントのことを示し、煽動者、創作者、発明者、創造者、また製作者というように、様々に翻訳された。古典期の著述家や詩人また歴史家は時に「auctores」という語で示され、それは新たな文学の伝統あるいはジャンルを発明するあるいは導入する際の、彼らの役割を指し示すためであることがほとんどであった。その一方で、文学作品の原作者性はしばしば、著述家たちを奨励し育て仕事を依頼したパトロンや被献呈者に帰属していた。次を参照のこと。
Florence Dupont, "Comment devenir à Rome un poète bucolique," in Claude

Calame and Roger Chartier, eds., *Identités d'auteurs dans l'Antiquité et la tradition européenne* (Grenoble: Jérome Millon, 2004), 171–175.

『建築論』の中で「auctor」という語は17回現れるが、ほとんどの場合、文学の原典を指し示すためである。次の書のその語の項を参照のこと。

Hans-Karl Lücke, *Alberti Index* (Munich: Prestel, 1975) .

しかしアルベルティはその語を、古典的かつ語源的な意味でも用いている。したがってダビデとソロモンはエルサレム神殿の「原作者」であった (2.3.4; *On the Art of Building*, 38)。同様に、テミストクレスはアテネの壁の (7.2.1; 同書192)、そしてヘラクレスはスポーツ競技会の「原作者」であった (8.7.2; 同書269)。ある例では、この語がひとりの職人を指した (カリマコスは最初のコリント様式の柱頭の「原作者」であった。7.6.3; 同書201)。建築家を原作者として指し示すことが起きたのは、2回だけである。第2書の中 (そこでは「原作者」すなわちデザイナーであるという判断が、建物の製作者のもつ専門知識に重ねられている。2.1.1; 同書33) と、ここで引用した一節においてである。両方の場合とも、彼はデザイナーが建物の唯一の「原作者」であるとして言及しているので、アルベルティはその語の2つの意味を合成していることになる。すなわち建築家は、建物の創作者、発明者、創造者であるのだが、それと同時に建築家のデザインは、「原作者が認定した」文学のどのようなテキストとも同じように、原作者の典拠が確かな、権威性をもったものになるのである。そのため、アルベルティの理論においては、不変で永遠的な原作者による原典は、改変されるべきものではなく、いかなることがあっても、他人が不当にいじくるべきものではないのである。

43 本章原註33を参照のこと。ブルネレスキの最初の伝記作家であるアントニオ・ディ・トゥッチオ・マネッティ Antonio di Tuccio Manettiは、ブルネレスキが、図面を部分的で不十分な表記ツールとしてしか考えていなかったことを、強く示唆した。それによれば、ブルネレスキは建設のための諸指示をまるごと一式のものとして伝える必要があるときには常に、3次元の模型を最終的な頼みにした。また、ほとんどの場合、ブルネレスキは自分のデザインの全ての様子を明かすことを好まなかったので、そうした模型を意図的に不完全なままにしておいたのだった。

Antonio di Tuccio Manetti, *The Life of Brunelleschi*, ed. and trans. Howard Saalman and Catherine Enggass (University Park: Pennsylvania State University Press, 1970), 96, 116.

※アントニオ マネッティ『ブルネッレスキ伝』浅井朋子訳、中央公論美術出版、1989

第2章原註35、39、40を参照のこと。

44 ある物のデザインが、その物自体の現寸のプロトタイプであることが、時にはありうる。これは特に、比較的小さな建築部品の場合には稀なことではなく、古典期のギリシアでは慣習的であったようである。次を参照のこと。
Coulton, *Ancient Greek Architects*, 55, nn17–18.

45 Goodman, *Languages of Art*, 220.

46 Paul Zumthor, *Essai de poétique médiévale* (Paris: Seuil, 1972), 65–75.
Bernard Cerquiglini, *Éloge de la variante:Histoire critique de la philologie* (Paris: Seuil, 1989), 57–79, 120.
Herrad Spilling, ed., *La collaboration dans la production de l'écrit médiéval* (Paris: École des Chartes, 2003).
ポール・ズムトールPaul Zumthorとベルナール・セルキリーニBernard Cerquigliniの場合、変異varianceの概念は、フランスの土地言葉で書かれた詩を参照したものである。初期近代における視覚的なコピーが含む「変動drifting」性（印刷されたイメージが含む「凍結freezing」性より前の時代）に関しては、次を参照のこと。
Wood, "Notation of Visual Information in the Earliest Archeological Scholarship."
中世後期におけるテキストのヴァリエーションがなした文化（そしてペトラルカFrancesco Petrarcaが早くにそれを拒絶したこと）に関しては、次を参照のこと。
María Rosa Menocal, "The Flip Side," in Hans-Ulrich Gumbrecht and Michael Marrinan, eds., *Mapping Benjamin: The Work of Art in the Digital Age* (Stanford: Stanford University Press, 2003), 293–295.
María Rosa Menocal, *Shards of Love: Exile and the Origins of the Lyric* (Durham: Duke University Press, 1994), esp. 176–181.
第3章144頁上から12行目〜151頁最終行までを参照のこと。

47 ポッジョ・ブラッチョリーニPoggio Braccioliniの『De varietate fortunae』〔運命の浮沈〕の、曲がりくねった原文の歴史を評して、アンソニー・グラフトンAnthony Graftonは次のように結論づけている。「〔ポッジョは〕新種のテキストを創造した。すなわち、数千年前の石碑や銘刻文から抜き出された具体的な事実や論拠、そして証拠についての、見たところは直接に得たように思える諸報告を含んだ著作である。そして彼が示唆しているのは、この種の学問は、物語形式の歴史からなる著作とは異なり、ただひとりの才能と経験のある個人による作品に基づくのではなく、その成員が協力し、互いの誤りを正し合う、共同体の仕事に基づかなければならない、ということである」。
Grafton, *Leon Battista Alberti, Master Builder of the Italian Renaissance* (New York: Hill and Wang, 2000), 229.
※アンソニー・グラフトン『アルベルティ:イタリア・ルネサンスの構築者』森雅彦、足達薫、石澤靖典、佐々木千佳訳、白水社、2012
同書の中でグラフトンはまた、アルベルティ自身もしばしば、専門家や友人から

のコメントやフィードバックを求めて、自分の作品の下書きを修正しては送付するということをし続けていた、と述べている。「アルベルティが批評家たちに芸術作品を‘校訂する’ことを頼んだとき――そしてブルネレスキや他の芸術家たちに自分の論文を‘校訂する’ことを求めたとき――彼は空虚で陳腐な決まり文句を繰り返していたのではなかった。（中略）彼は特定の批評的反応に不満を感じたときでさえも、（中略）文芸の創作において協働的で社会的なシステムは、全くの個人的なものよりもずっと良い結果を産み出すだろうという考えに対して、決して信頼を失わなかったのである」。その際に、「アルベルティはある特別な文芸システムを心に抱いていた――まさにそのシステムの中で、1430年代の間、彼自身が苦労して、知的な支配権を獲得しようとしていたのだ。このシステムは、アルベルティがそれを関連させていた芸術品の製作を依頼するための〔コミッション〕システムと同様に、形式的には、創造性とは社会的プロセスであって個人的なものではない、という仮説が成り立つような、協同的なものであったのだ」（同書138-139）。彼の論文『家族論Della famiglia』（※レオン・バッティスタ・アルベルティ、池上俊一、徳橋曜訳、講談社、2010）の場合、アルベルティの改訂作業によって結果的に、多重で異なったヴァージョンが流通することとなった（グラフトンはまた、「そのテキストの最終ヴァージョン」のひとつに言及するのではあるのだが。同書175）。フランソワーズ・ショエFrançoise Choayが最近示唆していることによれば、アルベルティの『建築論』の著述は、永続的に進行中の仕事として見られるべきである。したがって、作品の最終ヴァージョンが印刷されえないことは言うまでもなく、それが存在することができるという、まさにそういった考えすら、概念上の諸々の理由に基づいて、それを排除しているというのである。次の書のイントロダクションを参照のこと。

Alberti, *L'art d'édifier*, 18-19.〔これは前掲の『建築論』のフランス語版〕

48 第3章144頁上から12行目～151頁最終行までを参照のこと。

49 この語はインゲボルグ・ロッカーIngeborg Rockerによって建築の論説に導入された。

“Versioning: Evolving Architecture, Dissolving Identities,” in *Architectural Design* 72, no. 5 (2002): 10-18.

50 Cerquiglini, *Éloge de la variante*, 22-23.

51 グッドマンの用語によれば、建築の表記法における表記の準拠クラスcompliance classは、大抵の場合、ひとつの建物に限定される。それは一度だけ演奏されるシンフォニーの場合と同様である。

Languages of Art, 219.

52 施工図面が慣習にしたがって少部数だけ複製されていた、より近年の時代においてさえも、それらが印刷されることは稀であった。そうした図面はシアン化合物による形式（青写真法）やその後継の方法のように、化学薬品を接触させることに基づいた技術を用いてコピーされた。

53 この場合の例外として、非常に重要なものでは、今日のデジタル化されたデザインと生産のプロセスに固有の可変性がある。そして同じく例外とされるもので、偶有的なものでは、今日のデジタル・ファブリケーション・ツールの扱うスケールがある。それらのツールは建物よりも小さな物を生産する傾向にあるのだ（次のものはまたそれとは別である。等高面を積層する技法contour crafting、あるいはコンクリート・ブロックでできたマウンドから実際の家を彫り出すために、特殊なCNCミリング・マシンを用いた、トーマス・ヘザーウィックThomas Heatherwickの最近の作品）。

54 デジタル・ターンにおいて、その初期の「ドゥルーズ派」的な段階におけるアイゼンマンのピボット的な役割については第3章109頁上から9行目～114頁上から5行目までを参照のこと。

アイゼンマンによる、デジタル時代の視覚文化に対する、より近年の批評と、建築のなすインデックス性をデジタル技術の導入によって再改変することに関して、特に第3章原註41を参照のこと。

55 ネルソン・グッドマンは、完全な表記法というものをなすために、技術的に必要な諸条件を設定するに際して、かなり綿密である。次を参照のこと。

Languages of Art, 132-171.

56 たとえば、円柱によるシステムにおける円柱のベース部の半径または直径、エンタブラチュアにおけるアーキトレーブの最も低いファスキア、投石機〔カタパルト〕の構造フレームにおけるピン・ホールなど。この手法は、神殿建築に関して第3書と4書の中で、最も完全に記述がなされているが、第10書の機械の建造まで含めて、論文全体にわたり適用されている。

57 本章原註23-24を参照のこと。

58 Mario Carpo, “Drawing with Numbers: Geometry and Numeracy in Early-Modern Architectural Design,” *Journal of the Society of Architectural Historians* 62, no. 4 (2003): 448-469.

59 この語は、アルベルト・ズデーニョAlberto Sdegnoに起因する。

Alberto Sdegno, “E-architecture: L’architettura nell’epoca del computer,” *Casabella* 691 (2001): 58-67.

60 クリストフ・シャイナーChristoph Scheinerの縮図器とほぼ同時に（1603年から1631年の間に発明された）、類似の機械的な装置が建築用に開発されていたが、最も有名なものは、オッターヴィオ・リバーシ・ブルートOttavio Revesi BrutiのArchisesto（1627）であり、それは建築のオーダーのなすプロポーションを自動的に拡大縮小する機器であった。しかしリバーシ・ブルートのArchisestoは機能せずにめったに使われることはなかった。次を参照のこと。

Carpo, "Drawing with Numbers," 467-468.

61 Robin Evans, *The Projective Cast: Architecture and Its Three Geometries* (Cambridge, MA: MIT Press, 1995), 302-303, 305.

62 Evans, *The Projective Cast*, 334.

63 マーク・バーリーMark Burryの仕事、特に次を参照のこと。

"Virtually Gaudí," in Neil Leach, David Turnbull,and Chris Williams, eds., *Digital Tectonics* (Chichester: Wiley-Academy, 2004), 22-33.

64 ここでは、静力学、コンストラクション・サイエンス、建築材料の強度、あるいは幾何学的に定義された物体が建設不能である他の多くの事由は考慮していない。

65 Le Corbusier, *Urbanisme* (Paris: G. Crès, 〔1924〕), v.

※ル・コルビュジエ『ユルバニスム』SD選書15、樋口清訳、鹿島出版会、1967

66 Nicholas Negroponte, *The Architecture Machine* (Cambridge, MA: MIT Press, 1970).

67 第3章3節と第4章を参照のこと。

68 同じ理由により、多くの若い建築家たちが、その時分に使い始めたCADやアニメーション・ソフトウェアに関しての実際の時系列や技術史については、ここでは論じないことになるだろう。

69 次の2書を参照のこと。

Anthony Vidler, *Warped Space: Art, Architecture, and Anxiety in Modern Culture* (Cambridge, MA: MIT Press, 2000); esp. 219-235.

(「皮と骨：ライプニッツからリンまでの折り畳まれた諸形態」)〔私訳。下記の邦訳とは異なる〕

※アンソニー・ヴィドラー『歪んだ建築空間―現代文化と不安の表象』中村敏男訳、青土社、2006

Carpo, review of the exhibition "Architectures non standard," Centre Pompidou, Paris, December 2003-March 2004 and of the exhibition catalog *Architectures non standard*, ed. Frédéric Migayrou and Zeynep Mennan, Journal of the Society of Architectural Historians 64, no. 2 (2005): 234-235.

70 ゲーリーの初期のデジタル・プロセスについて振り返る最も良い記事のひとつが、次の中にある。

Alex Marshall, "How to Make a Frank Gehry Building," *New York Times Magazine*, April 8, 2001.

また次も参照のこと。

Coosje van Bruggen, *Frank O. Gehry, Guggenheim Museum Bilbao* (New York:

Guggenheim Museum, 1997), 135-140.

Bruce Lindsey, *Digital Gehry: Material Resistance, Digital Construction* (Basel: Birkhäuser, 2001), 42-47, 65-69.

Sdegno, "E-architecture," 2001. これにさらなる参考文献の目録が付いている。

71 シャイナーScheiner著の*Pantographice,seu ars delineandi res quaslibet per parallelogrammum* (Rome: Grignani, 1631) のほとんどは、非常によく知られた平面用の縮図器〔パントグラフ〕にあてられている（シャイナーはそれを「epipedographic」と呼んだ)。「立体画法stereographic」の縮図器は、実際には、遠近画法器perspectograph、すなわち遠近画法で描くための機械である。後者のより発展したヴァージョンは、イレギュラーな非平面状の曲面上にある3次元の物体のイメージを複製するために使うことができる。しかし、シャイナーはそれを歪像画を機械的に描くツールとして考案したようである（同書100。シャイナーは「歪像anamorphic」という語は用いていない)。平面用と立体画法用の縮図器は共に、同書の扉のページに図解されている（後者は基本ヴァージョンであって、「歪像」用のものではない)。

72 第3章原註26-27を参照のこと。

73 Greg Lynn, "Blobs (or Why Tectonics Is Square and Topology Is Groovy)," *ANY* 14 (May 1996): 58-62.

74 Mario Carpo, "L'architecture à l'ère du pli (Architecture in the Age of Pliancy)," *L'architecture d'aujourd'hui* 349 (2003): 98-104.

75 ある単一の遺伝子型から複数の異なった表現型が発生する、生物学的あるいは遺伝学的モデルに触発された諸理論。パラメトリックな関数は、ある単一のプログラムから、互いに類似した曲線からなる族をいくつも生成すること、またデジタル・デザインはしばしば（意図的にもそうでなくても）アルゴリズムによって生成されるヴァリエーションに基づいていることから、ジェネラティヴなデジタル・スクリプトと、DNAによるような形態発生との間のアナロジーは、自明であり、批評の面でも創作の面でも広範に探求されてきている。しかしながら、そのアナロジーは純粋にメタファーの段階に留まっている。この分野における近年の科学的進展にも関わらず、機械的なものと有機的なものは、ほとんどの実践的な目的にとっては、いまだに自然における異なる界に属しているのである。

76 2000年3月10日と2002年10月9日の間に、NASDAQの総合指数は78%(5048～1114まで) 下落した。次を参照のこと。

Carpo, "Post-Hype Digital Architecture: From Irrational Exuberance to Irrational Despondency," *Grey Room* 14 (2004): 102-115.

77 これは時に、マス・カスタマイゼーションとも、そして本書の中では、微分的差異性をもった複製（この表現はグレッグ・リンに倣っている。第1章原註10を参照のこと）とも呼ばれる。

78 この用語は、パブリッシャーでテクノロジストでもある、ティム・オライリー Tim O'Reillyによって導入されたようであり、2004年10月5日から7日にサン・フランシスコでオライリー・メディアによって開催された第1回Web2.0会議の後に著名となった。

79 第3章原註73を参照のこと。

80 この表現はロビン・エヴァンスの独創的なエッセイ「Translations from Drawing to Building」に始まる（本章原註30を参照のこと）。

81 Carpo, "Pattern Recognition", 44–58.

82 Erwin Panofsky, *Gothic Architecture and Scholasticism* (Latrobe, PA: Archabbey Press, 1951).
※アーウィン・パノフスキー『ゴシック建築とスコラ学』前川道郎訳、筑摩書房、2001

83 Richard Krautheimer, "Introduction to an 'Iconography of Mediaeval Architecture,'" *Journal of the Warburg and Courtauld Institutes* 5 (1942): 1–33.
これは次の中に再版されている。
Studies in Early Christian, Medieval, and Renaissance Art (New York: New York University Press, 1969), 115–151.
特に117–127, nn 82–86. を参照のこと。

84 類genus／種speciesの関係の中では、「類的generic」なオブジェクトの字義通りの反対語は、「種的specific」なオブジェクトである。

2 興隆

本章の一部は、次に挙げるものから抜粋し、それらをより詳細に展開している。
Carpo, "Alberti's Media Lab," in Mario Carpo and Frédérique Lemerle, eds., *Perspective, Projections and Design* (London: Routledge, 2007), 47–63, Carpo, "Introduction: The Reproducibility and Transmission of Technico-Scientific Illustrations in the Work of Alberti and in His Sources," in *Leon Battista Alberti's "Delineation of the City of Rome" ("Descriptio Vrbis Romæ")*, ed. Mario Carpo and Francesco Furlan (Tempe, AZ: Center for Medieval and Renaissance Texts and Studies, 2007), 3–18.

1 Mario Carpo, *Architecture in the Age of Printing* (Cambridge, MA: MIT Press, 2001), 16–22, 122–124, and footnotes.
ダイアグラムは、長い間、選り抜いた手段を視覚に訴えて代用するものであった。古典の伝説に伝わる科学に関する多くの著述家は、とりわけユークリッドがそうであるのだが、その読者にダイアグラムを描くように指示しているのであるが、その描画は、それ以上のどんな情報も、あるいは図だけに独自の情報をも伝えることを意図したものではなかったのである。多くの場合、ダイアグラムを構成するために必要な全ての情報は文章の中に含まれていて、そこでの意味は全く文字と数字だけで伝えられていたのである。ユークリッドによるダイアグラムの伝え方に関しては、次を参照のこと。

J.V.Field, “Piero della Francesca’s Perspective Treatise,” in Lyle Massey, ed., *The Treatise on Perspective: Published and Unpublished* (New Haven: Yale University Press; Washington: National Gallery of Art, 2003), 73-74.

異なる見解については、次を参照のこと。

Reviel Netz, *The Shaping of Deduction in Greek Mathematics* (Cambridge: Cambridge University Press, 1999).

2 中でも最も有名なものは、『建築論』第7書における、アルファベット文字のなす記号の組み合わせとして、建築のモールディングについて記述した部分であるかもしれない。

(Alberti, *De re aedificatoria, 7.7.10; On the Art of Building in Ten Books*, trans. Joseph Rykwert, Neil Leach, and Robert Tavernor〔Cambridge, MA: MIT Press, 1988〕, 574-575.)

〔訳註：これは、アルファベットのS字型を用いてモールディングのかたちを描写している箇所について言及している〕

3 アルベルティの著書のひとつ、『Ludi rerum mathematicarum』〔数学的遊戯〕は、明らかに図解されているが、おそらく特別に酌量すべき情状のためである。次を参照のこと。

Francesco Furlan,introduction to *Leon Battista Alberti's “Delineation of the City of Rome,”* 23.

その大部分が、建築図面に関する新しい理論と実践に充てられた『建築論』の中で、アルベルティがあからさまに図解を拒絶しているという明らかなパラドックスに関しては、次を参照のこと。

Carpo, “Alberti’s Media Lab”, 49-51.

4 次を参照のこと。

Carpo, “Ecphrasis géographique et culture visuelle à l’aube de la révolution typographique,” in Leon Battista Alberti, *Descriptio urbis Romae*, ed. Martine Furno and Mario Carpo (Geneva: Droz, 2000), 65-97.

Carpo, “Introduction:The Reproducibility and Transmission of Technico-Scientific Illustrations in the Work of Alberti and in His Sources,” in *Leon Battista Alberti's “Delineation of the City of Rome,”* 3-18.

5 次を参照のこと。

Bruno Queysanne, *Alberti et Raphaël, Descriptio urbis Romae,ou comment faire le portrait de Rome* (Grenoble and Lyon: École d'architecture de Grenoble and Plan Fixe, 2000; 2nd edn., Paris: Éditions de la Villette, 2002).

6 Leon Battista Alberti, *On Painting and On Sculpture: The Latin texts of De pictura and De statua*, ed. and trans. Cecil Grayson (London: Phaidon, 1972), 128-130.

〔訳註：アルベルティの『絵画論』と『彫刻論』には次の邦訳がある。

レオン・バッティスタ・アルベルティ『絵画論』三輪福松訳、中央公論美術出版、2011、改訂新版

レオン・バッティスタ・アルベルティ『芸術論』森雅彦訳、中央公論美術出版、2011、新装普及版（『彫刻論』『都市ローマ記』『画家における点と線』『絵画の初程』を含む）〕

7 J.Lennart Berggren and Alexander Jones, *Ptolemy's Geography: An Annotated Translation of the Theoretical Chapters* (Princeton: Princeton University Press, 2000), 4-5.

8 Alberti, *On Painting and On Sculpture*, 55.

9 同上書 49

10 同上書 69

11 アルベルティは『絵画論』の２つのヴァージョンを、ひとつはラテン語で、もうひとつはイタリア語で書いた。それら２つの間にはマイナーではあるが、意味深い違いがある。次の２書を参照のこと。

Alberti, *De pictura*, in *Opere volgari*, ed. Cecil Grayson (Bari: Laterza, 1973), 3: 54-55.（イタリア語とラテン語の対照ヴァージョン）

Alberti, *On Painting and On Sculpture*, 68-69.（ラテン語のテキストと英訳）

『絵画論』（1435-1436）の年代算定に関しては、次を参照のこと。

Alberti, *Opere volgari*, 3: 305.

この論文のどのヴァージョンも図解されていないが、アルベルティのウィンドウの図解は『絵画論』の後の版に、そしてその後に続く透視図に関する多くの論文には見出すことができる――最も有名なものは、デューラーDürerによる次のものである。

Unterweisung der Messung (*Manual of Measurements*, 1525 and 1538：図2.4を参照のこと)。

12 ブルネレスキへの献呈の手紙が次に英訳されている。

Alberti, *On Painting and Sculpture*, 33.

13 Friedrich A.Kittler, "Perspective and the Book," *Grey Room* 5 (2001): 44.

ピクセルとは、ひとつの値で記述されるイメージの構成単位であるから、アルベ

ルティによる「アナログな」グリッドは、そのグラフィック解像度を幾何学的に限界まで押し進めない限りは、実際にはピクセル化されたドット・イメージと同等にはなり得ない。

14 同上書を参照のこと。また、初期近代における視覚的な精確さの追求に関連する「pantometry」〔汎測量術〕の概念についても、次の書で参照のこと。

Alfred W. Crosby, *The Measure of Reality: Quantification and Western Society, 1250–1600* (Cambridge: Cambridge University Press, 1997).

※アルフレッド・W.クロスビー『数量化革命』小沢千重子訳、紀伊国屋書店、2003

15 アルベルティはまた、今日の覗きからくりや、スライド・ビューアーに類似した他の光学的装置も実験していた（箱の内側にある半透明の面の上に絵があり、その反対側に覗き穴があるもの）。それらは単一の固定された視点から、遠近法によるイメージを観測するために、理想的な諸条件を再現することを意図したものである。したがってこれは、『絵画論』にある幾何学的な作図を、3次元で再演していることになる。次を参照のこと。

Carpo, “Alberti's Media Lab,” 55–56.

16 *De re aedificatoria*, 9.7.4–7.

On the Art of Building, 310.

L'architecture et art de bien bastir, trans. Jean Martin (Paris: Kerver, 1553), 136v–137.

ジェームス・レオーニJames Leoniによる最初の英訳（コジモ・バルトリCosimo Bartoliのイタリア語版からの）では、これらの同一的な「彫像、絵画、そして装飾品」は「双子」と表現されている。

The architecture of Leon Battista Alberti in ten books (1726; London: R.Alfray, 1755), 201.

引用は1755年版からである。アルベルティもレオーニも現代の遺伝子によるクローン技術など予想もしていなかっただろう。

17 ここでのトピックとは関係ないのだが、「Powers of the Facsimile: A Turing Test on Science and Literature」は、ブルーノ・ラトゥールBruno Latourによる、現代文学の作家であるリチャード・パワーズRichard Powersに関するエッセイのタイトルである。次に所収され出版されている。

Stephen J.Burn and Peter Dempsey, eds., *Intersections: Essays on Richard Powers* (Urbana-Champaign, IL: Dalkey Archive Press, 2008), 263–292.

（次のアドレスでダウンロード可能。2014年3月19日アクセス。〈http://www.bruno-latour.fr/sites/default/files/94-POWERS-TURING-GB.pdf〉）

18 “This shrine is the like of the Sepulcher in Jerusalem.”

〔訳註：著者の私訳〕

19 次を参照のこと。

Carpo, "Alberti' s Media Lab," 56-59.

同書にはさらなる参考文献の目録が付属している。また次も参照のこと。

Jan Pieper, "The Garden of the Holy Sepulchre in Görlitz," *Daidalos* 58 (December 1995): 38-43.

Pieper, "Jerusalemskirchen: Mittelalterliche Kleinarchitekturen nach dem Modell des Heiligen Graben," *Bauwelt* 80, no. 3 (January 1989): 82-101.

Anke Naujokat, *Pax et concordia: Das Heilige Grab von Leon Battista Alberti als Me- morialarchitektur des Florentiner Unionskonzils* (1439-1443) (Freiburg im Breisgau: Rombach Verlag, 2006).

Naujokat, *Ad instar iherosolimitani sepulchri. Gestalt und Bedeutung des Florentiner Heiliggrabtempietto von L.B.Alberti* (Ph. D. dissertation, University of Aachen, 2008).

20 中世における「非視覚的nonvisual」な模造形式という有名な（そして議論の的となる）考えについて、次を参照のこと。

Richard Krautheimer, "Introduction to an 'Iconography of Mediaeval Architecture'," *Journal of the Warburg and Courtauld Institutes* 5 (1942): 1-33.

これは次の中に再版されている。

Studies in Early Christian, Medieval, and Renaissance Art (New York: New York University Press, 1969), 115-151.

特に、117-127, nn 82-86. を参照のこと。

〔訳註：第１章原註83に同じ〕

21 次を参照のこと。

Cecil Grayson, "Alberti's Works in Painting and Sculpture," in Alberti, *On Painting and On Sculpture*, 143-154.

ヴァザーリによれば、彼のアルベルティに対する偏見は大抵は明白ではあるものの、アルベルティはほとんど絵を描いておらず、現存する彼の画家としての少数の作品はひどいものであった。次を参照のこと。

Giorgio Vasari, *Le Vite…nelle redazioni del 1550 e 1568*, ed. Rosanna Bettarini and Paola Barocchi (Florence: Sansoni, 1971), 3: 288-289. を参照。

※ジョルジョ・ヴァザーリ著の本書の邦訳は部分訳を含め、次を参照のこと。

『ルネサンス画人伝』平川祐弘・小谷年司・田中英道訳、白水社、1982、2009、新装版

『続ルネサンス画人伝』平川祐弘・小谷年司・仙北谷茅戸訳、白水社、1995、2009、新装版

『芸術家列伝』白水Ｕブックス、上記抜粋版、全３巻、2011

『ルネサンス彫刻家建築家列伝』森田義之監訳、白水社、1989、2009、新装版
『ジォット、ブルネッレスキ　美術家列伝1』亀崎勝訳、大学書林語学文庫、1998
『ドナテッロ、レオナルド・ダ・ヴィンチ　美術家列伝2』亀崎勝訳、大学書林語学文庫、1998
『美術家列伝』森田義之ほか4名監修、中央公論美術出版、2014年2月より年1巻刊行予定、全6巻

22 同上書3: 289.

23 *Vita di Leon Battista Alberti, di autore anonimo, con a fronte il volgarizzamento del dott. Anicio Bonucci*, in *Opere volgari di Leon Battista Alberti*, ed. Anicio Bonucci (Florence: Tipografia Galileiana, 1843-1849), cii.
Riccardo Fubini and Anna Menci Gallorini, "L'autobiografia di Leon Battista Alberti. Studio ed edizione," *Rinascimento*, ser. 2,12 (1972): 73.
Grayson, "Alberti's Works in Painting and Sculpture," 143.（ここと同じ一節の異なる英訳について）

24 Alberti, *De pictura*, in *Opere volgari*, ed. Grayson, 3: 106-107.
On Painting, 107.

25 アルベルティは、ほんの数年の差で印刷革命を逃した。彼のなした全文献のうち、印刷の発明に関する言及がただひとつだけ、『De cifris』〔暗号論〕の始まりの部分にある――皮肉にも、暗号作成法のマニュアルである――そこでアルベルティは1466年頃ローマでかわされたある会話について報告している。次を参照のこと。
Carpo, *Architecture in the Age of Printing*, 118-119.
『建築論』の初版editio princeps (Florence: Niccolò Lorenzo Alamanno, 1485) の序の中で、ポリツィアーノPolitian（英語名）、Poliziano（イタリア語名）、本名Angelo Ambroginiが、アルベルティが死の直前に建築の論文を「出版する」準備をしていたと伝えている ("editurus in lucem"：また、De re aedificatoria, 3-4. と参照比較のこと)。フランソワーズ・ショエFrançoise Choayが最近指摘したように、この一節は、アルベルティが印刷による出版を準備していたことを意味していない可能性がある。次の書のショエによる序を参照のこと。
Leon Battista Alberti, *L'art d'édifier*, ed. Pierre Caye and Françoise Choay (Paris: Seuil, 2004), 18-19.

26 たとえば次を参照のこと。
Martin Kemp, *The Science of Art: Optical Themes in Western Art from Brunelleschi to Seurat* (New Haven: Yale University Press, 1990).
Barbara Maria Stafford and Frances Terpak,eds., *Devices of Wonder: From the World in a Box to Images on a Screen* (Los Angeles: Getty Research Institute, 2001).

〔訳註：バーバラ・マリア・スタフォードの著作は、本書にはないものの、主要な著作の多くが邦訳されていることを付記しておく〕
加えて、次の書とそれに続いた異論も参照のこと。
David Hockney, *Secret Knowledge: Rediscovering the Lost Techniques of the Old Masters* (New York: Viking Studio, 2001)
※デイヴィッド・ホックニー『秘密の知識　巨匠も用いた知られざる技術の解明』木下哲夫訳、青幻舎、2010、普及版

27 Nelson Goodman, *Languages of Art: An Approach to a Theory of Symbols* (Indianapolis: Bobbs-Merrill, 1968; 2nd edn. 1976), 122. 引用は第2版より。

28 ドームの建設史については、特に次を参照のこと。
Antonio Manetti, *Vita di Filippo Brunelleschi, preceduta da La novella del grasso*, ed. Domenico de Robertis and Giuliano Tanturli (Milan: Il Polifilo, 1976).
Manetti, *The Life of Brunelleschi*, ed. and trans. Howard Saalman and Catherine Enggass (University Park: Pennsylvania State University Press, 1970).
〔第1章原註43を参照のこと〕
Howard Saalman, *Filippo Brunelleschi: The Cupola of Santa Maria del Fiore* (London: A. Zwemmer, 1980).

29 Saalman, in Manetti, *Life of Brunelleschi*, 139.

30 ブルネレスキとギベルティは、1436年6月まで、絶えずドームの「capomaestri」として是認されていた。ブルネレスキの給与は1426年に確かにギベルティよりも増えたのだが、その一方ギベルティは、彼の給料は最後までブルネレスキとずっと同じであった、と主張している。次を参照のこと。
Saalman, in Manetti, *Life of Brunelleschi*, 139.
Tanturli, in Manetti, *Vita*, 90–97.

31 Saalman, in Manetti, *Life of Brunelleschi*, 141n108.
Tanturli, in Manetti, *Vita*, 97.
Vasari, *Vite*, 3: 173–175.

32 *La novella del grasso*, in Manetti, *Vita*, 1–45.
〔The news of the fat〕

33 Natalie Zemon Davis, *The Return of Martin Guerre* (Cambridge, MA: Harvard University Press, 1983).
※ナタリー・ゼーモン・デーヴィス『帰ってきたマルタン・ゲール：16世紀フランスのにせ亭主騒動』成瀬駒男訳、平凡社、1993

34 時にブルネレスキに帰せられる、ドームとランタン部の現存するいくつかの模型に関する議論については、次を参照のこと。
Massimo Scolari, entries 261–263 in Henry A. Millon and Vittorio Magnago

Lampugnani, eds., *The Renaissance from Brunelleschi to Michelangelo: The Representation of Architecture* (London: Thames and Hudson, 1994), 584-586.

35 Manetti, *Life of Brunelleschi*, 76.
1420年の書類の提出におけるブルネレスキの役割は、十分には分かっていない。同書116も参照のこと。「フィリッポが建築の実務経験を数年積み上げた後では、要求に応じて自分で作った建築模型に関しての彼の性向――あるいは、もっと良く言えば、彼の習慣――は、釣り合いのとれたsymmetrical要素についてほとんど何も指し示さないようになった。彼はただ、主要な壁が建てられるようにすること、そして装飾のないいくつかの構成材の関係を示すことに気を配った。(中略)こうした理由から、サンタ・マリア・デッリ・アンジェリとサン・ピエトロの建物のための模型は、そのような方法で作られた。彼はバルバドーリの家とパルテ・グエルファの模型は作りたがらなかった。その代わりに図面だけを用いて作業し、段階ごとにひとつずつ、何をすべきか、石工やレンガ工に教えていったのだ」(ここで引用したサールマンSaalmanとエングガスEnggassによる「釣り合いのとれたsymmetrical要素」は、マネッティによる「simitrie」を訳したものであり、これは当時は古典とヴィトルヴィウス的なこの語の意味では、「比例のとれたものproportions」を意味した)。ブルネレスキがランタン部の模型を意図的に未完成なままとして、「誰がその模型を作ったとしても、彼の〔つまりブルネレスキの〕全ての秘密を発見してしまう」ことがないようにしたことに関しては、本章原註40を参照のこと。

36 Frank D. Prager, "A Manuscript of Taccola, Quoting Brunelleschi, on Problems of Inventors and Builders," *Proceedings of the American Philosophical Society* 112, no. 3 (June 21, 1968): 139-141.

37 Manetti, *Life of Brunelleschi*, 94.

38 Vasari, *Vite*, 3: 159.

39 このような間違いのうちで最も有名なものは、オスペダーレ・デッリ・インノチェンティ〔捨子養育院〕のポルティコの建設において起きたものである。それに関してマネッティは、ブルネレスキは図面で十分だろうと誤って想定して縮尺図面を与えていたのだが、木製模型は与えていなかったと言っている。注意に欠けたこの同じマスター・ビルダーが(サールマンとフランチェスコ・デッラ・ルーナFrancesco della Lunaによると)パラッツォ・ディ・パルテ・グエルファのためのブルネレスキのプランもまた、変更してしまったようである(*Life of Brunelleschi*, 97, 101)。

40 ブルネレスキによるランタン部の模型は1436年に、いくつかの付帯条件はあったものの是認された(Saalman, *Filippo Brunelleschi*, 139-142)。ブルネレスキが自分の遺書の中で、彼の死後はランタン部の作業は彼の「模型」と「文書」に完全にしたがって進めるべきであることを要請していた、ということに関しては、次を参照のこと。Vasari, *Vite*, 3: 179.

これとは全く逆にマネッティは、他の多くのケースではブルネレスキは意図的に、未完成か粗い模型だけを供給するか、あるいは全く模型を与えなかった、と強調している。彼が暗示しているのは、ブルネレスキの「模型」は図面よりも豊かでより完全な指示を含んでいただろうということであり、さもなければ図面は解読することがずっと困難であったということである。マネッティはさらに先に進んで、ブルネレスキはランタン部の模型を支度したときにも、同じ秘密主義の流儀にしたがった、と示唆している(「構成要素が模型の中で注意深く作られていなくても、彼はそれを気にかけなかったが、彼が心配していたことは、誰がその模型を作ったとしても、ブルネレスキの全て秘密を発見してしまうことはない、ということであったようである。それは全ての物を実際の建設において、ひとつひとつ順を追って正確かつ上手に作らせることを、見越していたためである」)。

この事例でマネッティは、ブルネレスキは存命中に職人たちに指示を与えることはなかった、そしてこのことが、建設されたランタン部の、ある「不完全さ」の説明になる、と結論づけている。

Life of Brunelleschi, 116.

41 アルベルティによるマッテオ・デ・パスティ Matteo de' Pasti宛の、1454年11月18日付でローマからリミニに送付された有名な手紙を参照のこと。〔訳註:この手紙のイタリア語版が次のサイトでアルベルティのドローイングと共に見ることができる。〈http://it.wikisource.org/wiki/Lettere_(Alberti)/II〉、2014年3月14日アクセス〕

アルベルティが主張しているのは、サン・フランチェスコ教会のための、彼によるオリジナルの「模型」と「図面」には、承認のない変更などすることなくしたがうべきである、ということであり、また彼は自分が精選したデザインについて説明し正当化しようとさえしている。手紙の中にある渦巻き模様のドローイングは、既に模型に示されている、あるディテールを再び強調して記したものである。すなわち、いくつかの付柱のプロポーションに関して、同じものが「私の模型」の中にも見ることができる、とアルベルティは強調するのである。そしてアルベルティは、もしもそれらのプロポーションを誰かが変更するならば、「si discorda tutta quella musica」(その音楽の全てに不協和が生じる)と警告するのである。アルベルティはまた、彼のデザインした他の部分、特にヴォールト架構と円形窓について、デザインにしたがう必要性を主張している(彼のいくらか激昂した結論を見よ。「そして、これを私があなたに話したのは、そこから真理が生じることを示すためだ」)。私たちはまた、同じマッテオ・デ・パスティのシギスモンド・マラテスタ Sigismondo Malatesta宛の手紙から(1454年12月17日)、アルベルティが木製の模型と共に、ファサードと柱頭の図面を供給していたことを推量できる。誰もが到達する避け難い結論は、アルベルティの（図面、模型、そして手紙による）表記法は、少なくとも解読することが難しく、場合によっては実施することも不可能であったに違いない、ということである。手紙の英訳については、次を参照のこと。

Robert Tavernor, *On Alberti and the Art of Building* (New Haven: Yale University Press, 1998), 60–63, n 64.

42 Manetti, *Life of Brunelleschi*, 119.

43 マネッティの『Vita』における年代配列と時代特定に関しては、次を参照のこと。

Saalman, in Manetti, *Life of Brunelleschi*, 10–11.

マネッティの「アンチ-アルベルティ的なバイアス」に関しては、同書30を参照のこと。マネッティのサヴォナローラ主義への傾倒については、次を参照のこと。

Tanturli, introduction to Manetti, *Vita*, xxxvii.

Antonio Manetti, *Vita di Filippo Brunelleschi,* ed. C. Perrone (Rome: Salerno, 1992), 30.

44 John Ruskin, *The Stones of Venice* (London: Smith, Elder, 1851–1853), iii, iv, 35, 194.

※邦訳には次のものがある。

ジョン・ラスキン『ヴェネツィアの石—建築・装飾とゴシック精神』内藤史朗訳、法藏館、2006

ジョン・ラスキン『ヴェネツィアの石』福田晴虔訳、中央公論美術出版、全3巻（「基礎」篇（1994）、「海上階」篇（1995）、「凋落」篇（1996）

45 Goodman, *Languages of Art*, 218–221.

46 これはその建物がいつか必ず建つということは意味していない。なぜなら、表記法の唯一の目的は、この文脈で論じられてきたように、オブジェクトの幾何学による定義である。

3 衰退

この章の一部は、以前に出版したものを翻案したものである。まず、3.1節は次のものからの翻案である。

Carpo, “Ten Years of Folding,” introductory essay to Greg Lynn, ed., Folding in Architecture (London: Wiley-Academy, 2004), 6–14 (reprint of a special issue〔AD Profile 102〕of *Architectural Design* 63, nos. 3–4〔1993〕).

Carpo, “L’architecture à l’ère du pli,” *Architecture d’Aujourd’hui* 349 (2003): 98–104.

また3.2節は次のものからの翻案である。

Carpo, "Non-standard Morality," in Anthony Vidler, ed., *Architecture between Spectacle and Use* (Williamstown, MA: Clark Art Institute; New Haven: Yale University Press, 2008), 127-142.
Carpo, "Tempest in a Teapot," *Log* 6 (2005): 99-106.
そして3.3節は、まず2007年秋期と2008年春期に、the Southern California Institute of Architecture, Los Angeles、the Institute of Fine Arts, New York、またthe Yale School of Architectureで、口頭発表したカンファレンス・ペーパーから翻案している。そしてこれらは次の中に部分的に、あるいは要約として出版されている。
Carpo, "Revolutions: Some New Technologies in Search of an Author," *Log* 15 (Winter 2009): 49-54.
Carpo, "Revolución 2.0: El fin de la autoría humanista," *Arquitectura Viva* 124 (2009), 19-26.

1 ポーリン・トレヴェリアンPauline Trevelyanへの1854年9月の手紙。次に所収されている。
The Works of John Ruskin, ed. E. T. Cook and A. Wedderburn, vol. 36 (London: George Allen, 1909), 175.

2 Heinrich Wölfflin, *Kunstgeschichtliche Grundbegriffe* (1915); *Principles of Art History*, trans. M. D. Hottinger from the 7th rev. edn., 1929 (London: G. Bell and Sons, 1932), 230-235 (「展開の周期性」と「再開の問題」)。また「螺旋状の進展」については、234を参照のこと。
※ハインリヒ・ヴェルフリン『美術史の基礎概念—近世美術における様式発展の問題』海津忠雄訳、慶應義塾大学出版会、2000
また次も参照のこと。
Michael Podro, *The Critical Historians of Art* (New Haven: Yale University Press, 1982), 140.

3 Wolfgang Köhler, *Gestalt Psychology* (New York: Liveright, 1929).
〔訳註：本書の改訂再版されたものに次のものがある。
Wolfgang Köhler, *Gestalt Psychology: An Introduction to New Concepts in Modern Psychology* (New York, Liveright, 1992).
また邦訳には次のものがある。
ヴォルフガング・ケーラー『ゲシタルト心理学入門』田中良久、上村保子訳、東京大学出版会、1971〕

4 ルイス・フェルナンデス–ガリアーノLuis Fernández-Galianoは、「ロッキード社製のステルス攻撃機F117ナイトホークのシャープな折り目」とノースロップ・グラマン社製のより新しいステルス爆撃機B-2の「うねりのある輪郭」を比較し、前者を「デリダJacques Derridaの翼の下で90年代を開始したディコンストラクティヴィズムの断裂的な諸形態」を代表するものと捉え、後者を「ドゥルーズGilles Deleuzeや、あるいはバタイユGeorges Albert Maurice Victor Batailleを参照し、この10年を包み込んでしまっている無定形な流れによる歪んだヴォリューム」の代表と考えている。

"Split-screen: La décennie numérique," *Architecture d'Aujourd'hui* 325 (December 1999): 30.

技術的な仕様――エアロ・ダイナミクスやレーダーによる探知の回避――は、両方の戦闘機にとって同じであっただろうから、奇妙なことではあるのだが。

5 次を参照のこと。

Giuseppa Di Cristina, "The Topological Tendency in Architecture," in Di Cristina, ed., *Architecture and Science* (London: Wiley-Academy, 2001), 6–14.

6 Gilles Deleuze, *Le pli: Leibniz et le baroque* (Paris: Éditions de Minuit, 1988); *The Fold: Leibniz and the Baroque*, trans. Tom Conley (Minneapolis: University of Minnesota Press, 1993).

※ジル・ドゥルーズ『襞―ライプニッツとバロック』宇野邦一訳、河出書房新社、1998

7 Peter Eisenman, "Unfolding Events: Frankfurt Rebstock and the Possibility of a New Urbanism," in Eisenman Architects, Albert Speer and Partners, and Hanna/Olin, *Unfolding Frankfurt* (Berlin: Ernst und Sohn, 1991), 8–18.

Eisenman, "Visions' Unfolding:Architecture in the Age of Electronic Media," *Domus* 734 (January 1992): 17–24, reprinted in Jonathan Crary and Sanford Kwinter, eds., *Incorporations* (New York: Zone Books, 1992).

Eisenman, "Folding in Time: The Singularity of Rebstock," in Lynn, ed., Folding in Architecture, 22–26.

(全て今は次の中に再版されている。

Eisenman, *Written into the Void: Selected Writings 1990–2004*, ed. Jeffrey Kipnis〔New Haven: Yale University Press, 2007〕, 12–18, 34–41, 25–33)

8 Greg Lynn,ed., "Folding in Architecture," special issue (AD Profile 102), *Architectural Design* 63, nos. 3–4 (1993).

9 Gilles Deleuze, "The Pleats of Matter," trans. T. Conley, in Lynn, ed., *Folding in Architecture*, 17–21.

〔訳註：これは本章原註6にある『襞―ライプニッツとバロック』の第1章に該当し、同書の英訳版がそのまま所収されている。邦訳版の章タイトルは「物質の折り目」となっている。なぜとりわけこの章をリンが「Folding in Architecture」の中で引用したのか、リンは直接に言及しない。この雑誌の再版の編集を担当し

たカルポは、寄稿した文章の中でその不可思議さに言及している（本章原註初めにあるAD誌を参照のこと）。リンが強調した「微分的差異性」や曲線を主とする形態は、この第１章ではほとんど触れられていない。本書で引用されるベルナール・カッシュの「オブジェクティル」と共に、それらは第１章ではなく第２章に初めて現れる。第1章は、バロックの（もちろんライプニッツの）思想を、物質と精神を２層構造に分けながらもそれらの間を連絡する回路を形成するものと捉える、２章以降に展開される考えを予兆する。またその考えをバロック様式の教会の建築的構成に適用する（その２層構造を図解したドゥルーズのドローイングが付され、これも「Folding in Architecture」に掲載されている。詳しくはドゥルーズの同著を参照のこと）。すなわち第１章は、バロックの哲学において、デカルトの物質／精神の二元論、スピノザの物質＝精神の一元論（神あるいは自然）と類似性をもちながら、同時に独特なものとなっていくライプニッツの哲学のあり様を端的に表現した章なのである。しかし本書でも概説される通り「Folding in Architecture」は、神には直接には言及しないのである。〕

10 William Hogarth, *The Analysis of Beauty. Written with a view of fixing the fluctuating Ideas of Taste* (London: J. Reeves, 1753).
※ウィリアム・ホガース『美の解析―変遷する「趣味」の理念を定義する試論』宮崎直子訳、中央公論美術出版、2007
ホガースの『美の解析』は、今日のデジタル・バロックと呼ばれるものについて論じるごく近年の著者たちに引用されている。次を参照のこと。
Patrik Schumacher, “Arguing for Elegance,” in Ali Rahim and Hina Jamelle, eds., “Elegance,” special issue (AD Profile 185), *Architectural Design* 77, no. 1 (2007): 36.
ピクチュアレスクの理論におけるその起源から現代のデジタル技術による形態生成に至る、サーペンタイン・ラインについてのより詳細な系譜に関しては、次を参照のこと。
Lars Spuybroek, “The Aesthetics of Variation,” in *The Architecture of Continuity* (Rotterdam: V_2_Publishing, 2008), 245-263.

11 Deleuze, *Le pli*, 20-27.

12 Eisenman, “Unfolding Events,” 14.

13 Greg Lynn, “Architectural Curvilinearity: The Folded, the Pliant and the Supple,” in Lynn, ed., *Folding in Architecture*, 8-15.
特に「アイゼンマンのレブストック・パーク・プロジェクト、（中略）、キプニスKipnisのブリエBrieyプロジェクト、シャーデルShirdelの奈良コンヴェンション・ホール〔プロジェクト〕で使われたカタストロフィ・ダイアグラム」に関しては、13頁を参照のこと。

14 「〔ドゥルーズは〕ヴァリエーションについて数学的に考察する中で、オブジェクトの概念とは変化であると論じる。ドゥルーズにとってのこの新たなオブジェクトは、もはや空間をフレーミングしてしまうことには関心がなく、むしろ物質のなす絶え間ないヴァリエーションを含意する、ある時間的な変調に関わるのだ。（中略）もはやオブジェクトは、本質的な形相formによっては定義されない。彼はオブジェクトのこの新たな概念を「オブジェクトという出来事object event」と呼ぶ。出来事という概念は、特異的な単一性singularityを論じる上では、決定的に重要である。出来事は、物語的時間、あるいは弁証法的時間の外にある、異なる種類の時間を提議しているのだ」

Eisenman, "Folding in Time," 24.

15 「〈襞Fold〉のシステムに導入されたこれらのタイポロジーによって、〈襞〉はそれ自体を顕にすることができる。すなわち、折り畳む操作をしている装置は、そこに投げ入れられた何ものかによって作動させられるまでは、目に見えず、純粋に概念上で図を描いているのと同じなのである。」

Eisenman, "Unfolding Events," 16.

16 マイケル・スピークスMichael Speaks、グレッグ・リン、ジェフリー・キプニス、そしてブライアン・マスミBrian Massumiのエッセイにおける、この議論の概要については、次を参照のこと。

Di Cristina, "The Topological Tendency in Architecture," 6–14, esp. 10 and nn15–18.

Michael Speaks, "It's Out There … The Formal Limits of the American Avant-garde," in Stephen Perrella, ed., "Hyper-surface Architecture," special issue (AD Profile 133), *Architectural Design* 68, nos. 5–6 (1998): 26–31.

特に、29頁を参照のこと：「なぜ〔リンの〕建築は動かないのだろうか？（中略）なぜ彼の建築は、それがもはやデザインのテクニックではなく建築として生成するというときに、動くことを止めてしまうのだろうか？」

17 Peter Eisenman, "Alteka Office Building," in Lynn, ed., *Folding in Architecture*, 28.

18 「折り畳みという方法は、見ることに転位を起こすための、おそらくは多くの戦略のひとつである」

Eisenman, "Visions' Unfolding," 24.

19 Lynn, "Architectural Curvilinearity," 8.

20 Frank Gehry and Philip Johnson, "Lewis Residence, Cleveland, Ohio," in Lynn, ed., *Folding in Architecture*, 69.

21 Lynn, "Architectural Curvilinearity," 12.

Jeffrey Kipnis, "Towards a New Architecture," in Lynn, ed., *Folding in*

Architecture, 47.

22 Stephen Perrella, "Interview with Mark Dippe: Terminator 2," in Lynn, ed., *Folding in Architecture*, 93.

23 「葉祥栄、小田原市総合体育館」〔プロジェクト〕については、次を参照のこと。
Lynn, ed., *Folding in Architecture*, 79.
また次も参照のこと。
Lynn, "Classicism and Vitality," in Anthony Iannacci, ed., *Shoei Yoh* (Milan: L'Arca Edizioni, 1997), 15.
「これらの〔葉祥栄の〕プロジェクトの全てに、建設における経済性と技術における変化に対しての、ある反応が見られる。その変化とは、ある規格からなる組立てラインによる生産から、それぞれが特異な構成単位からなる、ある系列を、組立てラインによって生産することへの変化である。これらのプロジェクトは、一般的な建設システムと各々の部材に微妙なヴァリエーションがあることを組み合わせるという、規格化と反復性に対するひとつの取り組み方を明快に表現している。このような特性は、職人の技巧によってなされてきた歴史のある方法を思い起こさせる。そうした過去の技術においては、ある点から見れば、全ての要素が同類の物と見なせるのであるが、一方で各々を見れば、明確なアイデンティティが与えられていたのである。(中略) 手工業による建設と産業による製造の双方によって、(これらのプロジェクトは)「カスタムな組立てラインによる生産」としてよく言及されるものがなしている経済性を開拓しているのである」

24 スプライン曲線の包括的な歴史はまだ書かれていない——その歴史とは、船体の製作のような特殊な手工業で使われていた最初期のメカニカルなスプラインに始まり、最近までアナログな製図で使われていたフレキシブルなラバーや細長い金属へ、またピエール・ベジェPierre Bézierやポール・ド・カステリョPaul de Casteljau、そして自動車産業の人々によって考案された数学による関数(1959-1962年頃)に至る。そしてこれらの関数が、ほとんどの現代のソフトウェアが連続的な曲線や湾曲する曲面を計算するための基盤になっているのである。次を参照のこと。
Spuybroek, "Textile Tectonics," in *The Architecture of Continuity*, 231.
ベルンハルト・ジーゲルトBernhard Siegert (Bauhaus-Universität Weimar) による初期近代の船舶デザインに関する近年の研究は、いくつかの学会で発表されているが、これを執筆している時点ではまだ出版されていない。

25 次を参照のこと。
Edmund Burke, *A Philosophical Enquiry into the Origin of Our Ideas of the Sublime and the Beautiful* (1757).
※エドマンド・バーク『崇高と美の観念の起原』中野好之訳、みすず書房、1999

※『第4巻ゴシック　オトラント城／崇高と美の起源』英国十八世紀文学叢書、研究社、2012（ホレス・ウォルポール「オトラント城」千葉康樹訳／エドマンド・バーク「崇高と美の起源」大河内昌訳）

William Gilpin, *Observations*〔…〕*Relative Chiefly to Picturesque Beauty* (1786); *Three Essays: On Picturesque Beauty; On Picturesque Travel; and On Sketching Landscape: To Which Is Added a Poem on Landscape Painting* (1792)

数学の用語で言えば、曲線や曲面の平滑性は、曲線や曲面上の各点における接線や接平面の傾きを決める関数により定義される（すなわち、元の曲線や曲面を記述する関数の第1次導関数により定義される）。

26 Bernard Cache, "Objectile: The Pursuit of Philosophy by Other Means," in Stephen Perrella, ed., "Hypersurface Architecture II," special issue (AD Profile 141), *Architectural Design* 69, nos. 9–10 (1999): 67.

27 何世紀もの間、建築家は代数学を用いて図面を描いてきたが、今では「CADソフトウェアによって、建築家は微積分学を用いて図面を描くこともスケッチをすることもできる」。

Greg Lynn, *Animate Form* (New York: Princeton Architectural Press, 1999), 16–18.

〔訳註：この「代数学algebra」という表現は、カルポのものではなくリンが引用文献中で用いている表現である。周知の通り、実際にはコンピュータは代数学も微積分学も含む、あらゆる数学体系を扱うことができる。リンは原文中では、「建築家が図面を描く道具、たとえば勾配定規やコンパスは代数学に基づいている」（訳者私訳）と述べている。つまり、ユークリッドによる初等幾何学によって（微積分学を用いずに）座標が求められる場合を「代数学」と表現し、コンピュータによって数値解析をしなければ座標が求められない場合を「微積分学」と表現している〕

28 Deleuze, *Le pli*, 26.

29 同上書20–27.

30 Bernard Cache, *Earth Moves: The Furnishing of Territories*, trans. Anne Boyman, ed. Michael Speaks (Cambridge, MA: MIT Press, 1995), iii.

フランス語版は、次の通り。

Terre meuble (Orléans: Éditions hyx 1997).

31 建築におけるブロブblobの公式な誕生日（すなわち、そのように建築におけるブロブが定義された日）は、1996年5月であるらしい。次を参照のこと。

Greg Lynn, "Blobs (or Why Tectonics Is Square and Topology Is Groovy)," *ANY* 14 (May 1996): 58–62.

1990年代後半におけるブロブの進化に関する概説としては、次を参照のこと。

Peter Cachola Schmal, ed., *Digital Real. Blobmeister: Erste gebaute Projecte* (Basel: Birkhäuser, 2001).

32 Sigfried Giedion, *Mechanization Takes Command: A Contribution to Anonymous History* (1948; repr., New York: Norton, 1969), 87, 176.
※ジークフリード・ギーディオン『機械化の文化史—ものいわぬものの歴史』榮久庵祥二訳、鹿島出版会、2008、新装版

33 この表現は次の書に由来する。
Mauro F. Guillén, *The Taylorized Beauty of the Mechanical: Scientific Management and the Rise of Modernist Architecture* (Princeton: Princeton University Press, 2006).

34 統計学的には、その結果の不変性はサンプルの数に比例し、偏差のあるサンプルが、より多く平均化されるほど向上する。

35 『フォーチュン』誌が当時、記したところによれば、「ある一貫した味を産むために、異なる樽からできたウィスキーどうしをブレンドしたことが、シーグラム社の功績のひとつである」。さらなる参考文献や目録については、次を参照のこと。
Nicholas Faith, *The Bronfmans* (New York: St. Martin's Press, 2006), 100–104.

36 アトランタのジョージア工科大学のクラーク・マグルーダーClarke Magruderには、この話を私に気づかせてくれたことに対し、感謝致します。コカ・コーラによるファウンテン・ディスペンサーは、顧客に直接、「どのようなお客様のお好みにも合うように、いまだかつてないヴァラエティのお飲物を」届けることだろう。したがって、「お客様が本当の意味でご意見を述べられる機会をおもちになり、(中略) 完全にご注文に合ったお好みの物を手にされることを、喜ばしく思っております」(「コカ・コーラ社は、お客様に「フリースタイル」を経験されることをお勧めします。この当社所有の新しいファウンテン・ディスペンサーは登録商標権を得ています」。コカ・コーラ社、ニュース・リリース、2009年4月28日)。同様な註釈として、2007年創業で、数々の受賞に与るドイツ企業、マイミューズリーMymuesli.comは、70種の材料のリストから、顧客が自分独自の朝食用シリアルを創ることができる、オンラインのショッピング・サーヴィスを提供している(ウェブ・サイトには2009年7月26日にアクセス〔訳註：2014年3月17日アクセス確認。現在はドイツ以外でも、オーストリア、イギリス、スイス、オランダでも購入可能〕)。注文に応じた材料をミックスする際の技術については述べられていない。少量であればスクロール・ダウンのメニューを介して、注文は簡単にマニュアル操作で実行できる。個々のレシピは再び注文する際に備えて、オンラインで保存することができる。また商品は郵送で送られる。特集記事として次を参照のこと。
DB, Das Magazin der Deutschen Ban 7 (July 2009): 54–55.

37　次を参照のこと。
Gilles Deleuze, *Différence et répétition* (Paris: Presses Universitaires de France, 1968), esp. chap. 4, "Synthèse idéale de la différence," 218-235.
※ジル・ドゥルーズ『差異と反復』財津理訳、河出書房新社、2007、文庫版、上下2巻〔言及箇所の章タイトルの邦訳は「第4章 差異の理念的総合」〕
ドゥルーズの『襞』に関しては、本章原註6を参照のこと。

38　異なる見地から、テクノロジストたちと現在の視覚環境のオブザーバーたちは、類似した結論に到達しつつある。次を参照のこと。
Wendy Hui Kyong Chun, "On Software,or the Persistence of Visual Knowledge," *Grey Room* 18 (Winter 2005): 27-47.

39　より正確には、ティー&コーヒー・サーヴィスセット。次を参照のこと。
Greg Lynn, "Variations calculées," in Frédéric Migayrou and Zeynep Mennan,eds., *Architectures non standard* (Paris: éditions du Centre Pompidou, 2003), 91.
アレッシィが備える商品情報によると、オリジナルのプロジェクトは5,000個のヴァリエーションを含んでいたが、その中から99個と、原作者用の3個のコピーが作られた。

40　次を参照のこと。
Objectile (Patrick Beaucé and Bernard Cache), "Vers une architecture associative," in Migayrou and Mennan, eds., *Architectures non standard*, 138-139.

41　次を参照のこと。
Peter Eisenman, "Digital Scrambler, from Index to Codex," in Elijah Huge and Stephanie Turke, eds., "Building Codes," special issue, *Perspecta* 35 (2004): 40-53.
これは次の中に再版されている。
Eisenman, *Written into the Void*, 133-150.
特に、147頁を参照のこと（アイゼンマンのスペインのガリシアGalicia文化都市(1999) のプロジェクトに関して)。「サンティアゴSantiagoでは､インデックスは、一連の変形と、先に設定したタータンチェック模様のグリッドから外挿的に推定された流線群によって、スクランブルがかけられたものになる。これらの線群は、新しいデジタルの――アナログとは反対の――コードの作用を代表している。すなわち、先行して表記されたものにスクランブルをかけるコードである。(中略) 形態を生成しているのは、今や回転偏位を与えるデジタル上のベクトルであり、重層したグリッドにスクランブルをかけるものなのである。結果として生じるマトリックスは、もはやこの作用を刻印するインデックスではない。スクランブルがかけられるために、何らかの原型までたどることが不可能だからだ。もはや存在しているものの中には、リニアな物語も容易な判読性もないのである」。
次も参照のこと。
Carpo, “Notes on the End of the Index,” in Andreas Beyer, Matteo Burioni, and Johannes Grave, eds., *Das Auge der Architektur: Zur Frage der Bildlichkeit in der Baukunst* (Munich: Wilhelm Fink Verlag, 2011).
そして最近に再燃した、チャールズ・ジェンクスとピーター・アイゼンマンの間でかわされた、インデックスと図像iconsに関する議論については、次を参照のこと。
Eisenman, “Duck Soup,” *Log* 7〔2006〕: 139-141.
Jencks and Carpo, “Letters,” *Log* 9〔Winter/Spring 2007〕: 7-12.
Carpo, review of Charles Jencks, The Iconic Building (Winter/Spring 2005), in *Architecture d'Aujourd'hui* 368 (2007): 4-5.

42 理想的には機械によってインデックスを刻印するプロセスにおける母型として捉えられる、建築における表記法（そして特に青焼き図面）に関しては、1.4節と2.5節を参照のこと。

43 次を参照のこと。
Mario Carpo, “Pattern Recognition,” in *Metamorph*, 3: 44-58.
また本書第1章25頁、1行目〜28頁下から3行目、67頁下から4行目〜70頁上から5行目も参照のこと。

44 特に次の展覧会とそのカタログを参照のこと。
The exhibition “Architectures non standard,” curated by Frédéric Migayrou and Zeynep Mennan, Paris, Centre Pompidou, December 10, 2003-March 1, 2004.
Migayrou and Mennan, eds., *Architectures non standard.*

45 次の同展覧会とカタログのレヴューを参照のこと。
Mario Carpo, review of the exhibition “Architectures non standard,” and of Migayrou and Mennan,eds., Architectures non standard, *Journal of the Society of Architectural Historians* 64, no. 2 (2005): 234-235.

46 たとえば次を参照のこと。
ロス・アンジェルスを本拠にする、ゲーリー・テクノロジーズGehry Technologiesの提供している、専売のソフトウェアを含めた製品やサーヴィスのラインナップ(〈http://gehrytechnologies.com〉)〔2014年3月17日アクセス〕。ベルナール・カッシュの会社オブジェクティルObjectileの商業的活動（〈http://objectilediffusion.com〉）〔原著記載のこのアドレスは現在は使われていない。次のアドレスに移行したようである。〈http://bernard.cache.pagesperso-orange.fr〉, 2014年3月17日アクセス〕。ベルギーの企業Materialiseの特色である、「少量生産low-volume

manufacturing」のための様々な包括的ソリューション（〈http://materialise.com〉）〔2014年3月17日アクセス〕。そこにはMGXのデザイン・ラインが含まれる（専売のデザイン・ソフトウェアからいくつかの3Dプリント技術まで、CAD-CAMに関してシームレスかつオンデマンドで供給するプロバイダー。これらは各顧客がリモートでコントロールでき、何人かの有名なハイテクな家具デザイナーに評判が良いことが分かる）。「少量生産」は、数学的には「ゼロ-量生産」と定義しうる、ノンスタンダードな系列性の原理を、商業が近似したものとして見ることができる。「オンデマンド印刷print-on-demand」による書籍発行のいくつかのソリューションが既に市場に存在し、自著による手書き原稿でも印刷でもなく、何かしらそれらの中間にあたるプロダクトを提供している（これは既に、図書司書や著作権代理人、著作権事務所に、気まぐれに変わりやすい多くの問題を生みだしている）。主流にいる世界中の多くの企業は、統合型のCAD-CAM技術を、プレファブの建築部品から石切りや医療器具に至るまでの様々なニッチ市場のために、既に粛々と採用してきている。

47　次を参照のこと。

Stanley M. Davis, *Future Perfect* (Reading, MA: Addison-Wesley, 1987)

※スタンレー・デイビス『フューチャー・パーフェクト』日下公人、深谷順子訳、講談社、1988

同書で「マス・カスタマイゼーション」という表現が初めて現れたようである。そして同著者は次の書でも序論を書いている。

Joseph B. Pine, *Mass Customization: The New Frontier in Business Competition*, foreword by Stanley M. Davis (Boston: Harvard Business School Press, 1993).

この語に建築家やデザイナーたちが気づいたのは1990年代後半で、ウィリアム・J.ミッチェルWilliam J. Mitchellによってであった。次を参照のこと。

William J. Mitchell, "Antitectonics: The Poetics of Virtuality," in John Beckmann, ed., *The Virtual Dimension: Architecture, Representations, and Crash Culture* (New York: Princeton Architectural Press, 1998), 205-217. 特に、210-212の「Craft/Cad/Cam」。

そして同著者の、

E-topia: "Urban Life, Jim,but Not as We Know It" (Cambridge, MA: MIT Press, 1999), 150-152.

※ウィリアム・J.ミッチェル『e-トピア—新しい都市創造の原理』渡辺俊訳、丸善、2003

また次も参照こと。

Dagmar Steffen, "Produire en masse pour chacun," *Architecture d'Aujourd'hui* 353 (July-August 2004): 102-107.

48　そのテーブルはカッシュの会社オブジェクティルで作られ、その展覧会で展示されたものは、今ではポンピドゥー・センターのナショナル・モダン・アート・ミュージアムのパーマネント・コレクションに収蔵されている。次を参照のこと。
"Tables non standard," Galerie Natalie Seroussi, Paris, May-June 2005.
また次のクレジット表記のない展覧会評も参照のこと。
Architecture d'Aujourd'hui 358 (May-June 2005): 38.

49　次を参照のこと。
Manuel De Landa, "Material Complexity," in Neil Leach, David Turnbull, and Chris Williams,eds., *Digital Tectonics* (Chichester:Wiley-Academy, 2004), 14–22, esp. 20–21.

50　ETH（チューリヒ）のグラマツィオ&コーラーGramazio & Kohlerの近年の作品、特にベアルス&デプラザスBearth & Deplazesとのコラボレーションによる、フレーシュFläschのガンテンバイン・ワイナリーGantenbein wineryのファサード、あるいは第11回ヴェネツィア建築トリエンナーレのスイス・パビリオンでのインスタレーションを参照のこと。
Fabio Gramazio and Matthias Kohler, *Digital Materiality in Architecture* (Baden: Lars Müller; Basel: Birkhäuser, 2008).

51　エルヴィン・パノフスキーによる『ゴシック建築とスコラ学』の中で周知の通り示唆されている、スコラ派–ゴシックのアナロジーに関しては、本書第1章69頁上から7行目〜71頁最終行を参照のこと。
ある違った関心をもちながらも、類似した論点が次の中で示唆されている。
Leach, Turnbull, and Williams in their introduction to *Digital Tectonics*, 4–12.
特に、4–5の次の事柄を参照のこと。まず「デジタル時代における（新しい）建築家–エンジニア」について。そしてまた、デザインと生産における新たなデジタル環境と関連させえる「ある種のゴシック的精神」について。その精神は「ゴシックの表面的な形状に基づくのではなく、（中略）建築デザインに向かう、ある種のプロセス志向のアプローチに基づき、構造における力や、物質の組成の重要性を認めるのである」。
形態とプロセスの双方の面からの、ゴシックとデジタルの間のアナロジーに関しては、次を参照のこと。
Spuybroek, *The Architecture of Continuity*.
特に「The Aesthetics of Variation」245–263と「Steel and Freedom」265–284（そして新たな「Digital Arts and Crafts movement」の出現について、283）。
本書を執筆している時点で、ラルス・スパイブルークLars Spuybroekは、ドイツのヘルツォーゲンラートHerzogenrathとオランダのケルクラーデKerkradeの間に、「ラスキン・ブリッジ」を建設中である。

52 Lewis Mumford, *Technics and Civilization* (New York: Harcourt, Brace, 1934). 特に、chap. 8, sections 1-2, "The Dissolution of 'The Machine,'" 364-368と、"Toward an Organic Ideology," 368-373を参照のこと。
※邦訳には次のものがある。
ルイス・マンフォード『技術と文明』生田勉訳、美術出版社、1972年（新版：原著はHarbinger Book-Harcourt, Brace & World, New York, 1963）
ルイス・マンフォード『技術と文明』生田勉訳、鎌倉書房、1953（第1冊）、1954（第2、第3冊）

53 John Ruskin, *The Seven Lamps of Architecture* (London: Smith, Elder and Co., 1849), chap. 5, "The Lamp of Life," XXI, 141.
※邦訳には次のものがある。
ジョン・ラスキン『建築の七燈』杉山真紀子訳、鹿島出版会、1997
ラスキン『建築の七灯』高橋松川訳、岩波書店（岩波文庫）、1930
「このエッセイの初めの方で私は、手のなす仕事は機械による仕事から常に区別できるだろうと言った。しかし同時に、人が機械に心を傾けてしまい、自分たちの労働を機械の水準にまで減じてしまうこともありうることも見た。しかし人が人として働き、自分のしていることに心を込め、自分にできうる限りのことをしている限りは、彼らがどんなに悪い労働者であろうと問題にはならず、そのことに対処することの中には、あらゆる代償を払う以上のものがあるであろう。（中略）そしてその全体の効果は、機械あるいは生命感のない手によって切り出された同様の意匠と比較されるならば、心地良く読まれて心に深く感じられる詩がもつ効果と、同じ詩が機械のような棒読みで調子外れに口にされる効果との関係と同じである。この違いが感じられない人は多い。しかし詩を愛する人にとっては、それが全てである。（中略）そして建築を愛する人にとっては、手のもつ生命力と抑揚が全てなのである」
また次も参照のこと。
Ruskin, *The Stones of Venice*, vol. 3 (London: Smith, Elder and Co., 1853), chap. 4, 194.
（邦訳版は第2章原註44を参照のこと）
「ギリシアとローマの模範の上に築かれた建築の大体は、我々がこの3世紀の間、慣習的に建設してきたものであるが、それはあらゆる生命力、美徳、高潔、あるいは善なることを行う活力を全く欠いている。それは卑しく、自然の理に反し、実を結ぶこともなく、喜びを生むこともなく、神を敬うこともない。その原典において不信心で、それを再興するという考えにおいて高慢で神聖なものではなく、その老齢さにおいて麻痺している。（中略）あたかも建築が、建築家を剽窃者に、職人を奴隷に、住人を快楽主義者にしてしまうことを、創案したかのようなので

ある」(強調〔傍点〕は著者によるものである)。〔以上の邦訳は全て、訳者私訳である〕

54 Office for Metropolitan Architecture,Rem Koolhaas, and Bruce Mau, *Small, Medium, Large, Extra-Large* (New York: Monacelli Press, 1995).

55 Charles A. Jencks, *The Language of Post-Modern Architecture* (London: Academy Editions; New York: Rizzoli, 1977).
※チャールズ・ジェンクス『a+u臨時増刊 ポスト・モダニズムの建築言語』竹山実訳、エーアンドユー、1978
ジャン=フランソワ・リオタールは『ポストモダンの条件 *La condition postmoderne*』〔邦訳版は第1章原註4を参照のこと〕の中で、「大きな物語の解体」〔"décomposition des grands Récits" あるいは "métarécits"〕について語っている (*La condition postmoderne*, 31)。「歴史の終わり」〔the "end of history"〕という表現は、ジャン・ボードリヤールによって最初に明言されたようである (*Simulacres et simulations* (Paris: Galilée, 1981), 62–76〔邦訳版は第1章原註3を参照のこと〕; 特に70頁の次句を参照。"l'histoire est notre référentiel perdu, c'est-à-dire notre mythe"〔「歴史とはわたしたちが失った参照項、すなわち、わたしたちの神話である」〕)。フレドリック・ジェイムソンFredric Jamesonの『Postmodernism, or the Cultural Logic of Late Capitalism』(Durham: Duke University Press, 1991; 引用は2005年の版より) は、いくつかのアメリカのアカデミックなサークルの中ではしばらく影響力があったのだが、ここで議論されているトピックにはほとんど関係はしない。ジェイムソンの本は1984年から1990年の間に書かれたエッセイをまとめたもので、著者の主張によれば、ポストモダニズムの最初の建築的定義 (ほとんどはジェンクスとロバート・ヴェンチューリRobert Venturiから借りたもの) に触発されたもので、その他の点ではその問題における哲学的な諸相とは関係のないものであったのである。ジェイムソンはいまだによく70年代初期の建築におけるポストモダニスムと関連づけられる不名誉な傷痕を、結晶のように明確化した。なぜなら彼の見方によれば、ポストモダニズムは財力や地位を誇示する消費による茶番にすぎないものを代表していて、ハイ・モダニズムの社会的かつ美的原理の終末と、それと同時に社会主義者の理想の終焉あるいは敗北をしるしづけているからである。ジェイムソンはポストモダニズム建築のアイコンとしてゲーリーのサンタモニカの自邸 (1979) や、ジョン・ポートマンJohn Portmanのロス・アンジェルスのウェスティン・ボナヴェンチャーWestin Bonaventureのような、ありそうもない擁護者たちについて論じている。この後者を参照したのは、トム・ウルフTom Wolfeが頼まれもしないのにジョン・ポートマンの作品を賞賛したことに影響されたのかもしれない (*From Bauhaus to Our House*, 1981. トム・ウルフ『バウハウスからマイホームまで』諸岡敏行訳、晶文社、1983)。そしてジェ

イムソンはゲーリーの自邸におそらくは、ある（ディコンストラクティヴィストの）戦略のモデル、すなわち「後期資本主義」の主体のない権勢に対抗する「否定性、抵抗、転覆、批評、そして再帰性」という戦略のモデルを見たのである（Jameson, *Postmodernism*, 48）。

ジェイムソンによる、漫然として、不透明で、自分を憐れみながらも長々と続く、激しい攻撃的な演説には、〈左派〉が歴史的あるいは弁証法的な意味で、ポストモダニズムと直面しようとしなかった、あるいはできなかったことに対するいくらかの自責の念が含まれている。哲学と建築論という２つの原典をもつ「ポストモダニズム」という語のそれぞれの意味するところは、一見して思えるよりは近い関係にあったのかもしれないのである。建築におけるポストモダニズムの70年代後期の最初の諸事例もまた、ある「大きな物語master narrative」の終焉あるいはその拒絶に基づいていた――その物語とは、建築における合理主義に関して当時支配的であった言説であり、建築の義務は技術的そして社会的な進歩をなすことにあり、そしてまた進歩の次には絶頂があるという歴史主義的な目的論に基づいていたのである。しかしながら周知の通り、ポストモダニストの建築家たちは、復古主義的な前近代の建築や都市の形態を作り、またそれらを唱導する方へと向かい、その一方でポストモダンの思想家たちの多くは、新たな技術社会的かつ経済的環境を解き明かす、あるいはそれを予期するために奮闘したのである。この最初の亀裂が、後の建築批評によって癒されることは決してなかった。建築の批評はポストモダンの思想がなした、より広範な哲学的示唆を認めながらも、初期のポストモダニストの建築家が作り出した諸々のものを、隠蔽することも無効にすることもできなかったのである。経済学者や社会学者が長く認めてきていることは、ポストモダンの哲学者の予言の多くが、80年代と90年代に確かに現実になったこと、そしてポストモダニズムの哲学的理論の中には――しばしば思いも寄らずに――金融市場から消費市場、そしてマーケティングそれ自体に至るまで、現代の経済のなす多くの様相を確証づけていることであったのである。たとえば「ニッチ・マーケット」や「マス・カスタマイゼーション」の経済学による定義は、ポストモダンの諸理論の明らかな子孫であり、デジタル・カルチャーに関して現在（2009）流布している議論は、ポストモダニティに含まれる、哲学上の様々なカテゴリーに関する古い議論を、部分的に再演しているのである。今日のデジタル・テクノロジーが、ノンスタンダードで、参加型の方向へとターンしていることは、本当の意味での建築における最初のポストモダン・エイジを形成しつつあるのかもしれない（ポストモダンの哲学者が予期した意味での「ポストモダン」として）。

56　特にボードリヤールの次を参照のこと。
Jean Baudrillard, *L'illusion de la fin* (Paris: Galilée, 1992).

57 Francis Fukuyama, *The End of History and the Last Man* (London: Penguin Books, 1992).
※フランシス・フクヤマ『歴史の終わり』渡部昇一訳、三笠書房、2005、新装版、上下巻
また同著者の次も参照のこと。
"The End of History?," *The National Interest* 16 (Summer 1989): 3-18.

58 そして建築においては、これはメタファーではない。当時、使用できるようになった技術の中には、経費削減のために切り離された軍事研究プロジェクトから派生したものもあった。そして1990年代を最も象徴する建物のひとつ、グッゲンハイム・ビルバオに輝きを授けるために使われたチタニウムは、当時金銭に困窮していた旧ソ連軍から額面以下で購入されてやってきたようなのである。

59 ベルリンの壁が崩壊した（実際には開放された）日。ドイツ再統一は公式には1年後に完遂した（1990年10月3日）。

60 当時の米国連邦準備制度理事会の議長であった、アラン・グリーンスパン Alan Greenspanの1996年12月5日のディナー・スピーチから。グリーンスパンは当時ニュー・エコノミーという呼び方で知られていたものを、金融の上で過大評価することのリスクについて警告していた。

61 グレッグ・リンのオリジナルの表現は、「湾曲しながらディコンストラクティヴィズムから離れていく "Curving away from Deconstructivism"」。次を参照のこと。
"Architectural Curvilinearity," in Lynn, *Folds, Bodies and Blobs: Collected Essays* (Brussels: La lettre volée, 1998), 114 (first published in *Folding in Architecture*).

62 3.1節を参照のこと。

63 トム・ウルフの表現（Tom Wolfe, *A Man in Full*, New York: Farrar, Straus and Giroux, 1998）。
奇妙なことに、政治的なスペクトラムの反対側の端から、ジェイムソンとフクヤマの双方が、ウルフを、ポストモダニズムを決定づけた人物のひとりとして（前者）、またポストヒストリーの時代を特徴づける「メガロサミア megalothymia〔優越願望〕」が洪水のようにあふれる状態を体現する者として（後者）、共に引用している。次を参照のこと。
Jameson, *Postmodernism*, 56.
Fukuyama, *The End of History*, 329.

64 Roemer van Torn, "Aesthetik als Form der Politik," *Arch+* 178 (June 2006): 88-93.
また次も参照のこと。
Fredric Jameson, "Marxism and Dualism in Deleuze," in Ian Buchanan et al.,

eds., *A Deleuzian Century* (Durham: Duke University Press, 1999), 13-36 (originally published as a special issue of *South Atlantic Quarterly*, Summer 1997).

65 いわゆる「ロングテール」に関する近年の諸議論については次を参照のこと。
クリス・アンダーソンChris AndersonのWired 12, 10 (October 2004) における、この名の由来となった記事。そして次の同著者によるその後の著書。
The Long Tail: Why the Future of Business Is Selling Less of More (New York: Hyperion, 2006).
※クリス・アンダーソン『ロングテール―「売れない商品」を宝の山に変える新戦略』篠森ゆりこ訳、早川書房、2014

66 次を参照のこと。さらなる参考文献の目録が付いている。
Mario Carpo, "The Bubble and the Blob," *Lotus* 138 (2009): 19-26.

67 Mario Carpo, "Post-Hype Digital Architecture: From Irrational Exuberance to Irrational Despondency," *Grey Room* 14 (2004): 102-115.

68 たとえば次を参照のこと。
Rahim and Jamelle, eds., "Elegance," *Architectural Design* 77, no. 1 (2007).

69 この語の由来については、第1章原註78を参照のこと。

70 たとえば次を参照のこと。
Christopher Hight and Chris Perry, eds., "Collective Intelligence in Design," special issue (AD Profile 183), *Architectural Design* 76, no. 5 (2006).
Lucy Bullivant,ed., "4dspace: Interactive Architecture," special issue (AD Profile 173), *Architectural Design* 75, no. 1 (2005).
この続編である、
Lucy Bullivant, ed., "4dsocial: Interactive Design Environments," special issue (AD Profile 188), *Architectural Design* 77, no. 4 (2007).
BIMソフトウェアの「ソーシャル」な利用に関しては、本章原註73を参照のこと。

71 「モノのインターネットThe Internet of Things, IoT」と呼ばれることもある展開のひとつ。

72 Web2.0の出発点に関する神話のひとつである有名なフランシス・ゴルトンFrancis Galtonの実験 (1906) に関する議論について次を参照のこと。
James Surowiecki, *The Wisdom of Crowds: Why the Many Are Smarter Than the Few and How Collective Wisdom Shapes Business, Economies, Societies, and Nations* (New York: Doubleday, 2004), introduction and passim.
※ジェームズ・スロウィッキー『「みんなの意見」は案外正しい』小高尚子監修・翻訳、角川書店 (角川グループパブリッシング)、2009

73 次を参照のこと。

Chuck Eastman et al., eds., *BIM Handbook: A Guide to Building Information Modeling for Owners, Managers, Designers, Engineers, and Contractors* (Hoboken, NJ: Wiley, 2008).

Phillip Bernstein and Peggy Deamer, eds., *Building (in) the Future, Recasting Labor in Architecture* (New York: Princeton Architectural Press, 2010).

Richard Garber, ed., "Closing the Gap: Information Models in Contemporary Design Practice," special issue, *Architectural Design* 79, no. 2 (2009).

テクノロジストはBIMソフトウェアを高度化したファイル転送プロトコル(FTP)にすぎないものと評することがよくある。そうしたプロトコルの高度化が同じプロジェクトで働く異なる技術チーム――建築家、エンジニア、マネージャー、コンサルタント、また建設業者――の間の協同性を改善するのに必要とされているというのである。こうした還元主義的解釈の中では、BIMソフトウェアはデジタル環境による「ファイル・トゥ・ファクトリー」のコンセプトを単に換言しただけであって、小さなスケールのプロトタイピングやファブリケーションを、大きなスケールでのインテグレーテッド・プロジェクト・デリバリー〔統合型プロジェクト実施方式〕に単に拡張したもののように見える。したがって、このようなデジタル・プラットフォームがもつインタラクティヴかつ参加型のポテンシャルは、しばしば軽視されていくのである。実際、逆向きの進展として、いくつかの大きな事務所が近年、ソフトウェア、コンサルティング、場合によってはプロジェクトの最後の受け渡しに至るまでを含む、包括的なBIMパッケージを、より小さな建築事務所に提供し始めている。たとえば、次のシンポジウムのプログラムを参照のこと。

"Building Fluency: Platforms for BIM Innovation" organized by Gehry Technologies in London in June 2009: online at 〈gehrytechnologies.com〉. 〔現在は既に掲載されていない〕

74 これは、建築模型の諸機能と歴史に関する膨大な学術文献には関係ない。次を参照のこと。

Albena Yaneva, "A Building Is a 'Multiverse'," in Bruno Latour and Peter Weibel, eds., *Making Things Public: Atmospheres of Democracy* (Karlsruhe: Zentrum für Kunst und Medientechnologie; Cambridge, MA: MIT Press, 2005), 530-535.

さらにこの中のラトゥールによる序論でのコメントを参照のこと。「世界中の建築家に用いられている縮尺模型、すなわち建築家が、その模型を現寸大で建設できる人々をまとめるために使うあの模型よりも、ハイブリッド・フォーラムの好例となるものを、誰が夢にも思いつこうか」(同書24)。

75 悲観論者の観点に関しては、次を参照のこと。

Andrew Keen, *The Cult of the Amateur* (New York: Doubleday, 2007)
※アンドリュー・キーン『グーグルとウィキペディアとYouTubeに未来はあるのか?—Web 2.0によって世界を狂わすシリコンバレーのユートピアンたち』田中じゅん訳、サンガ、2008
Jaron Lanier, "Digital Maoism: The Hazards of the New Online Collectivism," Edge, May 30, 2006 (online at 〈edge. org〉, 2014年3月18日アクセス)
楽観論者については、次を参照のこと。
Kevin Kelly, "The New Socialism," *Wired* 17, no. 6 (June 2009): 116–121.
また他にも、Web2.0という語の発明者とクレジットされることも多い、ソーシャル・メディアの唱導者ティム・オライリーによる、近年の〔パテントや法的規制への〕諸々の調停行為も参照のこと。

76 ロック・ミュージック・カルチャーと、録音音源の機械的複製の関係については、次を参照のこと。
María Rosa Menocal, "The Flip Side," in Hans-Ulrich Gumbrecht and Michael Marrinan, eds., *Mapping Benjamin: The Work of Art in the Digital Age* (Stanford: Stanford University Press, 2003), 291–300.

77 またの名を最終校正〔BAT proofs〕(bon-à-tirer, or good to print)。
Bernard Cerquiglini, *Éloge de la variante:Histoire critique de la philologie* (Paris: Seuil, 1989)
また本書第1章44頁下から13行目〜45頁上から10行目を参照のこと。

78 対照的に印刷は、非対称で、ダウンロードのみの一方向性の情報テクノロジーである。もちろん誰もが出版された本のうちで、自分が所有したものには書き込みができる。しかし——筆写やデジタル技術による追記や改訂とは違い——こうした註釈は、その伝送ネットワークの外側にあり、無関係なままである可能性が高い。したがってそれらが他の読者に渡ることはないであろう。

79 次を参照のこと。
Eric S. Raymond, *The Cathedral and the Bazaar: Musings on Linux and Open Source by an Accidental Revolutionary* (Beijing: O'Reilly Media, 1999).
※エリック・スティーブン・レイモンド『伽藍とバザール—オープンソース・ソフトLinuxマニフェスト』山形浩生訳、光芒社、1999 (また翻訳者のサイト (cruel. org) でも閲覧とダウンロードが可能。2014年3月18日アクセス。)
レイモンドEric S. Raymondの論文ではしかし、カテドラルではなくバザールが、オープンソース環境に最も適切なメタファーとなっている。次も参照のこと。
Howard Rheingold, *Smart Mobs: The Next Social Revolution* (Cambridge, MA: Perseus Publishing, 2002), esp. chap. 2, "Technologies of Cooperation," 29–62.
(邦訳版は第1章原註12を参照のこと)

80 次を参照のこと。
Richard Sennett, *The Craftsman* (New Haven: Yale University Press, 2008).
セネットは、オープンソース・ムーヴメントに古代の職人の技巧を高めていたものといくらか同様の共同体的な精神を認めている（23–27）。しかし次の段階では、デジタル・テクノロジーを現代の邪悪なもののほとんどの根源として非難する方へと向かう。その悪人たちの中でも筆頭格はCADであり、セネットの見方によればそれは建築家に、「手でレンガに線を描く」方法を忘れさせ、続いて建築家にその手を冷淡な敵の機械で置き換えるように促し、「魂の抜けたデザイン行為」を犯させるのである（41–42）。

81 デジタル・テクノロジーとゴシック建築の親近性に関しては、本書原註51を参照。

82 次のブルーノ・ラトゥールの著作を参照のこと。
Bruno Latour, "Why Has Critique Run Out of Steam? From Matters of Fact to Matters of Concern," *Critical Enquiry* 30, no. 2 (2004): 225–248.〔次のアドレスで、ダウンロード可能。2014年3月19日アクセス。〈http://www.bruno-latour.fr/sites/default/files/89-CRITICAL-INQUIRY-GB.pdf〉〕
"From Realpolitik to Dingpolitik or How to Make Things Public," in Latour and Weibel, eds., *Making Things Public*, 14–43.〔ここで参照されているのとは別箇所に掲載されたものだが、同題のエッセイが次のアドレスで、ダウンロード可能。2014年3月19日アクセス。〈http://www.bruno-latour.fr/sites/default/files/96-DINGPOLITIK-GB.pdf〉〕

4 エピローグ：スプリット・エージェンシー――建築家の力の分割と移譲

1 次を参照のこと。
Eric S. Raymond, "A Brief History of Hackerdom," in *The Cathedral and the Bazaar: Musings on Linux and Open Source by an Accidental Revolutionary* (Beijing: O'Reilly Media, 1999), 3–18 (first published on the Internet in 1992).
（邦訳版は第3章原註79を参照のこと。）

2 Kevin Kelly, "The New Socialism," *Wired* 17, no. 6 (June 2009): 118–121.

3 Mario Carpo, "The Bubble and the Blob," *Lotus International* 138 (July 2009): 19–27.（さらなる参考文献の目録が付いている）

4 たとえば次を参照のこと。
Julia Angwin and Geoffrey A. Fowler, "Wikipedia Volunteers Log Off as Web Encyclopedia Ages," *Wall Street Journal*, November 23, 2009, A1–17.

5 たとえば、今では有名なアルドゥイーノArduinoのプロジェクトや、その多様な応用を参照のこと。（〈http://www.arduino.cc〉, 2014年3月19日アクセス）

6 Thomas Friedman, "The Do-It-Yourself Economy," *New York Times*, December

13, 2009, New York edition, WK9.

Cory Doctorow, *Makers* (New York: Tor, 2009).〔次のアドレスでダウンロード可能。2014年3月19日アクセス。〈http://craphound.com/makers/download/〉〕

Greg Lynn, Recycled Toy Furniture Installation at the 2008 Venice Biennale (Golden Lion for Best Installation Project).

これについては次を参照のこと。

Greg Lynn's Form web site (〈http://www.glform.com〉, 2014年3月19日アクセス).

しかしリンの「リバース・モデリング」技術の利用においても、ドクトロウのフィクションにおいても、ユーザー生成コンテンツは含まれてはいない。なぜなら、リンのものは「原作者が承認した」デザイン・システムであるし（偶然性を取り入れた構成要素に基づいてはいるのだが）、ドクトロウが想像しているのは、未来にはデザインとマイクロ・マニュファクチュアリングの、ある分散化したプロセスが、規格化されたガジェットの大量生産のために探究されるであろう、というものだからである。

7 次を参照のこと。

Doreen Bernath, "On Architecture of Building the Picture: China and Pictorial Introjection," unpublished PhD thesis, Architectural Association, London, Academic Year 2009-2010.

8 ゲーリー・テクノロジーズのように。第3章原註73を参照のこと。

9 たとえばベルギーの企業Materialiseのウェブ・サイトの中にある、.MGX Design Productsを参照のこと（〈http://www.materialise.com〉, 2014年3月19日アクセス。〔.MGXのラインは、次のアドレス〈http://www.mgxbymaterialise.com〉〕）。

10 Janet Murray, *Hamlet on the Holodeck: The Future of Narrative in Cyberspace* (Cambridge, MA: MIT Press, 1998), 126-154. (First published New York: Free Press, 1997.)

11 原作者によってつけられる付加価値の度合において、これとは反対の極でのことになるのだが、全てにわたって完全にパラメトリックでジェネラティヴな表記法をデザインしている、デジタル環境の原作者であっても、「原作者が承認した」諸々のヴァリエーションからなるある閉じたカタログの中に、物の生産を限定することを選択してしまうことがある。このアプローチはマーケットでは意味があるのかもしれないが、デジタル環境によるものづくりのテクノロジーとは反対の方へといくことになる。ヴィデオ・ゲームのアナロジーに戻って言えば、ヴィデオ・ゲームは人々にプレーさせるために理想的にデザインされているのであって、そのデザイナーがひとりで楽しむためではないのである。

訳註

1　可変性、同一性、微分的差異

＊1　「系列」とは、事物の連なり、を指し、英語のseries、フランス語のséieの訳語である。文脈によっては他の日本語をあてることもできるが、〈同一性〉や〈可変性〉と同様に本書の中核をなす語であることを考え、〈系列〉と統一して翻訳している。同様の理由から、serialは「系列的」、serialityは「系列性」としている。本書は〈同一性〉と〈可変性〉を対比的に論じる点でドゥルーズの哲学、中でも『差異と反復』と関連をもつが（実際、本書のいくつかの箇所で関連が註として言及される）、〈系列〉は、同書を含むドゥルーズの思考の核となる語のひとつである（ドゥルーズの訳書の中には、この「séie」を原語のニュアンスを継承するために「セリー」、形容詞を「セリー状の」と訳するものもあるが、意味は本書における「系列」と同じである）。ドゥルーズの哲学は、不変の〈存在Being〉とは何かを探求する伝統的な西洋哲学の思考に対し、可変の〈生成変化Becoming〉を対置する。そのため思考の対象は事物よりも、事物の変化のプロセスそのものとなり、その変化した諸々の事物の連なりが「系列」と表現される。これに関しては同著を参照のこと。

建築におけるデジタル・デザイン、あるいはコンピュテーショナル・デザインにおいて、この「系列」的思考は、建築物を物質が生成変化するプロセスとして捉える思考として現れる。このプロセスの中から様々なヴァリエーションが生じることになるが、そのヴァリエーションが、時間的な系列をなすのか、空間的な系列をなすと捉えるかによって、概ね２つの方法に分けられる（もちろん両方の組み合わせによる方法もある）。前者は、建物をある仮想された生成プロセスの瞬間の状態と考える方法であり、建物はいわば、あるプロセスの「静止画」であり、個々の静止画がヴァリエーションのひとつになる。たとえば建物全体を荷重を支持する力学系と捉えてモデル化し、仮想的な荷重に対する動的な平衡プロセスの定常状態（最適解）を求める方法などはそれにあたる（たとえばノーマン・フォスターによる大英博物館の中庭屋根のプロジェクトを参照のこと。またフライ・オットーやアントニオ・ガウディによる数々の「フォーム・ファインディング」によるプロジェクトも参照のこと）。同種の方法はエンジニアリングだけでなく、ずっと空想的な思考にも見られる。たとえば建物を生物に見立て、生物の形態が、自己組織的な内部からの要因と環境の外的な要因の平衡状態から定義されるという、生物学の形態学（モーフォロジー）の考えを参照し、内部空間や周辺環境といった建物内外の要因から建物形態を決定する、といった方法などである（たとえばグレッグ・リンによる1990年代のプロジェクトを参照のこと）。また最適化手法によく使われる遺伝的アルゴリズム、すなわち建物形態をその形態を発現する「遺伝子」の組み合わせとして捉え、建物内外の環境に最も適するものfittestを、たくさんの候補となる建物群populationどうしの「交配」と環境による「選択selection」、そして遺伝子の「突然変異mutation」からなる生存競争のプロセスから決める、といった方法もこの方法の代表例と言える。〔先駆的な研究として、次を参照のこと。John Frazer, An Evolutionary Architecture (London: Architectural Associations, 1995)〕。
後者の方法は、建物全体をその部分要素の幾何学的な軌跡と捉える考え方である。たとえば細長い棒状の要素（たとえば梁）がその形状の軸と直交する方向に運動すると想定し、その運動の軌跡によって面（たとえば屋根）の形状を決定する方法などがこれにあたり、要素が運動する時間的なプロセスを空間化することがその特徴である。たとえばグレッグ・リンが1990年代初期にアニメーション・ソフトウェアでデザインしていたときには、実際にアニメーションとして時間的な運動として描いた結果をストップモーションとして記録し、最終的にそれらを統合するといったことも行われていた。〔「PORT AUTHORITY TRIPLE BRIDGE GATEWAY」(1994) を参照のこと〕。人間は慣習的に時間の流れを空間化して捉えることがあるが（距離の遠さを時間の長さと相関させるなど）、この方法はそうした慣習をデジタル・デザインにおいて反復していると言える。また現在では主要な商用3DCADのほとんどが、たとえば線状に配置された曲線群を断面とする曲面を自動的に生成することができるが、それは同時に、時間的なプロセスを空間に展開するという古典的な時間の捉え方をコマンドとしているのである。

＊2　differentialityとは、ジル・ドゥルーズが『差異と反復』において、諸々の事物についてそれらの間に何らかの同一性を見出し、その上でそれらを比較する一般的な意味での「違いdifference」と、いかなる同一性も前提とせずに、「それ自身における差異difference in itself」を思考することを区別するために用いている「微分的差異differential」という語に由来する。前者の場合は、その「違い」には「それではなく、これである」という否定性が含まれるが、ドゥルーズはそれが西洋哲学が生の生成変化を捉えることを妨げている根本的な原因だと考えている。「それ自身における差異」はこのようにドゥルーズの哲学において、「それ自身における反復」と共に、生のプロセスを思考するための中心となる概念である。訳出にあたっては、この語自体が「差異」と「微分」の両方を意味し、ドゥルーズが微分学を参照し伝統的な差異概念を批判的に検討していることから、両方を併記するかたちで「微分的差異」としている。ドゥルーズの様々な邦訳書では、単に「差異」「微分」とするものから「差異的＝微分的」とするも

のまで、様々な工夫がなされている。同時にドゥルーズはこの「differential」を「differentiation」、すなわち生物学における「分化」とも関係づけている。そのため正確には、「微分的分化的差異」などとするべきであるが、本書中では生物学への言及は軽く触れられる程度であるため、「微分的差異」にとどめた。詳しくは『差異と反復』を参照のこと（また限りのない議論を生む原因となるが、ドゥルーズを含む現代思想を担う哲学者たちが、数学や生物学を含む自然科学を単なる比喩として使うこともあると言う批評もある。次を参照のこと。

Alan D. Sokal, Jean Bricmont, *Impostures Intellectuelles* (Editions Odile Jacob, 1997).

Alan D. Sokal, Jean Bricmont, *Fashionable Nonsense: Postmodern Intellectuals' Abuse of Science* (New York: Picador 1998).

※アラン・ソーカル、ジャン・ブリクモン『「知」の欺瞞——ポストモダン思想における科学の濫用』田崎晴明、大野克嗣、堀茂樹訳、岩波書店、2012

またグレッグ・リンは、ドゥルーズの差異の概念とデジタル・テクノロジーの特徴を関係づけるために、“digital differentiality” という表現を用いている。第1章原註10を参照のこと。

＊3 「活字人間 typographical man」は、マーシャル・マクルーハンの次の書からの引用。
Marshall McLuhan, *The Gutenberg Galaxy: the making of typographic man* (Toronto, Canada: University of Toronto Press, 1962).

マーシャル・マクルーハン『グーテンベルクの銀河系—活字人間の形成』森常治訳、みすず書房、1986

同著はコミュニケーション・テクノロジーが、人間の世界の認知の仕方と社会組織の形成に与える影響について論じたものだが、「活字人間」とはグーテンベルクの活版印刷の発明によって、人間の認知が視覚優先になり、社会組織が個人主義に基づいた段階の人間を指す。それは本書が論じる、ルネサンス以降の近代と一致する。マクルーハンはこの「グーテンベルクの銀河系」における「活字人間」を、現代の視点から言えばインターネットに象徴されるデジタル・テクノロジーによる「グローバル・ヴィレッジ」の前段階と位置づけていた。

＊4 フランスの建築理論家、建築家、都市計画家である、フィリップ・ブドン Philippe Boudon は、芸術としての建築ではなく、科学としての建築、建築に固有な思考を探究し、その学問体系を architecturology と呼んだ。そこでの「建築」とは、現実の空間そのものではなく、また幾何学の空間でもなく、空間の概念モデルを創造的に構築することである。たとえば、次を参照のこと。

フィリップ・ブドン『建築空間—尺度について』中村貴志訳、鹿島出版会、1978（原著は1971年）。同著にはブドンの最初期の思考がまとめられている。

＊5 本書では、現代のデジタル・デザインが生物学を参照することについては十分

に論じられてはいないが、日本語版のための新しいまえがきの中で触れられているように、カルポは別の批評の中で新たにそれを論じている。詳しくは特に本章原註5を参照のこと。

モーフォジェネシスとは、生物学における形態の発生メカニズムを探究する学問領域である。本書ではそれが、特に本章原註75にあるように、遺伝的アルゴリズムを用いたダーウィンの進化論をアナロジーとする方法に限定して説明される。なぜなら、遺伝的アルゴリズムは形態発生を、遺伝子がもつ潜在的情報による遺伝子型genotypeが、表現型phenotypeとして顕在化されるという2層構造として捉えるが、その構造が本書がデジタル・デザインの特質として抽出する、オブジェクティル－オブジェクト、あるいは類－種の2層構造と同じだからである。しかし、生物学における本来のモーフォジェネシスは、遺伝子による形態発生のみを扱うものではない。古典的な例から見ても、ダルシー・トンプソンD'Arcy Wentworth Thompsonに始まる、生物形態を内的な物質組織の成長と外的な環境からの影響の平衡状態として捉えるものから、アラン・チューリングAlan Mathison Turingに始まる反応拡散系reaction-diffusion systemのように、複数の物質の相互に絡み合う化学反応による動的な形態発生に至るまで、そのアプローチは広範である。

また建築の言説においてモーフォジェネシスに言及される場合には、その語そのものが指す意味だけでなく、それに付帯するものとしてより広範なモーフォロジー（形態学）や生物学を含むことも多い。そして、このように建築論が生物学、あるいはより大きくは自然を参照するのは、決して今日的な現象ではない。建築はひとつの部品からなる訳ではないから、その思考は必然的に部分と全体の関係を対象とし、それは建築的思考のひとつの核である。そのために古来より自然物のもつ部分－全体の有機的な関係によって生まれる美的調和や機能は、常に建築の参照対象であり続けている。このアナロジーについては次を参照のこと。

Philip Steadman, *The Evolution of Designs: Biological Analogy in Architecture and the Applied Arts*, (London, New York: Routledge, 2008, Revised Edition)

モダニズムの機能主義そのものが生物へのアナロジーと言えるため、事例は枚挙にいとまがない。デジタル・デザインの領域に限定すれば、環境をコンテクストとして物的組織がそのコンテクストに適応するプロセスとして建築を捉える考え方は、現代まで顕著に続いており、最初期の例は、クリストファー・アレグザンダーChristopher Alexanderの『形の合成に関するノート』に見られる。また近年の例ではグレッグ・リンによる『Embryological House』が挙げられる。時代を経ながらも両者ともに、ダーウィンとダルシー・トンプソンの深い影響下にある。次を参照のこと。

Christopher Alexander, *Notes on the Synthesis of Form* (Boston: Harvard University Press, 1964).

※クリストファー・アレグザンダー『形の合成に関するノート／都市はツリーではない』稲葉武司、押野見邦英訳、鹿島出版会、2013

Greg Lynn, "Greg Lynn: Embryological Houses," *Architectural Design* "Contemporary Processes in Architecture" 70, 3 (London: John Wiley & Son, 2000): 26-35.

Greg Lynn, *Animate Form*, (New York: Princeton Architectural Press, 1999).

＊6　近年の大手ソフトウェア・メーカーのCADは、既にFEMやCFDのような性能解析モジュール（CAE）と統合され、ある程度までは、デザイナー自身が、従来はエンジニアたちの仕事であった解析を行うことを可能にしている。それらは数値制御による製作（CAM）まで統合し、たとえばかたちのデザインから、それをプラスチックで成型する型までをも、デザイナー自身が「デザイン」できる。デジタル・デザインではもはや、デザイナーとエンジニアの境界はぼんやりとしていると言って良い。

＊7　この「反復の内に生じる諸差異 "differences within repetition"」は、パノフスキーの表現でもドゥルーズのそれでもなく、著者独自の表現である。

＊8　原著46ページでこの箇所は "singular" と表現されているが、別の意味が生じないように、カルポの指示により、それを "individual" に入れ換え翻訳している。本書は1990年前後、あるいはそれ以降のデジタル・デザインが、ドゥルーズの哲学から受けた影響を論じてはいるが、ドゥルーズの哲学によってデザイン理論やその歴史を説明するものではない。たとえば本書のこの箇所は、デジタル・デザインの特徴を、ヴァリエーションをもった諸々の物＝種と、それらを生む類からなる、類-種 genera-species のヒエラルキーを形成することであるとしている。これはアリストテレスの哲学では、"general and particular" あるいは "general and specific" の対比的な関係に相当する。これを原文のように "general and singular" の対比として表現しても、"singular" が一般性に対する「個」を意味する限りは、前述のアリストテレス的対比は変わらない。しかしこの表現をドゥルーズの哲学から読むとある矛盾を生じることになる。ドゥルーズの哲学（中でも『差異と反復』で明確に論じられているが）は、諸々の個物が何らかの同一性によって一般性へとまとめられていく、西洋の哲学に伝統的な思考が、哲学が私たちの生き生きとした今ここを捉えられない原因であるとして批判する。それゆえドゥルーズにとってアリストテレスの "general and specific" の対比は批判すべき対象であり、それに対して、生の全体とその中の「特異点」との関係、"universal and singular"、から世界を見ることを好む。そのため "general and singular" という表現は矛盾を抱えてしまうことになる。

前述したように、カルポにとっては、個々の物とそれを生み出すもの、というヒエラルキーをもった純粋な構造を、デジタル・デザインがもつことを指摘することが重要なのであって、それ以上にドゥルーズの哲学には関係しない（曖昧さが生じないように、訳者はこのことをカルポに確認している）。そうした誤解を招かないようにここでは、“singular” を “individual” に置き換えている。

＊9　むろん、誰でも任意の近年のスター・アーキテクトやそれに依存した文化的システムをその事例として考えることができる。

＊10　この箇所（原著47ページの29行目）に軽微なミスがあったため、カルポと相談の上、以下のように訂正し訳出している。

“The objectile is to an object what a mathematical function (a script or notation) is to an individual curve〔原文では “a family of curves”〕.”

このようにオブジェクティルをひとつの関数として表した場合、それはある特定の曲線（たとえば放物線）を表記した関数（この場合は特定の２次関数）ではなく、適切なパラメーターによって「ある一族をなす」曲線群を表記した関数となる。

＊11　この文脈におけるアリストレテスの「form」は、カテゴリーやクラス、あるいはタイプと同じ意味であり、それを「形式」と訳出している。周知の通り、アリストテレスの哲学において「form」は、別の文脈でもうひとつの重要な意味をもつ。すなわちアリストテレスの哲学では「実体substance」が「形相form」と「質料matter」からなると見るが、その場合の「形相」である。しかしここでの「form」は直接には「形相」に関係せず、個々の事象の共通性をまとめた「形式」を意味している。

＊12　カルポは、オブジェクティルの理論から個別のオブジェクトがこぼれ落ちるという表現によって、オブジェクティルの理論では個別のオブジェクトがデザインできない、ということを意味しているのではない。アリストテレスの哲学は、個々の出来事（＝オブジェクト＝「種」）を互いに比較し、それらの共通性を「類」として次第にまとめることを通して、普遍性をもった「形式」に至るとする。それゆえこの「形式」を通してのみ、個々の「種」を見ることができる。「形式」を扱うことだけがアリストテレスの科学の主眼だと言っても良い。この意味でカルポは「こぼれ落ちる」と表現している。

＊13　ここで重要なことは、ベルナール・カッシュのオブジェクティル－オブジェクトを通して、デジタル・デザインが形成する類－種のヒエラルキーを、純粋に構造的な問題としてだけ捉えることである。それでは、類と種とはどのように形成されていくのか、それらのダイアレクティカルで動的な関係はどのようなものであるのか、またそうした思考が孕む（特に哲学上の）問題は何か、と言ったことはまた別の問題なのである。これについては本章＊8も参照のこと。

2　興隆

＊1　図2.7の聖墳墓教会の図面はここで類推されている、アルベルティが参照した情報ではない。実際、この図が出版されたのは1620年のため、アルベルティが存命中に（1404-72）これを見ることはできなかった。この図は聖墳墓教会の情報がヨーロッパのクリスチャンにとって、時代を超えていかに貴重であったか、またどのようにそれが伝えられていたのかを例として示している。16世紀当時、オスマン帝国統治下でヨーロッパ人がエルサレムを訪れることはできず、聖墳墓教会の状況を知り得ることは大変貴重なことであった。1540年にセバスティアーノ・セルリオの『建築書』第3巻に、精巧なイラストレーションと共にエルサレムの王墳墓が紹介され（1537年に出版されたセルリオの『建築書』第4巻が、図版のついた初めての建築書である）、それにインスピレーションを受けたエルサレムの建築家でフランシスコ会の修道士であった、（ガリポリの）ベルナルディーノ・アミーコは、1593-97年の5年を費やし、聖墳墓教会を含め、パレスティナ、ベツレヘム、カイロの建築の正確な平面図、立面図、断面図を測量し描いた。後にローマに戻り、版画家にエッチングの制作を依頼しテキストを添えて、1610年にローマで初版を、1620年に版画家ジャック・カロのエッチングを加えた第2版をフィレンツェで出版した。本書は聖地の初めての精巧な図面集であり、聖地に関する現代の考古学の基礎となっている。本書のセルリオとの関係については以下を参照。

MARGARET DALY DAVIS, *EAST OF ITALY: EARLY DOCUMENTATION OF MEDITERRANEAN ANTIQUITIES, FONTES* 57
〔10 January 2011〕（http://archiv.ub.uni-heidelberg.de/artdok/volltexte/2011/1352）〔2014年3月30日アクセス〕

＊2　アメリカの哲学者ネルソン・グッドマンHenry Nelson Goodman（1906-1998）は、著書『Languages of Art』（『芸術の諸言語』1968、未邦訳）において、建築を含む諸芸術を事例として、「記号システムsymbol systems」からなる「認識世界の構造Structures of Appearance」を探究している。本書でたびたび引用される「自著による（自著的な）autographic」芸術と「代著による（代著的な）allographic」芸術との対比は、グッドマンの論の中心をなす概念のひとつである。たとえば画家の手によって描かれた絵画は、自著的な芸術である。それに対して、ある作曲家によって作曲され、その楽譜をもとにオーケストラによって演奏された交響曲の演奏は、代著的な芸術となる。これらの差異は、その出来事に、ある表記法notation systemが介在するかどうか、にある。音楽の演奏の場合、表記法は記譜法である。グッドマンは建築もまた図面という表記法をもち、建築家が表記法を介して多くの人とコミュニケーションをとり建設を行うことから、音楽の演奏に類した代著的芸術であるとしている。その一方で、絵画は、

その作品が特定の画家による真の作品であり、贋作でないことを証明するには、その作品が物として制作された歴史的経緯が証明されなければならない。それに対して音楽の演奏が、オリジナルの曲と同一であるかどうかは、楽譜の表記と発せられた音との対応によって判断される。本書のこの箇所で引用されたグッドマンの一節が、「代著的芸術」は「宣言」によって「解放」されるのではなく「表記法」によって「解放」される、と表現するのは、自著的な芸術は、それが芸術家によって特定のある時期に、特定のある方法によって、特定のある物質によって作られたという、ある種の歴史性に〈束縛〉されざるをえず、表記法は芸術をその束縛から解放する、というニュアンスを含んでいる。それゆえ本書ではアルベルティが、建築を近代的な「代著的芸術」にするための文化的テクノロジーを準備した、ある種の「解放」者として描かれることになる。

＊3　DingとGegenstandの意味するところについては、第3章の＊19を参照のこと。

3　衰退

＊1　正確にはレブストックパークRebstockpark・プロジェクトは、ドイツ・フランクフルトのアーバン・プランニングのプロジェクトである。1990年の国際コンペティションにおいてピーター・アイゼンマンが1等を獲得した。27haの敷地に、オフィス、商業施設、そして集合住宅（総計460,000㎡）を配置し、同時にランドスケープを計画するものである。アイゼンマンのマスター・プランの主眼は、建築と街路を含む外部空間を一体のものとして計画することにある。それはモダニズムのアーバン・デザインがドイツにもたらした「ジードルング」への批評である。アイゼンマンによれば、モダニズム以前には、建築を「地」、街路や中庭を「図」とする図と地の関係がフランクフルトを形成していたが、20世紀のモダニズムのフリー・スタンディングによるジードルングが、建築と無関係な外部空間と外部空間と無関係な建築を同時に生むことになった。これに対してアイゼンマンがこのマスター・プランで採った方法は、ある仮想のプロセスに基づいて生成されたグリッドによって、建築と街路やランドスケープを一体にデザインするものである。そのプロセスは次の通りである。(1)敷地全体を包含する直交グリッドを設定する。そしてこの仮想グリッドに敷地に建設される建物の高さ制限に基づいた高さを与える。(2)(1)のグリッドを敷地に合うように変形する。その際、グリッド上の点は高さゼロの平面に投影する（アイゼンマンはこの手法をドゥルーズの「襞」やレネ・トムのカタストロフィ理論のダイアグラムを参照し説明するのだが、実際にはダルシー・トンプソンD'Arcy Wentworth Thompsonが様々に異なる生物形態を比較する際に用いた、カルテジアン・グリッドの座標変換に近い。D'Arcy Wentworth Thompson, *On Growth and Form: The Complete Revised Edition*, Dover Publications, 1992；Chapter

XVII. "On the Theory of Transformations, or the Comparison of Related Forms.")。(3)(1)と(2)の対応するグリッドを線で結ぶ。この結果、(1)のグリッドが山となり(2)のグリッドが谷となる、1枚のグリッドの面が鋭角に折り畳まれた立体が生まれる。そしてこの折り畳まれた立体的なグリッドに沿って、建物や街路、またランドスケープを配置するのである。その結果、建物の外形には「襞」というよりはむしろ、鋭角なクリース（皺）が反映されることになる。実際の建物はアイゼンマンではなく、この計画を元に複数の建築家が設計している。建設は2002年に始まり、現在も続いている。次のサイトで計画の概要（先述したグリッドの折り畳みのプロセスを示すダイアグラムを含む）と現状を見ることができる。

〈http://www.rebstockpark-ffm.de〉（2014年3月30日アクセス）。

またこの計画はいくつかのアイゼンマンの作品集や著作でも参照できるが、日本語では次のものがある。

『a+u 特集ピーター・アイゼンマンの最近作』エーアンドユー、1991: 09, No.252

＊2 実際には、ジル・ドゥルーズの美術史への参照がより選択的であったというべきかもしれない。たとえば『襞：ライプニッツとバロック』は、ドゥルーズの著作の中でも顕著に建築に言及した稀なものであるが、その中で、バロック建築を解釈する際に、美術史家ハインリヒ・ヴェルフリンによるルネサンス建築との有名な対比的比較を引用している。またバロック建築の光の扱いの事例として、ル・コルビュジエのラ・トゥーレットの修道院にも言及し、近代建築史も視野にあったことが知れる。

＊3 イギリスの画家ウィリアム・ホガース William Hogarth（1697-1764）はその主著『美の解析』でロココ芸術における視覚的な美について平易に論じ、とりわけS字型の曲線（サーペンタイン・ライン）のもつ生命力を主題とする「美の線Line of Beauty」はその論の中核をなす。

＊4 周知の通り、ドゥルーズにとって微分学はその思想の重要な参照源である。それは主著『差異と反復』の第4章「差異の理念的総合」において、差異の概念を微分学の上で構想していることから明らかである。また、ここで「襞」が微分学を参照していないというのは、積極的な評価であって決してその逆ではない。たとえば『襞：ライプニッツとバロック』の第2章「魂の中の襞」では、パウル・クレーのドローイングを参照しながら、襞は曲線が屈折する、あるいは変曲する点のことであり、そこで接線が曲線に接すると言われる。そしてそれは外在的な座標を必要とする「極値」、すなわち極大値や極小値とは異なり、そうした外在的な座標を必要としない内在的な特異性だと（ベルナール・カッシュの定義を借りて）言われる。すなわち襞はグリッドのような外在的な座標を立てずに、それ自体で〈世界〉を生成しうるのである。詳しくは同著を参照のこと。

＊5　この「object event」という表現をアイゼンマンは、ドゥルーズの表現した語として『Folding in Time』の中で語っているが、実際にはドゥルーズはその表現を直接には用いていない。アイゼンマンの要約によると思われる。「object event」という表現で要約しているのは、ドゥルーズの『襞—ライプニッツとバロック』の第2章「魂の中の襞」の次の一節である。(訳出は英語版の*Fold: Leibniz and the Baroque*, trans. Tom Conley (London and New York: Continuum, 2006) ; 20からの訳者による私訳。またアイゼンマンはフランス語版を参照した可能性があるが、本書で言及されるobjectとeventの語が英語版に明瞭なため（下記引用部の最後のセンテンスを参照のこと）英語版を元とした。)「この新しいオブジェクトを、オブジェクティルと呼ぶことができるだろう。ベルナール・カッシュが例証しているように、これはテクノロジーによるオブジェクトの全く現代的な概念である。なぜならそれは、産業化時代の起源や、見せかけの本質を頑固に擁護し不変性の法則を押しつけた、規格という概念（「大量生産によって、大衆のために製造されるオブジェクト」）ではなく、私たちの事物の現状を参照しているからである。現代では、変動する規範が、永続する法則に取って代わっている。そしてオブジェクトは、ヴァリエーションのなすある連続体の中の、あるひとつの場所として想定されるのである。(中略）ここではオブジェクトは習慣的な振る舞いのようなものであって、本質を表すものではない。すなわちオブジェクトは、ある出来事になるのである」。
またドゥルーズと同様にオブジェクトを出来事として捉えたアルフレッド・ノース・ホワイトヘッドとデジタル・デザインとの関係について、本章＊7も参照のこと。

＊6　ここで言う「vision」とは、見ることを思考することに、眼を精神に結びつける、特定の性格をもった物の見方を意味している。アイゼンマンの考えでは、ルネサンス、あるいは古典建築からモダニズムに至るまで、建築は透視図法的な世界の見方によって、すなわちひとつの視点＝主体から、対象＝世界を位置づける仕方によって、主体と対象の関係をその始まりから不変のものとして現前化してきた。そのため、その特権的な視点の位置から主体の位置を転移すること(「dislocating」）によって、建築空間を経験するプロセスそのものの内側で、主体が生成されていく、そうした建築を作ることができると考えている。それゆえ、ここで引用されたエッセイの中でアイゼンマンは、これは主観的な表現主義ではないと断言している。ルネサンスからモダニズムとそれ以降の建築という対比的構図や、図法に束縛された世界からの解放という視点は、本書と共通するものである。アイゼンマン『Visions' Unfolding』を参照のこと。

＊7　物の〈存在Being〉と対比される、物の〈生成変化Becoming〉を対象としたドゥルーズの哲学とデジタル・デザインとの類縁性については、第1章＊1も参照

のこと。ドゥルーズの〈生成変化〉の哲学が、彼の『襞』を通して建築のデジタル・デザインに深い影響を与えたことは間違いない。しかしまた周知の通り、〈生成変化〉の哲学、あるいはプロセス哲学にはドゥルーズへと引き継がれた歴史がある。哲学史家でもあるドゥルーズはとりわけ、アンリ・ベルクソンHenri-Louis Bergson、スピノザBenedict de Spinoza、そしてアルフレッド・ノース・ホワイトヘッドAlfred North Whiteheadの思想を考察する中からそれを創造した。すなわち、ベルクソンは、生命の進化をダーウィンの進化論を批判的に考察する中で「エラン・ヴィタール」(生の躍動élan vital) に駆動された「プロセス」と捉え、そこでは物とは、生物も無生物も違いなく、あるプロセスの中のある「出来事event」が「持続duration」することだと捉えた(『創造的進化』)。またスピノザは、世界を唯一の「実体substance」(神あるいは自然) から一元的になるものと捉え、そこでは物とは、自然の因果律の連鎖的なプロセスによって「実体」に生じる、ある「様態」(モード) である (そして物は実体と不可分である)(『エチカ』)。そしてホワイトヘッドは、世界の構成単位をベルクソンと同様にある出来事の持続として (『自然という概念』)、また後には「アクチュアル・エンティティーactual entity」と呼ばれる、連鎖的に生成変化する「データ」の統合体と捉えた (『過程と実在』)。このホワイトヘッドの世界の捉え方は、プロセス哲学 (ホワイトヘッドの用語では「有機体の哲学」) の中でも最も「アルゴリズム」的である。すなわち、ある時点の「アクチュアル・エンティティー」は、次の時点の「アクチュアル・エンティティー」にとっての客体的なデータであり、それらデータと「永遠的客体eternal objects」が次の時点のための潜在的可能性を形成し、その中から個別の「創造性creativity」によって統合されたデータが、次の時点の「アクチュアル・エンティティー」を形成するのである。デジタル・デザインに深い影響を与えたドゥルーズの『襞』においても、その第6章「一つの出来事とは何か」の全てが、この著作がライプニッツ論であるにも関わらずホワイトヘッドへの分析に捧げられ、プロセス哲学の先駆者への敬意に満たされた (「まさにライプニッツと共に、ホワイトヘッドとベルクソンの最大の関心事となる問題が哲学の中に登場するのである。いかにして永遠に到達するかではなく、どんな条件で、客体的な世界は、新しさの主体的な生産、つまりひとつの創造を可能にするのか、という問題である」「最良の世界とは永遠を再生産する世界ではなく、新しいものを産み出す世界、新しさと創造性の能力をもつ世界である。ここには哲学の問題の大転換があった」。(邦訳は『襞―ライプニッツとバロック』宇野邦一訳、河出書房新社、1998、138-139から原文のまま引用させて頂いた。)) このように世界の「データ」から、ある「創造性」をもつプロセスを経て「新しいものnovelty」を産み続けるホワイトヘッドの世界観は、「アルゴリズム」によるデザインと親和性がある (周知の通り、ホワイトヘッドは哲学者である前に数学者である)。そして現代のデジタル・デザイナーたちの中にはホワイトヘッドを再発見する探究も見られる。たとえば次を参照のこと。

Lars Spuybroek, *The Sympathy of Things: Ruskin and the Ecology of Design* (Rotterdam: V_2_Publishing, 2011)

＊8 実際には、1990年代のデジタル・デザインにおいて、あるシークエンスの静止画としての建築をデザインすることだけが探求されていた訳ではなく、静止画によるシークエンスの時間軸をいわば空間軸に展開することで建築をデザインすることも盛んに行われ、それはいまだに続いている。これについては第1章＊1を参照のこと。いずれにせよ1990年代のデジタル・デザインは、人間の知覚に生じる動きに主眼があった点では、いまだにヒューマニスティックな観点からコンピュータの可能性を見ていたと言える。しかし(2014年の時点では)既にコンピュータは、建築とその他の要素、すなわち人工物や、人間も含む自然物からなる、建築の周りの要素との関係をシミュレーションすることを可能にしている。たとえばコンピュータ・フルイド・ダイナミクスCFDはリアル・タイムに建築内外の空気の振る舞いを、またマルチ・エージェント・システムは建築の中で活動する人間の振る舞いをシミュレートすることができる。1990年代にドゥルーズの〈生成変化〉の哲学と出会ったデジタル・デザインは、建築を物ではなく「出来事」として捉える視点を与えられたが(本章＊7を参照のこと)、様々なシミュレーションは建築をますます「出来事」の一部としてデザインすることを可能にしてきていると言える。一方、(たとえば視覚によって)知覚される現実世界とコンピュータによって生成された情報を合成する「オーグメンテッド・リアリティ Augmented Reality、AR」は、1990年代にデジタル・デザイナーが空想した、物が(知覚上で)動くことによる環境を実現したと言える。

＊9 ハイデッガーの思想における〈対象〉と〈もの〉の区別については、本章の＊19を参照のこと。

＊10 ここで触れられている、次世代型ファウンテン・ディスペンサー「コカ・コーラ フリースタイル」は、アメリカ内はもとより、日本でも2011年8月に導入された。

＊11 「Reproduzierbarkeit」は、ヴァルター・ベンヤミン Walter Bendix Schöflies Benjaminの『複製技術時代の芸術 Das Kunstwerk im Zeitalter seiner technischen Reproduzierbarkeit』(1936)のドイツ語原題より。

＊12 「old age of mankind」は、フランシス・フクヤマ著『The End of History and the Last Man』(邦題『歴史の終わり』)のPart II : The Old Age of Mankindより。

＊13 「men without chests」は、『ナルニア国ものがたり The Chronicles of Narnia』

で著名なイギリスの文学者クライブ・ステープルス・ルイスClive Staples Lewisによる寓話的な論説『The Abolition Of Man』(1943) の中で、倫理的感情を失った人間を表現した言葉である (カルポによる原文では、この語の由来が後に述べるニーチェとされていたため、カルポの了解のもと、修正し訳出している)。この中で、C.S.ルイスは、当時のイギリスの国語の教科書が子供に人間性の価値を教えないものと批判する。そして、自然と伝統に基づいた善悪を判断する普遍的価値を、科学が客観化しうると考えることによって、人間は知性と本能を連絡する倫理感chestを失い、結果的に人間は自然の気まぐれに支配され、少数の支配者に (すなわち自然に) 支配されることに終わると警告した。この「men without chests」をフクヤマは『歴史の終わり』の中で、異なる意味で引用する。フクヤマは人間の歴史の最大の動因を、人間の気概＝自尊心、すなわち他人から自分を承認してもらいたい願望だとする。気概とは、プラトンが『リパブリック』で述べる「thymos (サモス)」、すなわち人間の魂をなす理知、欲望、気概のうちのひとつとして述べたものである。そしてフクヤマにより「歴史の終わり」とされる現代のリベラルな民主主義は、この気概を平等願望isothymiaにすり替え、優越願望megalothymiaを抑圧し、人間から気概を奪う。この状態を表現するために、ルイスの一節を借りた (すなわち「chest」＝「thymos」、「without chests」＝「isothymia」である)。また同時にこの「men without chests」はニーチェの「der Letzte Mensch」(the Last Man、最後の人間) とも同じとされる。「最後の人間」はニーチェが『ツァラトゥストラはこう語った』の中で、当時のブルジョア化した大衆を批判した表現であり、誰もが幸福で平等ではあるが、誰もが同じ考えをし創造力を失った人間を指す。この「最後の人間」と対比され、いわば孤高な貴族として、民主化した大衆消費社会の中で貫徹された個人主義に基づくのが「超人Übermensch」である。フクヤマの『歴史の終わり』の中では「最後の人間」と「メガロサミア」は対比されるが、「メガロサミア」と「超人」の類縁性については直接的には言及されていない。しかしカルポはここで、トム・ウルフの「全てに満ちた人たちmen in full」と、フクヤマの「メガロサミア」と、ニーチェの「超人」を同じ意味で用いている。また、本書のこの箇所のすぐ後で引用されている、アイン・ランド著『水源』〔原題『The Fountainhead』〕で描かれる主人公の建築家ハワード・ロークもまた個人主義者として描かれおり、草稿時はニーチェと対応させて構想されている。

＊14 「マスターズ／超空の覇者Masters Of The Universe」は、直接にはフランシス・フクヤマ著『The End of History and the Last Man』(邦題『歴史の終わり』) のPart V: The Last Man, 31 Immense Wars of the Spirit (原著329) からの引用で、リベラルな民主主義社会の下で「優越願望 (メガロサミア)」のはけ口を、

擬似的な戦場としての市場に求める債権トレーダーを揶揄した表現である。またフクヤマもこの表現を、1980年代のウォール街のトレーダーを主人公としたトム・ウルフ著『The Bonfire of the Vanities』(邦題『虚栄のかがり火』)の中で、主人公が「Masters Of The Universe」と自称したところから引用している。そしてウルフの表現も、1980年代後半に玩具・コミック・映画へと展開されたS.F.アクションのヒーローもの、「Masters Of The Universe」から引用したものである。

*15 ニーチェの超人のこの文脈における意味については、本章*13を参照のこと。

*16 ここでの「Bildung」は物を「形成」することを意味し、ヘーゲルやフンボルトらによるドイツの教育哲学における人間の形成、すなわち教養の意味ではない。

*17 本書における「エージェント」と「エージェンシー」は、一般的な意味と共に、デジタル・テクノロジーを介した様々な事物からなる現代の世界の組織を暗示するためにも使われている(本書中ではこの箇所と、第2章と第4章に現れる。そこでは、特に和訳せずにカタカナで表している)。これらについて論じれば非常に長い議論が必要であろうから、本書では軽く触れられる程度であるが、デジタル・テクノロジーと建築との関係を考える際のキーワードのひとつであると思われるので、ここで少し補足させて頂く。

まず、「エージェンシー」は一般的な語彙としてはある行為によって変化を引き起こす能力について言い、「エージェント」はその能力の源のことである。双方共に人間について使われることが多いが、何らかの事物であっても構わない。この原義が様々なコンテクストで使われることで、それらにまた意味が加わる。たとえば法律や商業の世界では、(建築業を含む)何らかの代理業務あるいはその業種はエージェンシー、それに携わる人間はエージェントと呼ばれ、これらが最も日常的な意味だろう(ここまで、*Oxford Dictionary of English*, Second Edition, Oxford University Press, 2003を参照のこと)。

このように一般的にはこれらの語は人間について言われるが、哲学、社会学、経済学においては、その語が表す意味の歴史的変化に留意する必要がある。なぜなら「エージェント」が人間を意味するのは、18世紀の啓蒙主義の時代を経た、デカルトやカントによる人間の位置づけ、すなわち自己意識をもつ「主体subject」が、それが認識する「世界」と共に生じ、その主体が理性に基づいて自由な選択を行うという、近代的な「ヒューマニズム」の観点によっているからである。しかしながら、たとえばニーチェによれば、人間の選択は「権力への意志」に基づくとされ、マルクスによれば、物質的状況に条件づけられた「イデオロギー」の闘争に動機づけられるとされる。すなわちこれらでは、何ものからも自律した「主体」や「エージェント」という観点が疑問視されている。そのため現代では既に、「エージェンシー」「エージェント」の双方共に、人間に限られた概念ではなく、社会組織、文化、また非人間である機械や自然も含んだ、「ポスト・ヒューマニズム」の観点から見た意味をもつようになっている(以上については、次を参照のこと。Stephen W. Littlejohn, Karen A. Foss, *Encyclopedia of Communication Theory*, SAGE, 2009, 27-30.)。

こうしたポスト・ヒューマニズムの観点は、コンピュータ・サイエンスにおいて顕著となる。エージェント・ベース・モデルは、コンピュータによって多数の要素(エージェント)からなる集団(ポピュレーション)の振る舞いをシミュレーションするための数学的モデルの一種である。このエージェントは、シミュレーションする対象によって変わり、人間の場合もあれば(たとえば群衆のシミュレーション。エージェントは個人あるいはグループ)、事物でもよく(たとえば流体のシミュレーション。エージェントはたとえば空気の分子)、架空のもの(たとえば市場経済のシミュレーション。エージェントは人間の場合もあれば、自律的に稼働するコンピュータのアルゴリズムの場合もある)である場合もある。各エージェントには、属性や、ある状況でどのような行為をするのかがプログラムによって与えられ、自律的なエージェントどうしのボトム・アップな相互作用として系の振る舞いが観察される。デジタル・テクノロジーと建築デザインの関係を文脈とするときは、このエージェント・ベース・モデルの意味でのエージェントの意味合いが濃いと言えるだろう。そこでは、多数の要素の動的な相互作用から建築形態を生成させるために、エージェント・ベース・モデルが参照されている。具体的な参照対象は、セルラー・オートマトン、群知能Swarm intelligence、生物の群の形態あるいは生態などで、それらは、エージェントのポピュレーションが形成する「複雑系」がその「創発性」によって「自己組織化」することで共通している。すなわちこの文脈でのエージェントという語は、エージェントの群が相互作用によって、ボトムアップに事物を生成することを暗示していると言える。こうした探究には既に長い歴史があり、たとえば、Paul Coates, *Programming. Architecture* (London and New York: Routledge, 2010), chapter five: Text of the vernacularには、セルラー・オートマトンによって都市形態の成長をシミュレーションした1970年代の事例が触れられている。また、デジタル・メディアに限定したエージェンシーやエージェントの意味については、第4章の*1を参照のこと。

*18 本書は著者の言う「アルベルティ・パラダイム」における原作者性と、デジタル時代における原作者性の対比を明快にするために、時にデジタル時代には原作者性が既に消失しているかのような錯覚を覚えさせるところがある。周知の通り実際には、デジタル・テクノロジーの時代にあっても、伝統的な原作者性が消失している訳ではない。また逆にアルゴリズム(「オブジェクティル」)を単にデザインすれば、それぞれの物(「オブジェクト」)を実物として製作する

ことよりも、上位の原作者性が獲得できると言う訳でももちろんない。たとえばコンピュータ・サイエンスでは、オリジナリティがパブリックに認められたアルゴリズムには、そのアルゴリズムに原作者の名がつけられ（たとえば本書第1章で触れられる「ルーン・アルゴリズム」）、原作者性が認められる。一方、ワースト・ケース・シナリオであるが、単に既に汎用的なアルゴリズムを寄せ集め、特定のプログラム言語で実装しただけであるにも関わらず、原作者性が装われることもある。すなわちアルゴリズムの時代にも伝統的な原作者性は色濃くその影を落としているのである。

現在のオープンソース・ムーヴメントの源流である、リチャード・ストールマンRichard Matthew Stallmanによる「GNU」プロジェクト（1983）は、伝統的な原作者性に基づいた「コピーライト」の文化を、あらゆる意味でフリーな「コピーレフト」（原作者性を個人に帰属させながら有意味な二次的改変を無限に認める、創造の共有性に基づいた）概念によって批判的に乗り越えるものであった。しかし現代では、特にデザインを含む芸術の分野で顕著であるが、ローレンス・レッシグLawrence Lessigによる、個人の著作権と社会への共有性の程度を個人が定義することを主張する「クリエイティブ・コモンズ」に至って、当初のハッカー文化に発した共有性によるラディカルな社会への異議申し立ても、多様な選択肢の中のひとつとして相対化されてしまっている。すなわち、「オブジェクティル」のデザイナーが伝統的な原作者性を乗り越えるためには、オリジナルなアルゴリズムによるデザインのスクリプトを書くだけでは十分ではない。そのスクリプトやそれによるオブジェクトを、社会に共有されるべきものとするのか、それとも伝統的な原作者性に基づいて、デザイナーに帰属するべきものとするのか、デザイナー自身が明示的に態度表明しなければ、それが含意する社会性は多分に曖昧なものになってしまい、伝統的な原作者性に絡み取られてしまうのである。

＊19　英語のThing、ドイツ語のDingには、語源的に見ると、assembly, meeting、すなわち「集まり」という意味が含まれている。ハイデッガーはそうした分析から、ものDingを「ものは世界を集めて、ものになる」と定義して、対象Object＝Gegenstandとしての物と区別をした。ラトゥールはハイデッガーのこの定義に倣いながら、〈もの〉によって、人間も物も区別なく様々な事物の〈集まり〉を生成することによって、現代的なパブリックな場の生成を目論んでいた。詳細は、ハイデッガー『物講演』、ラトゥール『Make Things Publik』を参照のこと。

4　エピローグ：スプリット・エージェンシー——建築家の力の分割と移譲

＊1　デジタル・メディアが生成する物語性を研究するメディア学者、ジャネット・マレーは、デジタル・メディアは物語性を発生させるために次の4つの条件（ア

フォーダンス）をもつとする。

1. 手順性 procedural：コンピュータが実行できるルールを特定し、それを動かすことができる。
2. 参加性 participatory：仮想世界における、人間によるアクションやマニュピュレーションを受容する。
3. 百科事典性 encyclopedic：多様なメディアのフォーマットによる膨大な容量の情報を含む。
4. 空間性 spatial：情報の保管庫、仮想的な場所での、ナヴィゲーションが可能である。

「インタラクター interactor」は、これら条件をもつデジタル・メディアによる人工物とインタラクトする人間を指す。一般的には「ユーザー」がこの意味で用いられるが、先の人工物は必ずしもツールではない、すなわち使うという目的がある訳ではないため、それと区別するためにこの語を定義している。またマレーは先の条件をもったデジタル・メディアとのインタラクションを、一般的な意味でのそれと区別するために、それを「エージェンシー」と呼び、そこで自律的に意志決定し行動するプログラムのことを、「エージェント」と呼ぶ。マレーの特徴は、たとえばヴィデオ・ゲームのようなデジタル・メディアの物語性の特質が、先の条件によってインタラクターに、エージェンシー、没入性 immersion、改変性 transformation による喜びを与えることにあるとする点である。すなわちエージェンシーは、たとえば仕事をカテゴライズした代理業務の意でもなく、また社会システムの構成要素の意でもなく、デジタル・テクノロジーを含む世界の中で、生の喜びを生じさせる心的要素として捉えられていると言える。ジャネット・マレーの理論については原註の文献以外に、次を参照のこと。

Janet Murray, *Inventing the Medium*（Cambridge, MA: MIT Press, 2011）

訳者あとがき
〈類〉を設計する建築家、〈種〉を設計する建築家―デジタル・タイポロジー

本書はMario Carpo著の『The Alphabet and the Algorithm』の全訳である[1]。著者のマリオ・カルポ先生（Dr. Arch, PhD, HDR〔art history, France〕）はイタリア人の建築史家で、現在はロンドン大学バートレット建築スクールの建築史の教授を務められている。ルネサンス建築の研究をベースとして、建築理論と文化史、メディア・情報テクノロジー史の関係を研究されると共に、Log、Grey Room、L'Architecture d'aujourd'hui、Architectural Design、Lotus、Domusなど世界各国の建築誌で、デジタル・テクノロジーと現代建築の関係について活発に執筆を展開されている批評家でもある。

本書は、1990年代以降のデジタル・テクノロジーが建築にもたらす「革命」について論じている。デジタル・テクノロジーと建築に関する書物は今では無数にある。その中で本書の独自性は、歴史のパースペクティヴを提示することにある。それは2つある。ひとつはマクロな視点からのものであり、デジタル時代を、ルネサンス、建築を初めて理論化した時代[2]と対比し、建築理論の歴史にデジタル・テクノロジーを位置づける。2つ目はよりミクロな視点からであり、1990年前後を中心としたデジタル・デザインを歴史の転換点とする。建築にコンピュータが導入されたのはそれよりずっと以前であり、CADに限定したとしてもその原型は1963年のSketchpadに始まる。そこから約30年の歴史は本書では全く触れられない。1990年前後に建築家が積極的にコンピュータの可能性を探求したことに、歴史のピボットとしての特別な位置を与えている。このように1990年前後以降のデジタル・テクノロジーが建築に与えた影響を、ルネサンス以降の建築史に位置づけることが本書の主眼

である。

本書の結論は2つである。まず、建築史は「デジタル・ターン」によって近代以前の中世へと裏返る。そして、近代的な建築家、建築の〈原作者〉としての建築家、というルネサンスから約500年にわたり続いてきた定義が終わる――。この壮大な仮説が、本書の魅力である。ここでは、カルポの建築史家・批評家としてのスタンスを簡単に紹介させて頂き、そこから本書のあらましを整理し、それに少しばかり訳者の考察を加え、訳者のあとがきとさせて頂きたい。

本書の大きな議論の展開を可能にしているのは、カルポが建築を、建築を構想すること、実際に建設される物、そしてそれらの間をつなぐ情報テクノロジーからなるものと捉えることによっている。ひとりの画家によって描かれる絵画とは違って、多くの人々によって作られる建築は、オーケストラに演奏されるシンフォニーが楽譜（音楽を表記したもの、ノーテーション＝〈表記法〉）や指揮者の指示（身振りや、口頭や書面の言葉）を必要とするように、何らかのコミュニケーションの手段、情報テクノロジーを必要とする。近代以降、建築の情報テクノロジーを担ったのは図面を用いた〈表記法〉であった。そしてデジタル・テクノロジーは、この〈表記法〉に変化をもたらしているのである。建築の歴史物語の多くは、物質を扱うテクノロジーの変化によって語られる。それはコンクリート、鉄、ガラスといった物質によって語られるモダニズムの建築史に顕著である。このような物質テクノロジーによる建築とは別に、カルポは情報テクノロジーによる建築、〈表記法〉による建築、に着目するのである。

カルポは前著『印刷時代の建築』[3]において、建築を表記する情報テクノロジー、図面による〈表記法〉と、それを伝達する印刷テクノロジーの発明によって、ルネサンスは、建築家を建築の〈原作者〉とする、現代にまで続く建築業の様態を発明した、という論旨を展開している。これを最も体現したのは、それまで文字（「アルファベット」）で表記されていた書物に対し、世界で初めて図版のついた建築の解説書『建築七書』を著したセバスティアーノ・セルリオであった。セルリオの著書は、ヨーロッパにルネサンス様式と古典建築の詳細を普及するために絶大な役割を果たした。しかしカルポは同著で意図的に時系列をずらし、ある建築家を最終章に位置づけ、その役割を特別にする。レオン・バティスタ・アルベルティである。アルベルティの著書『建築論』には１枚の図版もなく、また彼はグーテンベルクによる印刷テクノロジーの発明にも間に合わなかった。しかしセルリオを含め、その後の500年続く展開の全てを予期したのはアルベルティであった、というのがカルポの仮説である。この仮説が本書の前半でも詳細に展開される。

このようにルネサンスに始まる近代的な建築の定義と、それを解体する1990年代以降のデジタル・テクノロジーによる建築の比較が、本書の骨格となる。その対比は、２つの言葉、〈同一性〉と〈可変性〉で表される。近代以前の中世では、建築は多くの職人によるハンドメイドの物であった。建築は何らかの模範を元にしながらも、人間の手が発生させる様々な変動、〈可変性〉によって、同じようでありながらも微妙に違うニュアンスをもった物たちによってできていた。カルポはそれを、〈類似〉性が規範をなす世界、と表現する。そこにルネサンス期に〈建築家〉が発明される。ルネサンスの人文主義（ヒューマニズム）の思想の中で、それまで職人の長であった建築家から、著述家、画家、あるいは彫刻家のように、作品をなす〈原作者〉としての〈建築家〉が、アルベルティによって考え出される。〈建築家〉が自分で建築を作らない限り、〈原作者〉となるためには、自分のデザインを職人に伝え、それをそのまま作らせる必要がある。そこで規格化された建築の〈表記法〉、平面図、立面図、断面図からなる一連の投象図が構想される。こうして〈原作者〉であるひとりの〈建築家〉のデザインを表記したものを、職人が〈同一〉に複製する、現代まで続く建築のプロフェッションの様態が発明された。〈表記法〉による建築の革命である。そして産業革命が起こる。物の規格化が進み、〈建築家〉のデザインも、機械によって〈同一〉に大量に複製される物のカタログに支配され、現代にまで続く、〈同一性〉が規範をなす世界、が完成することになったのである。

そしてこの〈同一性〉の世界にやってきたのが、デジタル・テクノロジーである。デジタル・テクノロジーの特徴をカルポは中世と同じ〈可変性〉と捉える。印刷技術に象徴されるように、近代的なテクノロジーは全て、オリジナルとの〈同一性〉をもった何かを大量に複製するためのものであった。それに対してデジタル・テクノロジーは、あらゆる物をいわば変数として捉え、変数が特定されたときにだけ特定の物を生産する。Web上のある場所に表示されるニュースはさっきと今では違っているかもしれない。〈同一性〉のパラダイムを象徴するフィジカルな型が、変数の〈可変性〉を管理するデジタルなアルゴリズムに取って代わられたのである。こうしてデジタル・テクノロジーは、近代以降の規範であった物の規格化、〈同一性〉のパラダイムを無効にし、近代の大量生産と同じコストで、微妙に違うニュアンスをもった物たちを生産することを可能にした。そして物としての建築も、図面（というフィジカルな型）と同一に複製された物から、アルゴリズムの産み出す無数のヴァリエーションから選択される物になる。〈同一性〉を固定していた図面による〈表記法〉が、〈可変性〉が本性であるアルゴリズムによる〈表記法〉に取って代わられたのである。このようにして建築は、アルゴリズムによる〈可変性〉によって、ヴァリエーションによる世界、近代以前の〈類似〉性を規範とした世界に折り返されるのである。

さらにデジタル・テクノロジーの〈可変性〉は、近代的な建築家の〈原作者〉性をも終わらせる。なぜなら物としての建築がアルゴリズムの変数が特定されて生まれるとき、建築家とはそのアルゴリズムが生成するヴァリエーションから何かを選択する、2次的な者になるからだ。〈原作者〉性はアルゴリズムをデザインした者にある。同時にデジタル・テクノロジーは紙に描かれた図面をデジタル・データによる3Dモデルにし、そのデータを構想から竣工に至るまで、誰もがいつでも改訂できる〈可変性〉も開いた（無限の改訂と註釈を許容した中世の写本や現代のウィキペディアのように）。アルゴリズムの変数を一体いつ誰が特定するのか？　ルネサンスあるいは近代の産物である建築の〈原作者〉としての建築家は、設計者やエンジニア、職人など建設に関わる者から、クライアントや建物のユーザー、パブリックに至るまで、建築に関わる無数のエージェントたちのひとりになるのである。以上がデジタル・テクノロジーが私たちが生きている世界に今引き起こしている、〈表記法〉による建築の**2度目の**革命である。

カルポはこのアルゴリズムとそこから生まれる特定の物という2層構造を、アリストテレスの〈類〉と〈種〉のヒエラルキーになぞらえる。デジタル・テクノロジーが建築にもたらしたものとは、〈類〉をデザインすることと、その〈類〉から特定の〈種〉としての物を選択する、という2層構造である。そしてカルポは現代の建築家は、〈類〉をデザインすることで〈原作者〉であり続けるのか、あるいは〈種〉の選択者として2次的な者になるのか、選択しなければならないと言う。〈類〉のデザイナーとはアルゴリズムのデザイナーであり、〈種〉のデザイナーとは実施設計をする建築家である。建築家はアルゴリズムのデザイナーとならなければ、もう以前のように原作者性を宣言できない。

それではこの〈類〉をデザインすることとは何を意味するのだろうか？コンピュータが優れているのは、アルゴリズムが組まれてしまえば、そこから無数に〈種〉のヴァリエーションを産み出すことである。しかしそのアルゴリズムによって組まれた〈類〉とは、建築にとってどのような意味をもつのだろうか？　ここでひとつの比較がこの問いへの助けになるかもしれない。建築には、〈類〉と〈種〉の2層構造をもった伝統的な理論がある。タイプ論、タイポロジーである。建築史家のアンソニー・

ヴィドラーによれば、現代に連続するタイプ論の起源は18世紀中期のフランス啓蒙主義時代に帰る。同時にそのタイプの概念はネオ・プラトニズムの影響を強く受けている[4]。事実、プラトンの『ティマイオス』に登場する造物主デミウルゴスは、〈イデア〉による理想世界を模倣することで現実の世界を作る建築家であり、そこに既に〈類〉と〈種〉の2層構造がある。そのため啓蒙主義時代にタイプは、〈イデア〉のようなあらゆる建築の「起源」であるとされる。それがロジェによる「プリミティヴ・ハット」やカトルメール・ド・カンシーによる「〔モデルとは違って〕タイプの中には、あらゆるものが概して未規定なままにある」[5]という定義を経て、タイプとは〈自然〉であると考えられるようになる。次にこの〈自然〉がJ.N.L.デュランによって、リンネの自然の分類学やキュヴィエの比較解剖学が開拓した分析的な生物学へのアナロジーから、グリッドを基礎にした幾何学と機能によって合理化された〈自然〉へと変換される。さらにこれがモダニズムへと発展する。モダニズムにおいてタイプとは、自然を科学によって規格化した〈機械〉であり、さらに〈同一〉的に複製される「プロトタイプ」をも意味するようになる。そしてこの〈機械〉が引き起こした都市環境の空間的・時間的な断片化に、連続性を対置したタイポロジーが起こる。そのタイプとは時の審査を受け降り積もった、文化的な人工物による〈歴史〉であった[6]。

これらのタイプ、〈自然〉〈機械〉〈歴史〉は全て、そこから物を生じさせる起源である。同時にそれは諸々の物の共通性を集めたクラスでもある。つまり起源はア・プリオリにあるのではなく、共通性を発見することによって創造されるものである。また起源は、そこから物を生じさせる生成の方法があって初めて物となる。「プリミティヴ・ハット」は古典建築を「モデル」として〈自然〉を創造的に模倣する方法を開いた。続くデュランは、グリッドをモデュールとして形態を生成する構成（コンポジション）を発明した。そして新古典主義の建築家によるプラトン立体を構成要素とした生成ルールは、モダニズムへと引き継がれた。

1960年代以降では、科学に依存した「バイオ－テクニカルな決定論」[7]への反省から、〈歴史〉的な文化を継承する方法が探究され、同様な文化的テクノロジーである言語学や記号論も参照された。そうした中で、現代のアルゴリズムによるデザインへとつながる、形式言語によるルールも探求されてきた[8]。このように、〈類〉と〈種〉の２層構造は、建築に起源と生成ルールを、創造することを促し続けてきていると言える。そしてそれは、同様の２層構造をもつデジタル・テクノロジーにとっても同じだろう。ヴィドラーになぞらえれば、これは「デジタル・タイポロジー」と呼ぶことができそうである。

それでは、デジタル・タイポロジーは、どのような起源と生成ルールを作ってきたのか、あるいは作ることができるのだろうか？　そしてそれは、これまでのタイプ論からどのように展開しているのか、あるいは展開していくことができるのだろうか？　デジタル・テクノロジーがこれまでのタイプ論をトレースする必要はない。しかし未解決な問題を見て見ぬ振りをするのは、自らの価値を引き下げるかもしれない。すると、これまでのタイプ論が、最終的にデジタル・タイポロジーに投げかけるのは、おそらく次のような問いだろう。建築家がアルゴリズムを作っても、人々に共有される、起源と生成ルールをもっていないならば、それは〈類〉ではないのではないだろうか？〈類〉とは、私たちの歴史、普遍的な自然の法則、そして「神あるいは自然」なのではないのだろうか？それらはどのようにアルゴリズムとしてデザインできるのだろうか？〈類〉をデザインするということは、これまでのタイプ論が取り組んできたように、こうした問いに丁寧に答えていくということだろう。デジタル・テクノロジーによる〈類〉と〈種〉の２層構造、デジタル・タイポロジーは、ルネサンス由来の建築家の定義（建築の原作者とは誰なのだろうか）だけでなく、啓蒙主義由来の建築理論（建築の起源とは何なのだろうか）を問いにしているのである。

カルポが想像する〈類似〉性を規範とした世界とは具体的にはどのようなものになるのだろうか？〈類〉がデザインされるということは、ひとつひとつの〈種〉としての建築が、それぞれに独自性をもちながらも、それらが同じ〈類〉に属し、似通い、関係しあい、つながりあった世界がデザインされるということである。そしてそれは空間的につながっているだけでなく、その〈類〉が代々変わりながらも継承されていくならば、時間的にもつながっていることだろう。本書の中に、カルポがジョン・ラスキンの文章を長く引用している箇所がある[9]。そこでラスキンが語るのは、近代以前にはそうした世界を、職人の手仕事と詩的な美が与える喜びが可能にしていたことである。おそらくこれがカルポの期待である。建築の「デジタル・ターン」が、自然と物と人が繊細につながりあった世界を再び産み出すのかもしれない、と。

1 Mario Carpo, *The Alphabet and the Algorithm,* Writing Architecture series (Cambridge, MA and London, England: The MIT Press, 2011)
Writing Architecture seriesは、シンシア・デヴィッドソンCynthia Davidsonがディレクターを務めるAnyone CorporationがMITと共同出版する建築批評のシリーズである。

2 ヴィトルヴィウスを発見し現代に伝わるかたちに再構築した時代もまたルネサンスである。

3 Mario Carpo, *Architecture in the Age of Printing: Orality, Writing, Typography, and Printed Images in the History of Architectural Theory* (Cambridge, MA and London, England: The MIT Press, 2001)
同著の原書は1998年にイタリアで出版され、2001年に英訳版が出版された。その後も2003年にスペイン語版が、2009年にフランス語版がそれぞれ出版されてきている。2014年現在、未邦訳である。

4 Anthony Vidler, "The Third Typology," *Oppositions,* 7 (Cambridge, MA and London, England: The MIT Press, 1976)
Anthony Vidler, "The Idea of Type: The Transformation of the Academic Ideal, 1750-1830," *Oppositions,* 8 (Cambridge, MA and London, England: The MIT Press, 1977)
これらは共に次に所収されている。

Oppositions Reader: Selected Readings from a Journal for Ideas and Criticism in Architecture, 1973-1984, K. Michael Hays ed.（New York: Princeton Architectural Press, 1998）

5 Giulio Carlo Argan, "On the Typology of Architecture," Joseph Rykwert（Translation）, *Theorizing a New Agenda for Architecture: An Anthology of Architectural Theory 1965-1995,* Kate Nesbitt, ed.（New York: Princeton Architectural Press, 1996）, 242-46（初出は *Architectural Design,* 33. 12（1963）, 564-65）

6 建築のタイプあるいは起源がこれらで尽くされるかは主眼ではない。またカルポがヴィドラーのタイプ論を参照している訳では決してない。ここでヴィドラーの論を引用したのは、1960年代から80年代のタイプ論と、90年代以降のデジタル時代を接続した議論を提案するためである。たとえば建築の構築術からその起源を構築したゴットフリート・ゼンパーの論（『The Four Elements of Architecture』）や、人間の精神的な原イメージと建築の空間や物を対照させるガストン・バシュラール（『空間の詩学』）やミルチャ・エリアーデ（『聖と俗：宗教的なる物の本質について』）の論は、物質と精神を起源としたタイプ論を必要とする。

7 Alan Colquhoun, "Typology and Design Method," *Theorizing a New Agenda for Architecture: An Anthology of Architectural Theory 1965-1995,* Kate Nesbitt, ed.（New York: Princeton Architectural Press, 1996）, 250-257.
〔脚注に他誌への掲載目録がある。初出は1967である〕

8 建築に限れば、プリミティヴな形態に対する幾何学的操作のプロセスとして建築形態の生成文法を探求した、ウィリアム・J.ミッチェルらによるシェイプ・グラマーや、環境を言語から生成しようとする、クリストファー・アレグザンダーのパタン・ランゲージなどが先駆的試みである。現代のデジタル・テクノロジーによるデザインはこれらの蓄積の上にあるが、たとえば生物の形態生成の古典であるアラン・チューリングの反応拡散系（リアクション・ディフュージョン・システム）や、アリステッド・リンデンマイヤーのリンデンマイヤー・システムなど、参照対象は既に言語学にとどまってはいない。

9 第3章原註53を参照のこと。

索引

〔翻訳の際に、日本語で表記したものは日本語で、原語のまま表記したものは原語で、索引を作成している。〕

日本語

アイゼンマン, ピーター, Eisenman, Peter, 47, 60, 110, 111, 114, 118, 139, 176原註54, 190原註7, 191原註12-13, 192原註14-15と17-18, 196-197原註41

アイヴィンス, ウィリアム・M., Ivins, William M., Jr., 164原註17-18

アッカーマン, ジェームス・S., Ackerman, James S., 166-167原註24, 168原註26, 169原註30

アリストテレス, Aristotle, 37, 71, 116-117, 156

アルベルティ, レオン・バティスタ, Alberti, Leon Battista, 4, 7, 11, 29, 34, 36-48, 59, 65-68, 70, 71, 73, 74-94, 100-102, 148, 157, 159, 166原註24, 168原註27, 169原註30, 169-173原註31-42, 174-175原註47, 181原註13, 182原註15, 183原註21, 184原註23, 184原註25, 187原註41

アレッシィ, Alessi SpA, 106, 127, 196原註39

アンダーソン, クリス, Anderson, Chris, 204原註65

イングランド銀行, Bank of England, 17-18

ウィキペディア, Wikipedia, 149, 153

ウルフ, トム, Wolfe, Tom, 201-202原註55, 203原註63

エイゼンシュタイン, エリザベス, Eisenstein, Elizabeth, 164原註18

エヴァンス, ロビン, Evans, Robin, 51, 169原註30, 177原註61-62, 179原註80

エングガス, キャサリン, Enggass, Catherine, 186原註35

オブジェクティル, Objectile, 196原註40, 197原註46, 199原註48

オライリー, ティム, O' Reilly, Tim, 179原註78, 205-206原註75

オング, ウォルター, Ong, Walter, 164原註18

絵画論, De pictura, 75, 80, 82, 89, 90, 181原註11, 184原註24

カステリョ, ポール・ド, Casteljau, Paul de, 193原註24

家族論, Della famiglia, 174-175原註47

カトゥルス, ガイウス・ヴァレリウス, Catullus, Gaius Valerius, 43

カルポ, マリオ, Carpo, Mario, 163原註13, 164原註18-19, 169原註30, 176原註58と60, 177原註69, 178原註74, 178原註76, 179原註81, 179原註1, 180原註3-4, 182原註15, 183原註19, 184原註25, 196-197原註41, 197原註43と45, 204原註66-67, 207原註3

ガウディ, アントニオ, Gaudí, Antoni, 52

ガタリ, フェリックス, Guattari, Félix, 17, 141, 161原註5

キーン, アンドリュー, Keen, Andrew, 206原註75

キケロ, マルクス・トゥッリウス, Cicero, Marcus Tullius, 127

キトラー, フリードリッヒ, Kittler, Friedrich A., 81, 164原註17, 181原註13

キプニス，ジェフリー，Kipnis, Jeffrey, 114, 191原註13, 192原註16, 192原註21
ギーディオン，ジークフリード，Giedion, Sigfried, 121, 195原註32
ギベルティ，ロレンツォ，Ghiberti, Lorenzo, 95, 185原註30

クールトン，J. J., Coulton, J. J., 165原註23, 166原註24, 173-174原註44
クラウトハイマー，リチャード，Krautheimer, Richard, 69, 179原註83, 183原註20
クロスビー，アルフレッド・W, Crosby, Alfred W., 182原註14
グーテンベルク，ヨハネス，Gutenberg, Johannes, 28, 148
グッゲンハイム・ビルバオ美術館，Guggenheim Bilbao Museoa, 58, 60, 62, 109, 203原註58
グッドマン，ネルソン，Goodman, Nelson, 34, 42, 94, 97, 102, 165原註21, 174原註45, 175原註51, 176原註55, 185原註27, 188原註45
グラフトン，アンソニー，Grafton, Anthony, 174-175原註47
グラマツィオ，ファビオ，Gramazio, Fabio, 199原註50
グラマツィオ & コーラー，Gramazio & Kohler, 136-137, 199原註50
グリーンスパン，アラン，Greenspan, Alan, 203原註60

ケーラー，ヴォルフガング，Köhler, Wolfgang, 108, 180原註3
建築論，De re aedificatoria, 36, 38-39, 41, 48, 75-76, 83, 94, 100-101, 169-173原註31-42, 174-175原註47, 180原註2-3, 184原註25
ゲーリー，フランク，Gehry, Frank, 58, 59, 114, 177原註70, 192原註20, 201原註55
ゲーリー・テクノロジーズ，Gehry Technologies, 197原註46, 205原註73, 208原註8

コーラー，マティアス，Kohler, Matthias, 199原註50
コールハース，レム，Koolhaas, Rem, 108, 135, 201原註54
コカ・コーラ・カンパニー，Coca-Cola Company, 121, 124, 195原註36
コロンビア大学，Columbia University, 56

サールマン，ハワード，Saalman, Howard, 185原註28-29, 185原註31, 186原註35, 186原註39, 187原註40, 188原註43
サヴォナローラ，ジローラモ，Savonarola, Girolamo, 101, 188原註43
サンガッロ，アントニオ・ダ，Sangallo, Antonio da, 168原註27

シーグラム・カンパニー，Seagram Company, 122
シェーンベルク，アルノルト，Schoenberg, Arnold, 146
シャイナー，クリストフ，Scheiner, Christoph, 59, 176原註60, 1178原註71
ショエ，フランソワーズ，Choay, Françoise, 170原註31, 174-175原註47, 184原註25
ジーゲルト，ベルンハルト，Siegert, Bernhard, 193原註24
ジェイムソン，フレドリック，Jameson, Fredric, 201-202原註55, 203原註63-64
ジェンクス，チャールズ，Jencks, Charles, 138, 196-197原註41, 201-202原註55

数学的遊戯，Ludi rerum mathematicarum, 180原註3

スターバックス, Starbucks, 122
スタフォード, バーバラ・マリア, Stafford, Barbara Maria, 184原註26
スパイブルック, ラース, Spuybroek, Lars, 120, 191原註10, 193原註24, 199原註51
スピークス, マイケル, Speaks, Michael, 192原註16
スミス, アダム, Smith, Adam, 154
スロウィッキー, ジェームズ, Surowiecki, James, 204原註72
ズデーニョ, アルベルト, Sdegno, Alberto, 176原註59, 177原註70
ズムトール, ポール, Zumthor, Paul, 174原註46

聖墳墓教会の小神殿, フィレンツェ, Shrine of the Holy Sepulcher, Cappella Rucellai, Florence, 84-87
セネット, リチャード, Sennett, Richard, 207原註80
セルキリーニ, ベルナール, Cerquiglini, Bernard, 174原註46, 175原註50, 206原註77
セルリオ, セバスティアーノ, Serlio, Sebastiano, 74

タッコーラ, Taccola (Mariano di Jacopo), 98

彫刻論, De statua, 75-76, 77, 90

テーネス, クリストフ, Thoenes, Christof, 168原註27
デイビス, スタンレー・M, Davis, Stanley M., 198原註47
デーヴィス, ナタリー・ゼーモン, Davis, natalie Zemon, 96, 185原註33
デザルグ, ジラール, Desargues, Girard, 169原註30
デューラー, アルブレヒト, Dürer, Albrecht, 81
デリダ, ジャック, Derrida, Jacques, 189原註4

都市ローマ記, Descriptio urbis Romae, 76-78, 90
トム, ルネ, Thom, René, 113-114
トレヴェリアン, ポーリン, Trevelyan, Pauline, 189原註1
ドゥルーズ, ジル, Deleuze, Gilles,17, 60-61, 70, 110-119, 126, 129, 139, 141, 161原註5, 176原註54, 190原註4と6と9, 191原註11, 192原註14, 194原註28-29, 196原註37

ニーチェ, フリードリヒ, Nietzsche, Friedrich, 140
ニクソン, リチャード・M., Nixon, Richard M., 17, 18, 161原註2

ネグロポンティ, ニコラス, Negroponte, Nicholas, 56, 177原註66

ノックス, NOX, 120

ハーゼルベルガー, ローター, Haselberg, Lothar, 165原註23
ハイデッガー, マルティン, Heidegger, Martin, 101, 103, 121, 150
バーク, エドマンド, Burke, Edmund, 193-194原註25
バタイユ, ジョルジュ, Bataille, Georges, 189-190原註4
バッテル, ジョン, Battelle, John, 163原註11
バルトリ, コジモ, Bartoli, Cosimo, 182原註16
バルバロ, ダニエル, Barbaro, Daniele, 166原註24
パース, チャールズ・サンダース, Peirce,

Charles Sanders, 163原註14
パーラー，ピーター，Parler, Peter, 35
バーリー，マーク，Burry, Mark, 177原註63
パスティ，マッテオ・デ，Pasti, Matteo de', 187原註41
パッラーディオ，アンドレア，Palladio, Andrea, 166原註24
パノフスキー，エルヴィン，Panofsky, Erwin, 69, 179原註82, 199原註51
パワーズ，リチャード，Powers, Richard, 182原註17

ピエロ・デラ・フランチェスカ，Piero della Francesca, 37, 169原註29

フィレンツェ，Florence, 94-100
フェルナンデス－ガリアーノ，ルイス，Fernández-Galiano, Luis, 189原註4
フクヤマ，フランシス，Fukuyama, Francis, 139, 140, 203原註57と63
フランチェスコ・デッラ・ルーナ，Francesco della Luna, 186原註39
フレミング，イアン，Fleming, Ian, 18済み
ブルネレスキ，フィリッポ，Brunelleschi, Filippo, 34, 35, 42, 52, 81, 94-101, 173原註43, 174-175原註47, 185原註30, 184原註34, 185原註35, 186原註39, 187原註40
ブロンフマン，サミュエル，Bronfman, Samuel, 123
ヴァザーリ，ジョルジョ，Vasari, Giorgio, 85, 94, 95, 98, 99, 101, 183原註21, 186原註38, 186-187原註40
ヴィドラー，アンソニー，Vidler, Anthony, 177原註69
ヴィトルヴィウス，Vitruvius Pollio, Marcus, 35, 48-50, 140, 166-167原註24
ヴェルフリン，ハインリヒ，Wölfflin, Heinrich, 107, 189原註2
ヴェンチューリ，ロバート，Venturi, Robert, 201原註55
プトレマイオス，Ptolemy（Claudius Ptolemaeus），77, 79, 82

ヘーゲル，ゲオルク・ヴィルヘルム・フリードリヒ，Hegel, Georg Wilhelm Friedrich, 107, 138, 139
ヘザーウィック，トーマス，Heatherwick, Thomas, 176原註53
ベアルス ＆ デプラザス，Bearth & Deplazes, 199原註50
ベートーベン，ルートヴィヒ・ヴァン，Beethoven, Ludwig van, 146
ベジェ，ピエール，Bézier, Pierre, 193原註24
ベリオ，ルチアーノ，Berio, Luciano, 146
ベルナール・カッシュ，Cache, Bernard, 60, 61, 116-117, 127, 129, 131-132, 194原註26と30, 196原註40, 197-198原註46, 199原註48
ベンヤミン，ヴァルター，Benjamin, Walter, 129
ペレーラ，ステファン，Perrella, Stephen, 114, 193原註22

ホガース，ウィリアム，Hogarth, William, 111, 112, 191原註10
ホックニー，デイヴィッド，Hockney, David, 184-185原註26
ボードリヤール，ジャン，Baudrillard, Jean, 138, 139, 161原註3, 201原註55
ポートマン，ジョン，Portman, John, 201原註55
ポッジョ，ブラッチョリーニ，Poggio Bracciolini, 43, 174-175原註47
ポリツィアーノ（アンジェロ・アンブロジーニ），Politian（Angelo Ambrogini），184原註25

マーティン, ジャン, Martin, Jean, 83
マクルーハン, マーシャル, McLuhan, Marshall, 28
マグルーダー, クラーク, Magruder, Clarke, 195原註36
マスミ, ブライアン, Massumi, Brian, 192原註16
マネッティ, アントニオ・ディ・トゥッチオ, Manetti, Antonio di Tuccio, 94–95, 98–101, 173原註43, 185原註28, 186原註35と37と39, 186–187原註40, 188原註42–43
マノヴィッチ, レフ, Manovich, Lev, 164原註16
マラテスタ, シギスモンド, Malatesta, Sigismondo, 187原註41
マラテスティアーノ聖堂(サン・フランチェスコ教会)リミニ, Tempio Malatestiano, Rimini, 40, 100
マルクス, カール, Marx, Karl, 101
マレー, ジャネット, Murray, Janet, 157, 208原註10
マンフォード, ルイス, Mumford, Lewis, 134, 200原註52

ミース・ファン・デル・ローエ, Mies van der Rohe, Ludwig, 107
ミッチェル, ウィリアム・J., Mitchell, William J., 198原註47

メンデレーエフ, ドミトリ・イヴァーノヴィチ, Mendeleev, Dmitri Ivanovich, 124

モーモス, Momus, 171原註32
モーガン, E. ビクター, Morgan, E. Victor, 161原註7
モーツァルト, ヴォルフガング・アマデウス, Mozart, Wolfgang Amadeus, 146
モンジュ, ガスパール, Monge, Gaspard, 36, 37, 105, 169原註30

ユークリッド, Euclid, 179原註1

葉祥栄, Yoh, Shoei, 114, 162原註10, 193原註23

ライプニッツ, ゴットフリート・ヴィルヘルム, Leibniz, Gottfried Wilhelm, 60, 70, 110, 116
ラインゴールド, ハワード, Rheingold, Howard, 163原註12, 206原註79
ラスキン, ジョン, Ruskin, John, 101, 103, 105, 134, 188原註44, 189原註1, 200原註53
ラトゥール, ブルーノ, Latour, Bruno, 151, 164原註18, 182原註17, 205原註74, 207原註82
ラファエロ, Raphael (Raffaello Sanzio), 36, 38, 166原註24, 168原註27, 169原註30
ランド, アイン, Rand, Ayn, 140

リオタール, ジャン=フランソワ, Lyotard, Jean-François, 138, 141, 161原註4, 201原註55
リクワート, ジョセフ, Rykwert, Joseph, 168–169原註31
リバーシ・ブルート, オッターヴィオ, Revesi Bruti, Ottavio, 176原註60
リン, グレッグ, Lynn, Greg, 8, 25, 60, 61, 106, 110, 114, 116, 127, 155, 162原註10, 178原註73, 178原註77, 190原註8, 191原註13, 192原註16と19, 192原註21, 193原註23, 194原註27と31, 196原註39, 203原註61, 207–208原註6
ル・コルビュジエ, Le Corbusier, 31, 33, 51, 55, 58, 177原註65
ルチェッライ, ジョバンニ, Rucellai, Giovanni, 84
ルドフスキー, バーナード, Rudofsky, Bernard, 56

外国語

著者略歴

マリオ・カルポ（Mario Carpo）

ロンドン大学バートレット建築スクール教授（建築史）。建築理論、文化史、そしてメディアや情報テクノロジーの歴史の間の関係に焦点を当てた研究と執筆を行っている。『Architecture in the Age of Printing』（2001）は既に数カ国語に翻訳されている。最新の著作には、デジタル・デザイン理論の歴史に関する『The Alphabet and the Algorithm』（2011）、『The Digital Turn in Architecture 1992-2012：AD Reader』（2012）がある。

訳者略歴

美濃部 幸郎（みのべ ゆきお）

一級建築士、博士（工学）。美濃部幸郎アトリエにて、自然のかたちと、コンピュータによる人工物のデザインの関係を追求している。さらに建築のタイポロジーの研究も行ってきている。作品に『Red Venation Fence ― 小石川植物園のフェンス』（2011―）、著書に『建築構成学 建築デザインの方法』（2012、共著）がある。

アルファベット そして アルゴリズム
表記法による建築—ルネサンスからデジタル革命へ

発行：2014年9月20日　第1刷発行

著者：マリオ・カルポ
訳者：美濃部幸郎
発行者：坪内文生
発売所：鹿島出版会
〒104-0028 東京都中央区八重洲2丁目5番14号
電話 03-6202-5200　振替 00160-2-180883
ブックデザイン：田中文明
印刷・製本：壮光舎印刷

ISBN978-4-306-04611-5 C3052

本書の内容に関するご意見・ご感想は下記までお寄せください。
URL: http://www.kajima-publishing.co.jp
E-mail: info@kajima-publishing.co.jp